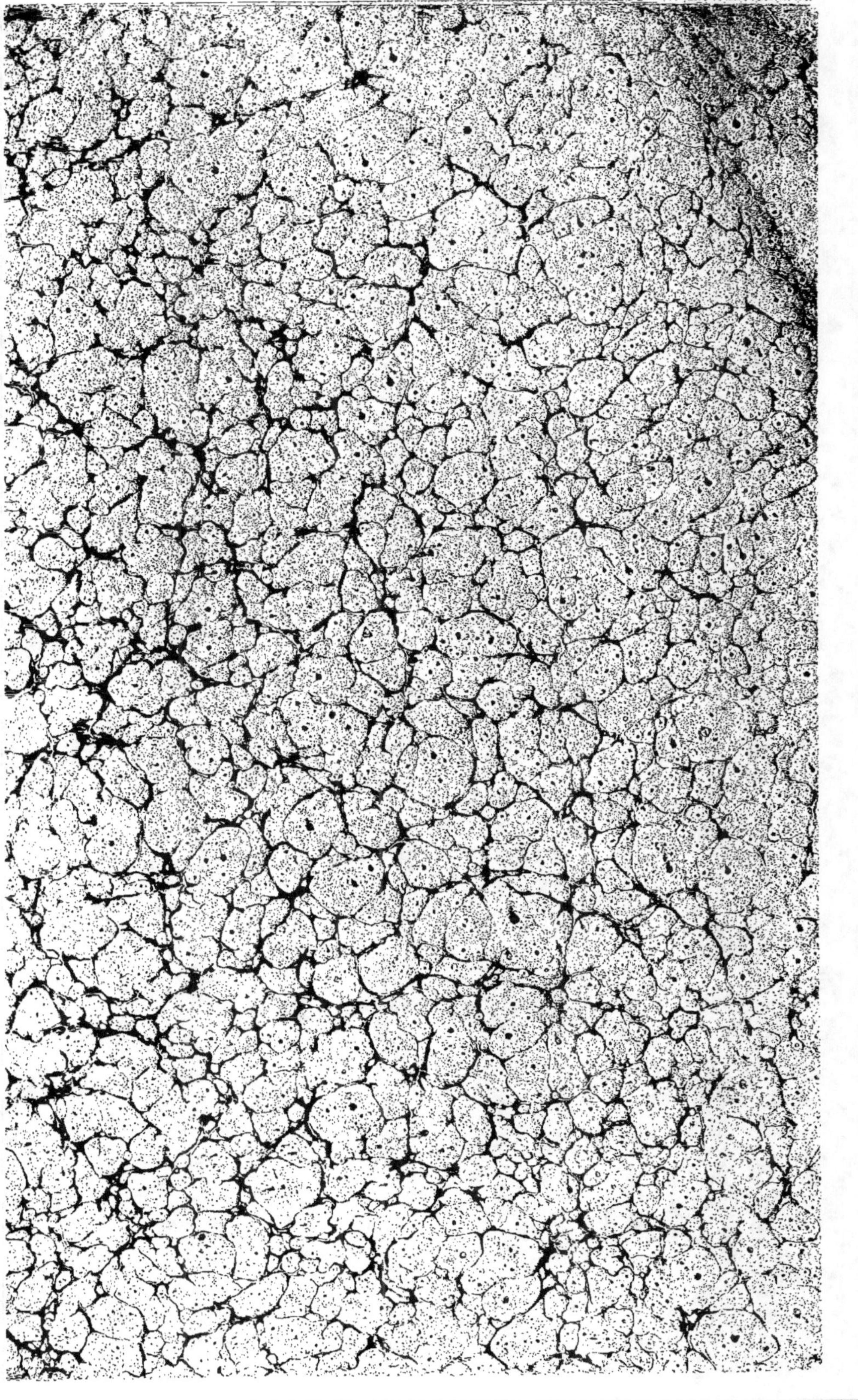

—∞—

PARIS. — TYPOGRAPHIE MORRIS ET COMPAGNIE

64, rue Amelot

—∞—

PUBLICATIONS
ADMINISTRATIVES

PAR

LOUIS LAZARE

FRANÇOIS MYRON
Prévôt des Marchands
Sous Henri IV

TOME CINQUIÈME

PARIS
EN VENTE CHEZ L'AUTEUR
10, BOULEVARD DU TEMPLE

1864

PUBLICATIONS ADMINISTRATIVES

NOMENCLATURE DES RUES DE PARIS

RECTIFICATIONS

DES

NOMS DE RUES ET AUTRES VOIES PUBLIQUES

DE LA VILLE DE PARIS (1).

ARRÊTÉ QUI DÉNOMME DIVERSES VOIES PUBLIQUES.

Le Sénateur, Préfet du département de la Seine,

Vu la délibération du Conseil Municipal, en date du 20 mars 1863, relative à un travail de révision de la nomenclature des voies de Paris...

(1) Dans la 2ᵉ livraison du 4ᵉ volume, pages 276 et suivantes de notre Bibliothèque Municipale, nous avons déjà reproduit plusieurs décrets concernant de nouvelles dénominations récemment assignées à un certain nombre de nos voies parisiennes. Sur ces dénominations et celles qui suivent, nous avons composé un travail d'ensemble que nous soumettons à l'Autorité Municipale, ainsi qu'à l'appréciation éclairée de nos lecteurs.

LOUIS LAZARE.

Arrête :

Art. 1er. Le boulevard traversant la Cité, au devant de la façade Est du Palais de Justice, entre les ponts au Change et Saint-Michel, prendra le nom de *boulevard du Palais;*

La place située au devant de la fontaine Saint-Michel, de *place Saint-Michel;*

L'avenue ouverte entre la place Saint-Michel et la place Saint-André-des-Arts, le nom de *boulevard Saint-André ;*

La voie ouverte sur l'emplacement des anciennes rues Poupée et Mâcon, entre les rues Hautefeuille et de la Harpe, en prolongement de la rue Saint-Séverin, le nom de *rue Saint-Séverin ;*

Art. 2. La voie qui a été ouverte en exécution du décret impérial du 30 juillet 1859, entre les rues Berthollet et Saint-Jacques, et qui absorbe l'ancienne impasse des Feuillantines, le nom de *rue des Feuillantines*, sous lequel elle est déjà connue.

Art. 3. Les deux boulevards à ouvrir dans les 5e, 13e et 14e arrondissements, conformément au décret impérial du 17 octobre 1857, seront dénommés ainsi qu'il suit :

Le premier allant du boulevard de l'Hôpital à la rue de Lourcine, à son intersection avec le boulevard Arago, conservera le nom de *boulevard Saint-Marcel,* sous lequel il a été désigné jusqu'à ce jour.

Le deuxième, de la rue Mouffetard au carrefour de l'Observatoire, qui absorbe, entre autres, rues celle de *Port-Royal,* prendra le nom de cette rue.

La rue ouverte en exécution du décret impérial du 15 juillet 1858, à l'Ouest de la boulangerie de l'Assistance publique, entre les rues du Fer-à-Moulin et la place de la Collégiale, prendra le nom de *rue de la Collégiale*.

Art. 4. Les deux rues latérales à l'embarcadère du chemin de fer de l'Ouest, rive gauche, prendront : la première, située à l'Est, le nom de *rue du Départ ;* la deuxième, située à l'Ouest, celui de *rue de l'Arrivée*.

Art. 5. L'avenue de 30 mètres projetée dans l'axe du pont d'Austerlitz, approuvée par le décret impérial du 16 avril 1859, et devant absorber les rues Moreau et Lacuée, prendra le nom d'*avenue Lacuée*.

Art. 6. L'avenue ouverte entre la rue des Amandiers et la place du Prince-Eugène, et formant le prolongement de l'*avenue Parmentier*, conservera cette dénomination, sous laquelle elle est déjà connue.

Art. 7. La rue ouverte entre le boulevard de Magenta et la rue de Dunkerque, et connue sous la dénomination de *rue de Compiègne*, conservera ce nom.

Art. 8. La rue ouverte derrière le chevet de l'église de la Trinité, en exécution du décret impérial du 19 novembre 1860, entre les rues Blanche et de Clichy, prendra le nom de *rue de la Trinité*.

La place formée au devant du nouvel Opéra prendra la dénomination de *place de l'Opéra*.

Art. 9. L'avenue de Plaisance, aujourd'hui transformée en une voie de 16 mètres de largeur et la rue du même nom, prendront la dénomination de *rue de Téhéran*.

Art. 10. Les deux parties des rues de Bruxelles et de Hambourg, situées au delà de la tranchée du chemin de fer de l'Ouest, rive droite, prendront : la première, la dénomination de *rue de Florence ;* la seconde celle de *rue de Naples.*

Art. 11. La place formée à la rencontre des boulevards de Neuilly et de Malesherbes, prendra le nom de *place de Malesherbes.*

La place formée à la rencontre de l'avenue de Wagram et du boulevard de Neuilly, celui de *place de Wagram.*

Art. 12. La place circulaire formée à l'intersection des avenues d'Eylau, Saint-Denis et Dauphine, prendra le nom de *place d'Eylau.*

La voie nouvelle ouverte parallèlement à la rue Michel-Ange, sur les terrains de *M. Erlanger,* conservera le nom de ce propriétaire, nom sous lequel elle est déjà connue.

Art. 13. La rue du Charnier-des-Innocents prendra la dénomination de *rue des Innocents.*

Art. 14. La partie de la rue du Ponceau comprise entre la rue Saint-Martin et le boulevard de Sébastopol prendra le nom de la *rue Notre-Dame-de-Nazareth,* à laquelle elle fait suite.

Fait à Paris, le 19 août 1864.

Signé : G. E. HAUSSMANN.

DÉCRET

Qui désigne les dénominations à attribuer à diverses voies publiques de la ville de Paris.

NAPOLÉON, etc.

Sur le rapport de notre Ministre, secrétaire d'État au département de l'Intérieur,

Vu la délibération du Conseil Municipal de Paris, en date du 20 mars 1863, relative à la révision de la nomenclature des voies publiques connues sous les mêmes dénominations ;

Vu l'ordonnance du 10 juillet 1816 ;

Avons décrété et décrétons ce qui suit :

Art. 1er. Les voies publiques ci-après désignées de la ville de Paris, recevront les nouvelles dénominations portées au tableau suivant :

VOIES DONT LA DÉNOMINATION EST MULTIPLE.	NOMS NOUVEAUX.

1er Arrondissement.

Rue de la Corderie-St-Honoré.	*rue Gomboust.*
Impasse de la Corderie-Saint-Honoré...............	*impasse Gomboust.*
Rue du Four-Saint-Honoré...	*rue Vauvilliers.*

2e Arrondissement.

Rue St-Claude (Bonne-Nouvelle)..................	*rue Chénier.*
Rue Neuve-Saint-Denis.....	*rue Blondel.*

<table>
<tr><td>VOIES
DONT LA DÉNOMINATION EST MULTIPLE.</td><td>NOMS NOUVEAUX.</td></tr>
</table>

3e Arrondissement.

Rue Neuve-de-Bretagne..... *rue Froissard.*
Rue Neuve-de-Ménilmontant. *rue Commines.*
Rue des Petits-Champs...... *rue Brantôme.*
Rue Vendôme............. *rue Béranger.*

4e Arrondissement.

Rue Neuve-Saint-Paul...... *rue Charles V.*
Rue Neuve-Saint-Eustache... *rue Éginhard.*
Rue Royale................ *rue de Birague.*

5e Arrondissement.

Rue des Amandiers-Sainte-
  Geneviève.............. *rue Laplace.*
Rue de Cluny............. *rue Victor-Cousin.*
Rue Neuve-Sainte-Geneviève.. *rue Tournefort.*
Rue St-Hyacinthe-St-Michel.. *rue Paillet.*
Rue des Poirées........... *rue Gerson.*
Place du Collége-Louis-le-
  Grand................. *place Gerson.*
Rue des Poirées........... *rue Restaut.*
Rue Neuve-des-Poirées...... *rue Toullier.*
Rue d'Orléans-Saint-Marcel.. *rue Daubenton.*
Rue de Versailles.......... *rue Fresnel.*
Rue du Plâtre-Saint-Jacques. *rue Domat.*

6e Arrondissement.

Petite-Rue-du-Bac.......... *rue Dupin.*

VOIES DONT LA DÉNOMINATION EST MULTIPLE.	NOMS NOUVEAUX.
Rue Sainte-Marguerite	*rue Gozlin.*
Place Sainte-Marguerite	*place Gozlin*
Rue des Marais	*rue Visconti.*
Rue Pavée	*rue Séguier.*
Petite-Rue-Taranne	*rue Bernard-Palissy.*
Rue Voltaire	*rue Casimir-Delavigne*

7ᵉ Arrondissement.

Boulevard de l'Alma	*avenue Bosquet.* *avenue Duquesne.*
Rue d'Austerlitz	*rue Fabert.*
Avenue du Champ-de-Mars	*avenue Rapp.*
Petite-Rue-Chevert	*rue Bougainville.*
Rue de l'Église	*rue Cler.*
Rue Saint-Jean	*rue Nicot.*
Rue Sainte-Marie	*rue Allent.*
Rue de la Triperie	*rue Combes.*

8ᵉ Arrondissement.

Rue Nouvelle, de la rue François 1ᵉʳ à l'avenue des Champs-Élysées	*rue d'Albe.*
Rue Saint-Michel	*rue de Rigny.*
Rue des Vignes	*rue Vernet.*

9ᵉ Arrondissement.

Rue Beauregard	*rue Lallier.*
Rue Neuve-Bréda	*rue Clausel.*
Rue Percier	*rue Mansart.*

<table>
<tr><td>VOIES
DONT LA DÉNOMINATION EST MULTIPLE.</td><td>NOMS NOUVEAUX.</td></tr>
</table>

10ᵉ Arrondissement.

Rue Chastillon	*rue Vicq-d'Azir.*
Rue de la Pompe	*rue Bouchardon.*

11ᵉ Arrondissement.

Rue du Chemin-de-Lagny	*rue de Bouvines.*
Rue Delatour	*rue Rampon.*
Rue Ferdinand	*rue Morand.*
Rue de Ménilmontant	*rue Oberkampf.*
Avenue des Ormeaux	*avenue de Bouvines.*
Avenue des Triomphes	*avenue de Taillebourg.*

12ᵉ Arrondissement.

Rue ouverte dans l'enclos de l'Abbaye de Saint-Antoine	*rue de Cîteaux.*
Rue Beauvau	*rue Beccaria.*
Ruelle du Cimetière	*ruelle de Gondi.*
Rue de la Gare	*rue Corbineau.*
Chemin des Marais	*rue Michel-Bizot.*
Rue de la Planchette, de la rue des Terres-Fortes au boulevard de la Contrescarpe	*rue Biscornet.*
Petite-Rue-de-Reuilly	*rue Érard.*
Boulevard dit de Vincennes	*avenue Daumesnil.*

13ᵉ Arrondissement.

Grande rue d'Austerlitz	*rue Esquirol.*
Rue de l'Hôpital	*rue Harvey.*

VOIES DONT LA DÉNOMINATION EST MULTIPLE.	NOMS NOUVEAUX.
Rue d'Ivry................	*rue Titien.*
Rue des Vignes............	*rue Rubens.*

14ᵉ Arrondissement.

Rue d'Amboise............	*rue Thibaud.*
Rue Biron................	*rue Humboldt.*
Rue Neuve-Brézin..........	*rue Niepce.*
Rue Neuve-du-Champ-d'Asile.	*rue Deparcieux.*
Avenue de la Chapelle........	*rue d'Alembert.*
Rue Charlot................	*rue Poinsot.*
Rue Montyon..............	*rue Mouton-Duvernet.*
Avenue du Grand-Montrouge.	*rue Friant.*
Rue Neuve-d'Orléans........	*rue Du Couëdic.*
Rue Neuve-de-la-Pépinière...	*rue Fermat.*
Rue Neuve-de-la-Procession..	*rue Decrès.*
Avenue Sainte-Anne.........	*rue Ferrus.*
Rue Sainte-Marie...........	*rue Lalande.*
Rue Saint-Pierre...........	*rue Danville.*

15ᵉ Arrondissement.

Passage Baran..............	*rue Ginoux.*
Rue Bayard................	*rue Hoche.*
Rue des Carrières..........	*rue Lacretelle.*
Rue du Collége.............	*rue Olier.*
Rue de l'École.............	*rue Cambronne.*
Place de l'ancienne barrière de l'École.................	*place Cambronne.*
Rue de l'Entrepôt...........	*rue Rouelle.*

VOIES DONT LA DÉNOMINATION EST MULTIPLE.	NOMS NOUVEAUX.
Rue de l'Industrie, de la rue Chabrol à la rue du Pont..	rue Émeriau.
Rue Lelong	rue Viala.
Rue du Moulin-de-Javel	rue Leblanc.
Rue Notre-Dame	rue Desnouettes.
Rue du Parc	rue Beuret.
Rue du Pont	rue Linois.
Rue du Pont-de-Turbigo	rue Brancion.
Petite rue de la Procession	rue La Quintinie.
Descente de la Sablonnière	rue Peclet.
Rue Saint-Fiacre	rue Miollis.
Rue Saint-Nicolas	rue Bausset.
Avenue du Théâtre	rue Quinault.
Petite rue des Tournelles	rue Marmontel.
Chemin des Tournelles	rue d'Alleray.
Rond-Point des Tournelles	place d'Alleray.
Petit chemin des Tournelles	rue Yvart.
Rue Traversière	rue Héricart.
Rue des Vignes	rue Dombasle.

16e Arrondissement.

Rue des Arts	rue Géricault.
Rue des Bassins, de l'avenue du Roi-de-Rome au rond-point de la Plaine	rue Copernic.
Rue du Bel-Air	rue Lauriston.
Rue Benoît	rue de Musset.
Rue Blanche	rue Greuze.

VOIES DONT LA DÉNOMINATION EST MULTIPLE.	NOMS NOUVEAUX.
Rue Neuve-Bois-le-Vent.....	*rue Talma.*
Rue des Bons-Enfants.......	*rue Désaugiers.*
Rue des Clos..............	*rue Claude-Lorrain.*
Rue de la Croix, du rond-point de Longchamps à la rue de la Pompe...............	*rue Decamps.*
Rue Cuissard...............	*rue Hérold.*
Avenue Dauphine...........	*avenue Bugeaud.*
Rue Neuve-de-l'Église.......	*rue Jean-Bologne.*
Rue de l'Égout.............	*rue Callot.*
Rue de la Fontaine, de la rue de l'Église à la rue Singer..	*rue Lekain.*
Sentier de la Fontaine........	*rue Raffet.*
Rue de la Glacière..........	*rue Pajou.*
Impasse des Miracles........	*rue Lancret.*
Rue de la Montagne.........	*rue Beethoven.*
Rue de Montmorency........	*rue Donizetti.*
Rue des Moulins............	*rue Scheffer.*
Impasse des Moulins........	*rue Pétrarque.*
Rue Neuve-de-l'Embarcadère.	*rue Poussin.*
Rue Notre-Dame............	*rue Desbordes-Valmore*
Rue de la Petite-Fontaine....	*rue Dangeau.*
Rue de la Planchette........	*rue Bellini.*
Boulevard du Ranelagh......	*avenue Raphaël.*
Rue de la Réunion..........	*rue Jouvenet.*
Boulevard Rossini..........	*avenue Ingres.*
Rue Saint-Ange.............	*rue Le Sueur.*
Avenue Saint-Denis........	*avenue de Malakoff.*

VOIES DONT LA DÉNOMINATION EST MULTIPLE.	NOMS NOUVEAUX.
—	—
Rue Sainte-Geneviève.......	*rue Kepler.*
Rue Saint-Georges..........	*rue Delaroche.*
Rue Saint-André...........	*rue Cimarosa.*
Rue de Seine, de la place d'A- guesseau au quai d'Auteuil.	*rue Wilhem.*
Vieille route de Sèvres......	*rue Lemarrois.*
Rue des Tournelles........	*rue David.*
Rue du Chemin-de-Versailles..	*rue Galilée.*

17ᵉ Arrondissement.

Rue de l'Arcade............	*rue Bayen.*
Rue d'Antin...............	*rue Biot.*
Rue de la Chaumière........	*rue Laugier.*
Petite rue de l'Église........	*rue Mariotte.*
Rue Fortin.................	*rue Beudant.*
Rue du Garde.............	*rue Gauthey.*
Rue de la Gare............	*rue Tarbé.*
Rue Lombard.............	*rue Rennequin.*
Rue Notre-Dame...........	*rue Brochant.*
Rue de Passy..............	*rue Poisson.*
Rue de Puteaux...........	*rue d'Arcet.*
Rue Saint-Charles, de la rue de Truffaut à la rue Bénard.	*rue Bridaine.*
Rue Saint-Charles, de la rue de la Chaumière à la rue de l'Arcade.................	*rue Vernier.*
Rue Saint-Claude..........	*rue Galvani.*
Rue Sainte-Élisabeth........	*rue Davy.*

VOIES DONT LA DÉNOMINATION EST MULTIPLE.	NOMS NOUVEAUX.
Rue Saint-Étienne..........	*rue Dulong.*
Rue Saint-Germain.........	*rue Berzélius.*
Rue Saint-Louis...........	*rue Nollet.*
Rue Sainte-Marie, de la rue St-Charles à la r. d'Orléans	*rue Lamandé.*
Rue de la Santé............	*rue Saussure.*

18ᵉ Arrondissement.

Rue d'Alger...............	*rue Affre.*
Rue Amélie	*rue Puget.*
Rue de l'Arcade...........	*rue Androüet.*
Rue des Couronnes.........	*rue Polonceau.*
Rue de l'Empereur.........	*rue Lepic.*
Rue de l'Est..............	*rue Cugnot.*
Rue Florentine............	*rue Coustou.*
Rue Neuve-Labat..........	*rue Simart.*
Passage Lecante...........	*rue Richomme.*
Rue Mazagran............	*rue de Laghouat.*
Rue Neuve-Pigalle.........	*rue Germain-Pilon.*
Rue Saint-Jean...........	*rue Cortot.*
Petite rue Royale..........	*rue Houdon.*
Place du Théâtre..........	*place Dancourt.*
Rue Neuve-Véron.........	*rue Audran.*
Rue des Vinaigriers.......	*rue Christiani.*

19ᵉ Arrondissement.

Impasse Beauregard........	*impasse Compans.*
Rue de Calais.............	*rue Rouvet.*

<table>
<tr><td>VOIES
DONT LA DÉNOMINATION EST MULTIPLE.</td><td>NOMS NOUVEAUX.</td></tr>
<tr><td>Place de l'Église............</td><td>*rue Lassus.*</td></tr>
<tr><td>Rue de l'Entrepôt..........</td><td>*rue Bellot.*</td></tr>
<tr><td>Passage d'Isly..............</td><td>*rue de Kabylie.*</td></tr>
<tr><td>Rue d'Isly.................</td><td>*rue Tanger.*</td></tr>
<tr><td>Rue de Lille...............</td><td>*rue de l'Argonne.*</td></tr>
<tr><td>Place de Lille..............</td><td>*place de l'Argonne.*</td></tr>
<tr><td>Rue Mogador..............</td><td>*rue du Maroc.*</td></tr>
<tr><td>Rue Saint-Denis, de la rue de Paris (Belleville) à la rue de Belleville..................</td><td>*rue Compans.*</td></tr>
<tr><td>Rue Saint-Laurent..........</td><td>*rue Rébeval.*</td></tr>
<tr><td>Impasse Saint-Laurent......</td><td>*impasse Rébeval.*</td></tr>
</table>

26° Arrondissement.

<table>
<tr><td>Rue de l'Alma ....</td><td>*rue d'Eupatoria.*</td></tr>
<tr><td>Rue des Écoles.............</td><td>*rue Vitruve.*</td></tr>
<tr><td>Rue de la Fontaine, de la rue de Charonne à la rue de Vincennes..................</td><td>*rue du Borrégo.*</td></tr>
<tr><td>Petite rue Fontarabie........</td><td>*rue Galleron.*</td></tr>
<tr><td>Rue Napoléon..............</td><td>*rue de Pali-Kao.*</td></tr>
<tr><td>Rue des Ormes............</td><td>*rue Auger.*</td></tr>
<tr><td>Rue du Théâtre............</td><td>*rue Lesage.*</td></tr>
</table>

Art. 2. Notre Ministre Secrétaire d'État au département de l'Intérieur, est chargé de l'exécution du présent décret.

Fait au Palais de Saint-Cloud, le 24 août 1854.

Signé : NAPOLÉON.

I

Avant l'extension des limites de la Capitale, le *Dictionnaire des Rues de Paris* présentait déjà des dénominations multiples, qu'il eût été rationnel d'effacer.

Lors de l'agrandissement de cette ville, les inconvénients qui résultaient de ces répétitions, augmentèrent à tel point, que souvent une lettre se promenait dans cinq ou six arrondissements, avant de parvenir à sa destination. Nous en connaissons qui ont fait de petits voyages de cinq à six kilomètres. On va voir s'il importait de débrouiller le chaos.

Paris, jusqu'à son enceinte fortifiée, comptait, en 1860, 11 rues, boulevards, avenues ou passages portant le nom de Saint-Denis ; 18 dites de l'Église, 11 de la Fontaine ou des Fontaines, 7 d'Isly, 12 de Saint-Louis 7 du Marché, 12 de la Mairie, 6 de Mazagran, 16 du Moulin ou des Moulins, 10 de Notre-Dame, 12 d'Orléans, 18 de Saint-Pierre, etc...

Malheur aux commerçants et industriels qui demeuraient dans la zone annexée ; les lettres renfermant des commandes ne leur parvenaient souvent qu'après l'époque fixée pour la livraison des fournitures.

S'agissait-il d'un enterrement ? le décédé parfois avait pris possession de sa dernière demeure, avant l'arrivée des lettres de convocation pour la cérémonie mortuaire.

Était-ce une invitation pour un mariage ? on n'avait jamais la certitude d'arriver pendant la bénédiction nuptiale, mais l'on courait le risque de tomber chez les nouveaux époux en pleine lune de miel, et Dieu sait l'accueil auquel on s'exposait.

S'il était nécessaire, avant 1860, de rectifier le *Dictionnaire des Rues de Paris*, il devenait donc urgent après l'annexion, de faire une razzia de toutes les dénominations multiples.

Mais il fallait, disait l'Administration, s'occuper au préalable du classement des rues, principalement dans la zone annexée, à l'effet d'établir une distinction entre les voies publiques et les voies particulières. On sait que les premières, après avoir été reconnues voies communales, sont mises à l'entretien de la Ville, tandis que les secondes demeurent aux frais des propriétaires.

En ce qui concerne les inscriptions des Rues de Paris, peu importait cette distinction ; ce ne pouvait être qu'une question de quelques milliers de francs. La Ville, selon nous, devait apposer des plaques indicatives dans les voies communales ou privées, partout, et cela parce qu'en laissant aux détenteurs de cités. passages ou villas non reconnus voies publiques, la faculté de composer eux-mêmes les inscriptions et déterminer leur emplacement, c'était exposer le public à des erreurs, en perpétuant les dénominations multiples en ce qui concerne ces voies hermaphrodites.

Quand bien même la Ville eût dû faire les frais des inscriptions pour les apposer partout sans exception, c'était agir sagement que de couper le mal à la racine.

En laissant au contraire subsister les inscriptions multiples dans les voies particulières, la Ville a économisé quelques milliers de francs il est vrai, mais elle laisse s'éterniser la confusion, car ces voies, ne l'oublions pas, entrent pour un huitième dans le vocabulaire des Rues, Places, Passages, Cités ou Villas renfermés dans l'enceinte du nouveau Paris.

En présence des réclamations incessantes du public, il n'y avait donc pas lieu de subordonner le travail de rectification des noms des rues de Paris au classement de nos voies publiques.

Cependant, nous le reconnaissons, ce travail de rectification exigeait de sérieuses études, une certaine habileté, d'utiles et indispensables recherches ; mais si difficiles ou si longues qu'on le suppose, ce travail ne devait pas absorber quatre années pour ne recevoir ensuite qu'une application restreinte et incomplète.

Ces réflexions que nous soumettons à nos lecteurs, n'ôtent rien au mérite du mémoire de M. Charles Merruau (1).

Ce mémoire est une œuvre utile, sérieuse, dont le style élégant n'est malheureusement plus dans les habitudes édilitaires.

Il est à regretter toutefois que l'honorable rapporteur n'ait pas jugé convenable de s'entourer de spécialités intelligentes et connaissant à fond l'histoire de

(1) *Rapport sur la Nomenclature des Rues de Paris et le Numérotage des maisons,* fait à M. le Sénateur Préfet de la Seine, au nom d'une Commission spéciale, par M. Charles Merruau. (Bibliothèque Municipale, 2e volume, 2e livraison, pages 224 et suivantes.)

Paris. Leur coopération eût singulièrement abrégé les recherches auxquelles M. Merruau a dû se livrer, tout en épargnant au rapporteur certaines erreurs que nous signalerons dans le cours de notre travail.

Il est également un oubli très-fâcheux qu'il importe de constater. Pourquoi n'avoir pas étudié l'origine des communes annexées ?

En interrogeant le passé, on se serait procuré des documents très-curieux et surtout très-utiles sur les étymologies des noms des voies publiques successivement ouvertes, et notamment sur les territoires de Vaugirard, Ivry, Belleville, Ménilmontant et Charonne.

Faute de documents, on a effacé de la carte de Paris des noms qu'on croyait insignifiants, alors qu'ils étaient précieux au point de vue de l'histoire, et la Commission les a remplacés, de bonne foi sans doute, mais bien malheureusement, par des dénominations qui sont de véritables contre-sens.

Le temps n'a pas manqué cependant à cette Commission ; elle pouvait très-facilement utiliser les délais que lui faisait subir le service de la voirie alors qu'il s'occupait du classement des voies publiques.

Toutefois, bien des lacunes regrettables pouvaient être facilement comblées, si l'autorité municipale eût soumis à une enquête publique, les résultats ou les conclusions du travail de la Commission de rectification des noms des rues de Paris. Dans les deux millions d'habitants que renferme à peu près la Capitale, il se serait certainement trouvé des historiens qui eussent été très-heureux et dignement honorés de transmettre à la Ville des documents que les huit membres de cette Commission ne pouvaient lui fournir, malgré leur désir de bien faire que nous nous plaisons à reconnaître.

Puis, c'eût été une excellente idée d'associer en quelque sorte la population tout entière à cette œuvre de reconnaissance nationale. Les noms des rues de Paris doivent être pour les familles des patrimoines d'honneur précieux à conserver autant que ces noms peuvent être pour le peuple d'utiles enseignements et de nobles exemples.

Ne devait-on pas dans cette enquête à laquelle on pouvait imprimer un grand caractère, faire connaître au peuple parisien, dans de courtes notices, les titres de ces illustrations auxquelles l'Administration confère l'immortalité, en sculptant leurs noms à l'angle de nos voies publiques?

Il y aurait quelque chose de mieux encore que d'exposer ces notices, pour l'enquête, dans les bureaux d'une mairie où le peuple ne va guère, ou de les insérer dans les colonnes du *Moniteur* que parfois on consulte, mais qu'on lit rarement, par cette raison que le vrai journalisme intéressant est encore à créer.

Pourquoi n'apposerait-on pas à l'angle de chaque voie publique une petite table de marbre noir dans laquelle seraient burinés en lettres d'or, les titres de l'illustration dont il appartient seule à la reconnaissance publique de consacrer définitivement la glorieuse dénomination.

Le style de ces notices serait empreint de ce laconisme qui convient à la charité, de cette sobriété qui sied à l'héroïsme, et qui plaît au génie.

Le peuple, soyez-en certain, épèlerait, lirait et saurait retenir ces notices rédigées pour lui plaire, l'instruire et le grandir dans sa propre estime ; le vrai peuple se reconnaîtrait, se mirerait dans ces noms portés aussi par des hommes qui ont honoré la blouse de l'ouvrier, et su conquérir l'habit du maître par le travail, l'intelligence et l'honnêteté.

Faute de cette instruction, si facile à donner au peuple, et qui lui profiterait si heureusement, savez-vous ce qui se passe au sujet de vos dénominations ? — Écoutez.

Il y a quelques jours, je traversais l'*Avenue Parmentier*, deux ouvriers s'abordent ; l'un dit à son camarade : — Où vas-tu ? — Rue Passementière, répond l'autre. — Pourquoi donc appelez-vous ainsi cette avenue ? dis-je au premier de ces ouvriers. — Vous voulez rigoler ? me fit-il, c'est pas malin ; on l'appelle rue Passementière, parce qu'il y a des passementiers.

Voici maintenant l'extrait d'une lettre adressée par une lorette à un de ses amis. Nous copions, en conservant l'orthographe.

« Tu m'as dis que tu demeuret rue Monttion (rue
» de Montyon) mais jé oubliai le numéraut. Auci jen-
» voit ma lettre à Rosine pour toi... Ce M. Monttion
» n'aitait il pas un banquier qui faiset du bien aux
» fammes ? »

Il y a quelque temps, je me trouvais dans le treizième

arrondissement, dans la partie dépendant autrefois de l'ancienne commune d'Ivry.

J'avisai un ouvrier qui épelait cette inscription :

Rue Xain-trail-les (rue Xaintrailles). — Diable de nom, dit-il à un de ses camarades, il m'a écorché le gosier; paye-moi un polichinelle pour lui redonner du velours.

Eh bien ! nous répétons à l'Administration Municipale : Dans de courtes notices écrites dans le marbre ou la pierre à l'angle de nos rues, enseignez au peuple ce qu'étaient Parmentier, de Montyon et Xaintrailles, les ouvriers et même les lorettes, croyez-le bien, auront assez de cœur pour les respecter.

Voyons maintenant si l'application des nouveaux noms est toujours heureuse.

On a donné le nom de *rue Berger* au prolongement de la rue Aubry-le-Boucher, à une voie publique située aux abords des halles centrales. Singulier rapprochement ! On va démolir le pavillon de pierre des halles, la forteresse élevée pendant l'administration de M. Berger, pour la viande à la criée, et c'est à une rue voisine qu'on donne le nom de l'ancien préfet. — On pouvait, ce nous semble, aller un peu plus loin.

La rue et la place de l'Église dans le treizième arrondissement, ont reçu la dénomination de rue et place de *Jeanne d'Arc*. C'est là un nom bien cher à la France. Mais est-il sagement appliqué en cet endroit ? Rappelons qu'il faisait partie de l'ancien territoire d'Ivry. Il eût donc été plus rationnel de donner aux rues ouvertes sur ce territoire les noms des généraux qui ont aidé le Roi Henri IV à gagner la bataille d'Ivry.

Si l'on avait consulté l'histoire de Paris, on eût appliqué avec plus de discernement et de respect le nom de la pauvre paysanne qui a sauvé son pays alors que les plus grands guerriers et jusqu'au Roi désespéraient du salut de la France.

Il fallait réserver le nom de Jeanne d'Arc pour en décorer précisément une voie que vous allez ouvrir et dont le sol a été foulé par l'héroïne qui l'a sanctifié.

Le 8 septembre 1429, Jeanne d'Arc vint assiéger Paris, du côté de la Porte Saint-Honoré. L'armée royale occupait la Butte Saint-Roch. Vers les onze heures du matin, le boulevard extérieur fut emporté par les troupes commandées par la Pucelle et le duc d'Alençon. Jeanne voulut passer outre et assaillir le rempart, « mais elle n'estoit pas informée de la » grande eaue qui estoit ès fossez; et il y en avoit aucuns qui le sçavoient et eussent bien voulu, par envie, qu'il lui arrivast malheur. »

Jeanne, une lance à la main monta sur la contrescarpe pour sonder l'eau ; en ce moment un trait d'arbalète lui perça la jambe, et son porte-étendard fut tué à côté d'elle. — « Ce nonobstant, elle ne vouloit partir de ce lieu, et, couchée sur le bord du fossé, elle continuoit d'exciter l'ardeur des assaillants et faisoit toute diligence de faire apporter et jetter des fagots et du bois dans le fossé, espérant pouvoir passer jusqu'au mur; mais la chose n'estoit possible, vu la grande eaue qui y estoit. »

Jeanne voulait mourir à son poste ; le duc d'Alençon vint lui-même chercher l'héroïne ; « On la transporta *en la maison des Genets*, emprez le rempart. »

Où donc était cette maison des Genets ? Sur un ancien plan de Paris, de 1615, nous voyons figurer, dans la rue Traversière, une propriété sur laquelle sont dessinées des fleurs de lis, avec cette inscription :

MAISON DE JEHANNE LA PUCELLE
ALIAS DES GENETS

Or la Porte Saint-Honoré, qui faisait partie de l'enceinte construite sous les rois Charles V et Charles VI se trouvait à la naissance de la rue Traversière. En mesurant avec un compas la distance entre cette Porte et la maison des Genets, on acquiert la preuve que la maison n° 23 de la rue de la Fontaine-Molière occupe l'emplacement où Jeanne d'Arc s'abrita pour faire panser sa blessure (1).

Ne valait-il pas mieux, s'inspirant de ce fait historique, décorer plus tard du nom de Jeanne d'Arc la voie qui doit couper la Butte Saint-Roch , en partant de la place du Théâtre-Français pour aboutir en face du nouvel Opéra, que d'appliquer cette dénomination, au territoire d'Ivry qui revendiquait un souvenir de gloire intéressant le règne de Henri IV, mais complétement étranger au règne de Charles VII ? — Continuons nos observations.

(1) Conformément à une décision ministérielle du 12 mai 1843, la rue Traversière a pris le nom de rue de la Fontaine-Molière.

Par son arrêté du 19 août dernier, M. le Préfet de la Seine donne au boulevard traversant la Cité, entre le Pont-au-Change et le pont Saint-Michel, le nom de *Boulevard du Palais*. La première question que les étrangers adresseront est celle-ci : le boulevard du Palais ! mais quel Palais ? celui du Louvre, des Tuileries, du Luxembourg ou le Palais-Royal ? ce nom ne dit rien, n'explique rien. Il fallait mettre Boulevard du Palais de Justice.

Cette addition était impérieusement commandée, puisque dans cette voie même se trouvent les Palais du Tribunal de Commerce et de Justice.

On pouvait trouver une dénomination encore plus heureuse et surtout moins confuse. La Cité fut le berceau de Paris ; pourquoi n'avoir pas désigné cette voie sous le nom d'*Avenue de Lutèce* ?

D'où vient qu'on donne ensuite le nom de *Gomboust*, auteur d'un curieux et beau plan de Paris à la rue de la Corderie-Saint-Honoré, c'est-à-dire à une voie aux abords du Marché Saint-Honoré ou des Jacobins ? Quel rapport entre ce géographe et les choux et les carottes qu'on débite dans ce marché ? il eût été plus rationnel de chercher le nom d'un homme ayant fait progresser la culture des fruits, par exemple.

Poursuivons :

On a décoré la rue Saint-Claude-Bonne-Nouvelle du nom de *Chénier*, mais lequel ? Est-ce Marie-Joseph ou André Chénier ?

Nous demandons ce que *Froissard* vient faire dans

la rue Neuve-de-Bretagne, et *Commines*, un autre historien, dans la rue Neuve-de-Ménilmontant? Il n'y a que des ateliers dans ces rues; le simple raisonnement indiquait tout naturellement de grands industriels.

Et Brantôme! comme l'auteur des *Femmes Galantes* se plairait dans la rue des Petits-Champs, une des ruelles les plus hideuses du vieux Paris !

Pourquoi l'Administration a-t-elle changé le nom de *Chastillon* dans le 10e arrondissement pour le remplacer par Vicq-d'Azir? Le premier avait au moins sa signification, le second est un non-sens dans cette localité voisine de l'hôpital Saint-Louis.

En effet, Chastillon, architecte habile, a donné les dessins de l'hôpital Saint-Louis, et son nom se trouvait bien placé dans le voisinage de cet établissement. Mais Vicq-d'Azir? bonté du ciel! que vient-il faire ?

Nous voudrions bien savoir ce que signifie le nom de *Ruelle de Gondi* remplaçant le nom de ruelle du Cimetière, dans le 12e arrondissement. Est-ce le Gondi, duc de Retz, ou bien le Gondi Cardinal que l'Administration Municipale a voulu glorifier? Le premier était au nombre des ministres qui ont conseillé à Charles IX le massacre de la Saint-Barthélemy; le second, prince de l'Église, portait un poignard en guise de bréviaire; ce chef de la fronde a fait la guerre à sa souveraine. Ce ne sont pas là des actions recommandant le nom de Gondi à la reconnaissance édilitaire pour les offrir comme enseignement au peuple parisien.

Quant à la *rue des Innocents*, cette dénomination prête à la plaisanterie et fausse l'histoire.

En effet, lorsque vous demanderez à un individu quelconque son adresse et qu'il vous répondra : rue des Innocents, vous serez des premiers à lui rire au nez.

Cette dénomination fausse l'histoire, parce que tous nos manuscrits et anciens plans de Paris mentionnent ainsi l'Église et le Cimetière qui existaient en cet endroit: Église et Cimetière des *Saints*-Innocents. Or, la république a raccourci les noms des rues de Paris presque aussi facilement que les citoyens qui lui déplaisaient; mais ce n'est pas une raison aujourd'hui, qu'on ne tue personne impunément, de supprimer les Saints.

Ceci nous rappelle une supplique des habitants de la *rue aux Ours*.

Cette voie longeait l'enceinte de Philippe-Auguste dans l'intérieur de Paris. Avant la construction du rempart, elle avait fait partie de l'ancien Bourg-l'Abbé.

Ce n'étaient pas des ours qu'on rencontrait dans ce petit coin du gros Bourg-l'Abbé ; mais on y faisait un grand commerce d'*oies* dont la chair succulente plaisait fort aux Parisiens qui arrosaient volontiers ce régal d'un vin de Suresne, lequel a singulièrement dégénéré depuis.

Nos vieux chroniqueurs nous apprennent aussi que les oies s'appelaient des *oües*, et que l'une des voies publiques où l'on en vendait le plus, en prit naturellement la dénomination.

Plus tard, les vendeurs d'oies se firent rôtisseurs, et l'on voyait les broches tourner dans la rue aux Oies, comme la vaisselle plate et les bijoux briller dans la rue des Orfévres.

Sauval nous rapporte un ancien proverbe qu'on ré-pétait volontiers alors qu'il s'agissait de se moquer d'un gourmand : « Il a disait-on, le nez tourné à la friandise, comme Saint-Jacques l'Hôpital. »

Pour bien comprendre ce proverbe, il faut savoir que le portail de l'Église Saint-Jacques–l'Hôpital s'élevait en face de la rue aux Oies, dans la rue Saint-Denis , précisément à l'endroit où nous voyons de nos jours un magasin de nouveautés dont l'enseigne a conservé le nom de l'établissement où l'on hébergeait les pauvres pèlerins, à leur retour de Saint-Jacques de Compostelle.

En 1718, un gamin de Paris écrivit avec de la craie, la nuit, sur toutes les devantures des boutiques de la rue aux Oies le nom de « *rue aux Ours.* »

Cette plaisanterie fit adopter la nouvelle appellation, en dépit des réclamations des rôtisseurs. — Voici le texte d'une de leurs suppliques à l'Administration Municipale :

Paris, 22 janvier 1719.

A Messire Charles Trudaine, Prévôt des Marchands, et à MM. les Échevins de la Ville de Paris.

« Les habitants de la rue aux Oies se plaignent de
» la mutilation qu'on a fait subir au nom qui distin-
» guait leur rue des autres voies de Paris.

» Ils font observer à Messieurs de la Ville qu'il n'y

» a jamais existé d'ours ni autres bêtes carnassières
» dans la susdite, tandis qu'au contraire on y a tou-
» jours vu, de temps immémorial, des oies dont la
» qualité est si bien établie qu'on ne saurait sans in-
» justice leur ravir cette bonne réputation ;

» Ont signé : *Larbouillat*, *Brunet*, *Tartempion*,
» *Loiseau, etc.* »

Nous ignorons si toutes les oies qui faisaient la fortune de la rue en question, se sont envolées, mais nous sommes certain que la rue des Innocents ne saurait plaire même à ceux qui le sont et ne voudraient guère se l'entendre dire.

Le *Titien* et *Rubens* eussent été bien placés près du Louvre dont le Musée renferme quelques-uns des chefs-d'œuvre de ces peintres illustres. Savez-vous où l'Administration Municipale les a relégués ? Dans les rues d'Ivry et des Vignes, où l'on cultive encore les potirons et les concombres.

Que vient faire le nom de *Talma* dans un bout de rue, au 16e arrondissement, à Passy? Il eût semblé naturel de réserver le nom du grand tragique pour en décorer une des voies aux abords du Théâtre-Français.

La même réflexion peut s'appliquer à la *rue Le Kain* qui remplace, dans le même arrondissement une partie de la rue de la Fontaine comme la rue Talma se substitue à la rue Neuve-Bois-le-Vent.

En ce qui concerne la *rue Dupin*, nous demandons lequel? Pour la *rue Lesueur*, il serait bon de nous dire si l'on a voulu rendre hommage au grand peintre ou à l'éminent compositeur de musique. Nous trouvons aussi que l'auteur de *Zampa*, *Hérold*, est singulièrement placé dans la rue Cuissard (ancien Auteuil) et *Beethoven* le plus grand génie musical, rue de la Montagne, dans un casse-cou, à Passy ! *Scheffer !* un peintre, dans la rue des Moulins où se plairait Don Quichotte de la Manche. Il est vrai qu'on a relégué *Pétrarque* dans l'impasse des Moulins et *David* rue des Tournelles. Quant à *Galilée*, il verra si la terre tourne dans la rue de Versailles. Et Monseigneur *Affre*, ce digne prélat qui a donné sa vie pour son troupeau, pourquoi l'expatrier rue d'Alger dans le 18e arrondissement, au lieu d'honorer la mémoire de l'archevêque de Paris en burinant son nom, soit à l'angle d'une rue voisine de la Cathédrale, soit dans une des voies du faubourg Saint-Antoine, témoin de son martyre ?

Il est présumable que la Commission des Rectifications a dû inscrire tous les grands noms de l'Europe sur des petits bulletins, pour les déposer ensuite dans un chapeau, et qu'elle les a tirés au hasard comme pour une tombola.

Nous reviendrons sur cette question.

Louis Lazare.

QUE DEVIENDRA PARIS ? [1]

I

C'était le premier jour du mois de mai de l'année 1802. Dans le village de Belleville, les roulements du tambour attiraient sur le pas de leurs portes les habitants de ce hameau qui comptait alors trois cents feux environ.

Belleville portait un nom bien ambitieux, surtout si l'on considérait avec attention ses quelques cahutes clair-semées sur les hauteurs de Paris.

La seule agglomération un peu sensible consistait en un groupe d'une vingtaine de guinguettes qu'on désignait sous le nom de *Courtilles du Temple*.

Anciennement, on voyait aux extrémités de Paris, en dehors des remparts, des courtilles établies en bordure des grands chemins qui conduisaient soit à des abbayes célèbres, soit à des habitations princières.

On appelait ainsi des jardins ou vergers environnés de haies, où nos aïeux, les bons bourgeois de Paris allaient, chaque dimanche, respirer l'air frais et

(1) Ce travail doit former plus tard un petit volume dans le genre de notre *Rose de Mai*.

Louis Lazare.

pur que leur envoyaient alors les champs et les bois qui entouraient la grande ville.

On ne bâtit d'abord au milieu de ces courtilles, que de simples hangars, sous lesquels les promeneurs fatigués venaient se mettre à l'abri des rayons du soleil ou se préserver de la pluie. On plaça, plus tard, des tables sous ces hangars et sur ces tables des brocs de vin. Les hangars éprouvèrent des vicissitudes et furent remplacés par des maisonnettes qu'on désigna bientôt sous le nom de guinguettes.

D'où venait ce nom de guinguettes?

De ce qu'on vendait dans ces cabarets un petit vin sûret et taquin qu'on appelait du *guinguet*. C'était le produit d'un clos de vignes situé sur le plateau qui, de Ménilmontant s'incline vers Charonne, et que des actes du seizième siècle qualifient de Clos Guinguet.

Je demande humblement pardon à mes lecteurs de cette digression historique, et je retourne au tambour qui assourdissait les habitants de Belleville.

Le bruit semblait gravir, comme les curieux, la montagne pour aller se continuer vers un autre village qu'on appelait le Mesnil-Montant. Ce village était tout aussi pauvre mais plus modeste que son voisin, lequel se qualifiait de Belleville.

Mesnil signifiait autrefois un château, une grande habitation au milieu des champs; en effet, de temps immémorial, un château dont nous aurons bientôt occasion de parler, absorbait avec ses dépendances, la plus forte partie de ce territoire. Comme les piétons ne pouvaient parvenir à ce château que fatigués et haletants, la qualification de *montant* accolée à celle de Mesnil n'était que trop cruellement justifiée.

Quelle était la cause de ce bruit? Pourquoi ce tambour? — Le 1er mai ne tombait pas un jour de fête. Ce tambour était municipal, et le nouveau Maire de Belleville, dont Ménilmontant n'est qu'une excroissance, le digne Larbouillat allait remplir deux de ses plus importantes fonctions administratives. La première consistait à donner des alignements aux cahutes qu'on demandait à construire en bordure des chemins qui s'enchevêtraient dans la plaine ; la seconde avait pour but de compléter la première, c'est-à-dire d'accorder la purification du baptême aux voies naissantes.

Le Maire Larbouillat, ancien vigneron, avait la figure joviale et enluminée qui rendait hommage à sa profession. Il était originaire de l'Auvergne ; venu très-jeune à Paris, il s'était d'abord fait tonnelier, avait gagné quelque argent qu'il employa, lors de la Révolution, à l'acquisition de parcelles de terrains provenant de domaines nationaux. Ces terrains étaient couverts de vignes qu'il cultiva, et dont il sut tirer un excellent parti en vendant ses vins à un munitionnaire qui écorchait la république.

Larbouillat, devenu riche, ambitionna les honneurs. On le récompensa de son patriotisme, quelque peu frelaté comme son vin, en le nommant plus tard Maire de Belleville.

Le riche vigneron devint si fier de son écharpe qu'il la portait en toutes circonstances, même en remplissant les fonctions les plus ordinaires et les moins magistrales. Il la portait à table, dans les champs, à la cave, au grenier, partout, et lorsqu'il quittait cet insigne vénéré pour se coucher, Larbouillat le mettait si près de son lit qu'il n'avait qu'à étendre la main pour le saisir.

Une nuit, un incendie éclata tout à coup; dans son empressement le digne fonctionnaire oublia de s'habiller; mais lorsqu'il parut sur la place de la mairie, il avait son écharpe. Si la pudeur des Bellevilloises fut alarmée, l'honneur du magistrat était sauf.

Belleville ne pouvait se donner le luxe d'un adjoint. Le village en question n'avait procréé qu'un seul Magistrat; après cet effort d'intelligence, il s'était senti complétement épuisé.

Mais Larbouillat avait trouvé un second ou mieux son complément dans la personne du garde champêtre. Le premier, comme nous l'avons dit, était Auvergnat; le second, Normand, et avait nom Tartempion.

Si monsieur le maire était fier de son écharpe, le garde champêtre était glorieux de son tricorne qui, avec un sabre de dragon pendant à son côté, composait tout son uniforme. Ce sabre et ce tricorne ne voyaient le jour que dans les occasions solennelles.

Les deux fonctionnaires fraternisaient; leurs opinions se fondaient en un seul et même sentiment: l'amour du pouvoir qui, chez ces deux dignitaires, dégénérait en une petite tyrannie toute locale. Larbouillat se complétait par Tartempion; ce César avait un Antoine.

Seulement, quand ils procédaient au dehors, et qu'ils

trinquaient, selon l'usage, avec leurs administrés, l'harmonie, pour un moment, s'envolait effarouchée par une discussion toujours soulevée, dès les premières libations. Larbouillat soutenait la prééminence du vin rouge; Tartempion, la supériorité du vin blanc. Comme les administrés tenaient essentiellement à ne jamais se brouiller avec les autorités, ces braves gens apportaient du vin de chaque couleur, et il arrivait, par une de ces concessions empreintes de sagesse, que les deux dignitaires rendaient hommage aux deux espèces.

Aux fonctions magistrales de garde champêtre, Tartempion avait ajouté celle plus belliqueuse de tambour; c'était lui qui faisait tout ce vacarme qui émotionnait Belleville et intriguait Mesnilmontant.

Arrivé sur le plateau qui sépare les deux villages, le garde champêtre qui avait amassé bon nombre de commères et tous les gamins à deux lieues à la ronde, jugea convenable d'expliquer les intentions de M. le Maire.

Tartempion frappa une dernière fois sur sa peau d'âne, puis ôtant avec majesté son tricorne, le garde champêtre s'exprima en ces termes, que la tradition nous a conservés :

« Habitants de Belleville et de Mesnilmontant, M. le
» Maire va venir en personne tracer les alignements des
» rues nouvelles, et voulant faire d'une pierre deux
» coups, le Magistrat doit décorer ensuite les voies
» nouvelles de noms destinés à perpétuer l'histoire de
» ces Communes. »

Après cette annonce officielle que Tartempion répéta

une vingtaine de fois, le garde-champêtre se retira pour aller quérir l'autorité compétente.

Deux heures après, on vit arriver les deux dignitaires qui, ayant fait une station chez chaque administré, marchand de vin, avaient peine à conserver le sang-froid et la majesté qui convenaient à leur magistrature.

Après s'être réconforté, en regardant son écharpe, le Maire fit signe à Tartempion de suspendre les roulements de son tambour. Le silence obtenu, Larbouillat annonça qu'il allait s'occuper d'abord des alignements; alors, dégaînant le sabre du garde champêtre, le Maire traça tout de suite, avec la pointe de la lame des lignes sur le sol. Malheureusement, les jambes du Magistrat décrivaient des courbes que reproduisait le sabre de Tartempion. Il en résulta des alignements qui font ressembler les rues ouvertes pendant la dynastie du Larbouillat, aux anneaux entortillés de plusieurs serpents.

Quant aux dénominations des nouvelles voies, avant de montrer un échantillon du savoir-faire de l'ancien Magistrat, il nous faut jeter un coup d'œil sur un plan de Paris en 1765.

II

Dans l'espace compris entre les remparts que le génie de Louis XIV avait transformés en boulevards et la ligne circulaire que décrit de nos jours le talus gazonné des fortifications, on comptait, en 1765, quatre-vingt-dix-sept châteaux princiers, pour la plupart entourés de parcs magnifiques, de prairies et de bois d'une vaste étendue, puis des champs immenses, toujours cultivés avec soin, parce que leurs produits, légumes, fruits ou fleurs, se vendaient au poids de l'or dans la grande ville.

Châteaux, parcs, prairies, bois, champs, jardins, cherchez-les sur le plan de Paris en 1864. Tout a été morcelé, haché, détruit. Autrefois, Paris recevait un air frais et pur que lui envoyait la campagne qui l'environnait ; c'était comme une essence d'herbe, de bois et de fleurs. Aujourd'hui, les collines entourant Paris sont cerclées de constructions. Au milieu d'une couche de pierres, de plâtre et de moellons, se dressent d'innombrables usines dont les cheminées vomissent une fumée qui couvre Paris d'une lourde buée, d'un immense linceul !

Parmi ces châteaux princiers, devenus plus tard domaines nationaux et que la *bande noire* a démolis successivement et sans pitié, l'un d'eux surtout excitait l'admiration par la grandeur de son parc et des bois qui l'entouraient. On l'appelait anciennement le Mesnil-Montant. Après avoir été possédé successivement par de grands seigneurs et de riches financiers, il appartenait, il y a un siècle, à la maîtresse en titre de Louis XV. On appelait ce domaine le *Retrait Pompadour*.

A la mort de la Marquise, ce domaine fut divisé. Plus tard, une partie fut achetée par Madame Favart. Aujourd'hui cet emplacement se trouve occupé par un Orphelinat, et la maison de la Marquise est habitée par des religieuses, bonnes et douces sœurs de charité qui suivent une toute autre règle que celle que pratiquait la *belle damnée*, comme disait Marmontel, lorsqu'il papillonnait autour de Cotillon II.

Parmi les sentiers qui, de l'ancien village de Charonne conduisaient au domaine de Mesnil-Montant, il en était un qu'on désignait sous le nom de *Chemin du Retrait*. C'était le sentier que suivait de préférence Madame de Pompadour pour tourner la montagne difficile à gravir, même en voiture.

Le brave Larbouillat, le digne Maire de Belleville, ignorant la signification du mot retrait, l'avait innocemment estropié en appelant le petit sentier : *Chemin du Ratrait*.

Comme les beaux esprits se suivent ou se copient, un marchand de vin, en même temps Conseiller Municipal de Belleville, fit peindre, par le Raphaël de l'endroit, sur un tableau destiné à servir d'enseigne au débitant, un gros rat habillé comme un fashionable de la rue Cocatrix, en la Cité, avec cette inscription en forme de rébus :

Au Rat très (ratrait) *distingué !*

Inutile de dire que l'Administration actuelle a conservé pieusement cette touchante dénomination.

Cette rue du Retrait, comme on devrait l'appeler, est plus historique certainement que ne le fait supposer sa physionomie triste et vulgaire.

Selon la tradition, le Cardinal de Richelieu aurait acheté en cet endroit, d'un modeste cultivateur, une maisonnette que visitait parfois Son Éminence sous les habits d'un simple bourgeois de Paris.

Le Ministre prenait plaisir à voir de sa maisonnette du Retrait, tout Paris à ses pieds.

Un autre souvenir se rattache encore à la petite rue du Retrait ; mais celui-là est hostile à la gloire et répugne au génie, — c'est un souvenir de meurtre et de sang.

A l'extrémité de la partie construite de la rue du Retrait, en tournant à droite, avant d'arriver au plateau de Charonne, on aperçoit un champ que de petites et laides constructions rongent en ce moment. Le champ en question faisait autrefois partie du territoire dit *des Partants.* En cet endroit, sur ce territoire, Fieschi, Pépin et Morey essayèrent leur machine infernale, dont l'effet fut si cruel dans la journée du 28 juillet 1835.

Détournons nos regards de ce champ des Partants, et, pour nous distraire, rappelons-nous une comédie qui se joua bientôt après 1830 dans la maison n° 143 de l'ancienne Chaussée de Mesnil-Montant. C'était le séjour des *Saints-Simoniens!*

Chose extraordinaire, les Pontifes de la nouvelle religion se sont transformés presque tous en financiers. Cette conversion au culte de la richesse n'est pas un des phénomènes les moins curieux de notre époque, dont un poëte a peint en ces vers les parvenus :

« Nous autres... l'argent pouvait seul nous relever,
Nous en avons. A tout j'ai le droit d'arriver !...

On m'entoure déjà d'un respect unanime.
On estime l'argent, donc on m'estime.
Pour se faire honorer dans ce monde railleur,
L'argent est un moyen... vieux; mais c'est le meilleur. »

III

J'habite, dans la rue du Ratrait, une de ces maisons qui se sont élevées, avec respect, en bordure de l'alignement tracé par le maire Larbouillat, avec la pointe du sabre du garde-champêtre Tartempion.

Depuis l'extension des limites de Paris, cette voie, comme toutes celles qui se trouvaient entre l'ancien mur d'octroi et les fortifications, est devenue parisienne. — C'est un honneur qui lui coûte cher.

La maison que j'occupe est digne en tous points de la rue du Ratrait, à laquelle je restitue son intelligente appellation municipale. Si la rue est triste et vulgaire, la maison, pour lui complaire, est laide et difforme à l'extérieur.

En revanche, cette habitation possède à l'intérieur une de ces beautés que les passants ne soupçonnent guère. De cette maison, les regards embrassent le splendide panorama de Paris, et cette ville a été l'unique objet de mes études et l'affection de toute ma vie.

Maintenant, chers lecteurs, permettez-moi de vous offrir l'hospitalité dans mon Retrait, sans crainte de subir une description trop détaillée de ses charmes.

En entrant, une pelouse vous repose la vue. Des deux

côtés de cette pelouse, comme pour l'encadrer, se dessinent des massifs d'arbres toujours verts. A droite,
un bosquet de lilas; au fond de ce bosquet, encadrée
dans le feuillage, une petite statue de la Vierge. Après
la pelouse, le jardin s'incline en suivant la pente du
coteau de Ménilmontant qui s'infléchit vers Paris. En
face du bosquet de la Vierge, une chaumière emmail-
lottée dans un feuillage de lierre; puis, de petits sentiers se croisent, s'enchevêtrent et vous conduisent,
après de gracieux détours, au milieu d'un petit bois
qui sert de rendez-vous à tous les musiciens ailés du
voisinage.

Quant à la maison, au petit château du Retrait,
comme on l'appelle à Ménilmontant, il est bâti en bri-
ques; une petite tourelle, greffée sur cette habitation,
lui donne une tournure quelque peu féodale.

Tout cela, jardin, chaumière, habitation est bien
peu de chose; mais à mes yeux, selon mon cœur, cette
maison possède une de ces beautés sans égale : mon
Retrait a pour perspective tous les monuments de
Paris.

Je n'étais qu'un enfant que j'aimais déjà cette ville ;
je me plaisais dans nos grands édifices, dans nos vieil-
les basiliques surtout, et quand je priais, je passais
tous les saints du paradis pour arriver plus tôt à la
Vierge Marie. Oh! les souvenirs qui nous reviennent
de notre enfance sont comme des parfums adoucis
d'herbes et de fleurs que la brise nous renvoie.

Lorsque je grandis, mon affection pour Paris grandit également. Je me mis à étudier cette ville, je me

pris à aimer cette Reine. Pour lui complaire, je parcourais nos rues, je visitais nos musées, nos théâtres, nos hôpitaux; j'allais partout où l'on s'instruit, où l'on rit, où l'on pleure.

On dit que le Parisien est insouciant des beautés de Paris, et que sa nature inconstante et mobile se plaît partout et ne se fixe nulle part. Ce sont les provinciaux qui disent cela.

Le Parisien, le véritable enfant de Paris, au contraire, aime et exalte sa ville natale bien plus poétiquement que les provinciaux n'affectionnent leur pays.

Cela se comprend. La ville de Paris est une belle maîtresse à laquelle on découvre à chaque instant un charme nouveau, un attrait toujours plus piquant, tandis que les cités provinciales et secondaires n'offrant aucun des contrastes heureux qui perpétuent les plaisirs dans Paris, livrent en un seul baiser leurs beautés froides et vulgaires, ce qui fait qu'en les possédant si vite et si complétement, il ne reste plus rien à apprendre, plus rien à désirer.

IV

C'était vers la fin du mois de juillet 1863. Je m'étais enfermé dès le matin dans mes archives où je compulsais d'anciens titres, où je lisais de vieux parchemins, tous se rattachant à la fondation des principaux monuments que chaque royauté avait apportés en dot à Paris.

J'étudiais cette ville dès son enfance ; je la voyais dans son berceau. J'assistais à ses premiers développements ; je la suivais à travers les âges, et je comprenais comment elle avait conquis le titre de Capitale, et pourquoi depuis des siècles le monde l'a saluée Reine !

La chaleur, excessive pendant la journée, avait encore augmenté vers le soir. L'atmosphère était lourde et pesante ; aucun souffle n'agitait les branches des arbres dont le feuillage était immobile et muet. De gros nuages tachaient le ciel et s'étendaient lentement comme pour absorber le soleil. Ses rayons lumineux semblaient fuir pour se cacher derrière les édifices ; puis, se glissant, ils lutinaient entre les entre-colonnements et s'épanouissaient en gerbes de diamants, d'émeraudes et de saphirs.

Le silence n'était interrompu que par le grondement lointain du tonnerre.

Bientôt la nuit effaça le jour ; seulement, par intervalle, les éclairs scintillaient plus rapides et déchiraient le crêpe qui couvrait le ciel. C'étaient des effets d'ombre et de lumière impossibles à décrire.

Les monuments de Paris surgissaient tout à coup, gigantesques, immenses, pour s'abîmer ensuite dans une nuit profonde. Parfois, ils apparaissaient subitement incomplets ou brisés.

Bientôt le tonnerre se rapprocha et les éclairs devinrent plus nombreux et plus convulsifs.

Paris me sembla démesurément grandi, monstrueux.

Des bruits étranges arrivaient jusqu'à moi ; c'était comme la voix de tout un peuple.

— Mon Dieu ! m'écriai-je épouvanté, mon Dieu, que deviendra Paris ?

Tout à coup le tonnerre cessa de gronder, l'orage s'apaisa, puis une douce clarté inonda le jardin. Les allées se dessinèrent ; les fleurs reprirent leurs formes gracieuses, et de leur calice humide de rosée s'échappèrent de doux parfums. La nature revenait à la vie ; jusqu'à la petite fauvette qui avait élu domicile dans le berceau de la Vierge, qui recommençait son gazouillement.

Bientôt le massif d'arbres qui entouraient la chaumière s'entr'ouvrit et donna passage à un vieillard qui s'avança lentement vers moi.

Jamais figure plus imposante, plus noble et plus belle n'avait frappé mes regards. Sa barbe blanche descendait jusqu'à sa poitrine. L'inconnu portait une robe de satin cramoisi et, par-dessus, un manteau noir. Sa tête était couverte d'une toque de velours ; au milieu scintillait un diamant. Le vent écarta la robe du vieillard et laissa voir près de sa poitrine, sur le côté gauche, une blessure qui saignait encore.

— Messire Jacques de Flesselles ! m'écriai-je.

— Tu as demandé, mon fils, ce que deviendra Paris, je vais te l'apprendre.

Louis Lazare.

(Sera continué sans interruption.)

FAITS ADMINISTRATIFS ET HISTORIQUES

Documents statistiques.

Voici quelques documents assez curieux sur la superficie occupée par la ville de Paris à différentes époques, avec l'indication en regard du chiffre de sa population.

		mètres	habitants.
Sous Philippe-Auguste en 1200		2,528,000	190,000
— Charles VI	— 1383	4,391,000	260,000
— Henri II	— 1550	4,836,000	290,000
— Henri IV	— 1606	5,678,000	310,000
— Louis XIV	— 1686	12,000,000	476,000
— Louis XVI	— 1788	33,700,000	665,000
— Napoléon III	— 1864	78,020,000	1,800,000

Les 78,020,000 mètres absorbés de nos jours par la ville de Paris se décomposent ainsi : Boulevards, Avenues, Quais, Places autres que ceux de premier

	mètres.
ordre, Rues, Passages et Impasses	13,927,137.

Places publiques de premier ordre telles que les places de la Concorde, Vendôme, du Carrousel, de l'Étoile, Royale, du Trône, l'esplanade des Invalides, le Champ de Mars, les prome-

A reporter.... 13,927,137

<table>
<tr><td align="right">Report......</td><td align="right">13,927,137.</td></tr>
</table>

nades, les squares, les cimetières, les
hôpitaux, les chemins de fer, la Seine;
en un mot, tout ce qui n'est pas soumis
à des variations comme configuration
de terrain.   8,728,156.

Terrains construits ou non construits
appartenant à des particuliers.   55,364,707.

Ensemble   78,020,000.

Nécessité de la suppression de la grève des ouvriers.

Nous appelons toute la sérieuse attention de l'autorité Municipale, sur les questions suivantes :

1° Suppression de la grève en plein air qui se tient chaque jour et de temps immémorial sur la place de l'Hôtel-de-Ville, où, tous les matins, sept à huit cents ouvriers viennent chercher de l'ouvrage.

2° Création d'un vaste abri destiné à recevoir ces ouvriers qui, faute d'un lieu de refuge, vont s'installer dans les nombreux cabarets du voisinage.

Disons tout de suite que ce serait rendre un immense service à nos ouvriers, que de leur épargner de longues heures d'attente, pendant lesquelles ils sont exposés à toutes les intempéries des saisons.

Nous ne voyons pas en quoi les libertés professionnelles se trouveraient compromises, puisque chacun demeurerait parfaitement libre d'accepter ou de refuser tel ouvrage qui lui serait proposé.

On pourrait dans cette vaste salle installer autant de bureaux, qu'il existe de groupes de professions différentes; dans ces bureaux, chaque ouvrier venant se faire inscrire dès son arrivée, déposerait son livret contre un jeton portant le même numéro.

L'embauchage effectué, il retirerait son livret en versant une rétribution certainement plus minime que celle qu'il va porter inévitablement au marchand de vin.

A la fermeture de la grève, les livrets non retirés faute d'embauchage, seraient rendus gratuitement.

De cette manière, la question des livrets qui soulève dans la pratique de si nombreuses difficultées, se trouverait singulièrement simplifiée.

La situation de cet abri devrait être suffisamment centrale, et comme la grève des ouvriers se termine d'ordinaire vers neuf heures du matin, il serait possible d'utiliser cet établissement pendant le reste de la journée.

Par exemple, pourquoi cette vaste salle ne servirait-elle pas, certains jours de la semaine, à recevoir tous les gens qui de près ou de loin tiennent à l'industrie du bâtiment ?

Création d'un Square ou grand Jardin public dans le 14ᵉ Arrondissement, et Voies aux abords de cet Établissement.

Voici le texte de la légende qui accompagne le plan de ce jardin et la série des opérations de voierie qui s'y rattachent ; ce plan a été soumis à l'enquête en septembre dernier.

« Au nombre des améliorations dont l'Administration Municipale de Paris poursuit la réalisation dans les territoires annexés à cette ville depuis 1860, figure la création de Promenades ou Jardins publics, qui doivent assurer aux populations laborieuses de ces quartiers extrêmes, des lieux de repos et de délassement nombreux et facilement accessibles.

» Déjà la réunion des anciens boulevards extérieurs et des chemins de ronde qui existaient en deçà des anciens murs d'octroi a permis d'établir entre les vieux et les nouveaux quartiers une magnifique voie plantée qui n'a pas moins de 25 kilomètres de développement.

» Déjà aussi de nombreux squares ont été disposés sur tous les emplacements propices que l'Administration a pu trouver dans dans la zone surburbaine et sont achevés ou préparés, notamment aux Batignolles, à Montmartre, Belleville, Charonne, Montrouge, Vaugirard et Grenelle.

» A l'est de Paris, le Bois de Vincennes subit, au profit des populations de Saint-Mandé et de Bercy, une transformation semblable à celle qui a été opérée, à l'ouest, dans le Bois de Boulogne, et qui est fort avantageuse aux populations de Passy et des Ternes.

» Au nord, des travaux considérables en cours d'exécution, changent les pentes désolées des Buttes Chaumont en un véritable parc.

» Pour compléter son œuvre, l'Administration Municipale a formé le projet de créer un autre grand

Jardin public au sud de Paris. Elle a fait choix à cet effet du plateau de Montsouris, situé sur le 14ᵉ arrondissement, à la limite du 13ᵉ, qui domine la vallée de la Bièvre, et d'où la vue, s'étendant sur la plus grande partie de Paris, embrasse un panorama magnifique. Le jardin projeté aurait une superficie de seize hectares.

» Il serait isolé sur ses quatres faces par des voies publiques. Au sud, la rue Militaire (boulevard Jourdan), élargie à 40 mètres, le borderait dans toute sa longueur. Au nord, les habitants des 13ᵉ et 14ᵉ arrondissements y pourraient facilement accéder par la voie projetée en prolongement de l'ancienne rue du Transit, entre le carrefour des Quatre-Chemins, sur la route d'Orléans et le point de birfucation des routes de Vitry et de Choisy. A l'est et à l'ouest, on ouvrirait deux rues de 12 mètres de largeur, portant au plan les lettres D et E.

» Mais on a dû se préoccuper aussi de relier le nouveau jardin avec le centre de Paris, et pour atteindre ce but on se propose d'ouvrir deux voies de 22 mètres de largeur, indiquées au plan par les lettres A et B.

» La première de ces voies, partant du carrefour formé par la rencontre des rues de la Santé, de la Glacière et du prolongement de la rue du Transit, aboutirait à l'angle nord-est de ce jardin ; elle serait prolongée en C jusqu'à la porte d'Orléans.

» L'autre voie, partant de la place d'Enfer, dans le prolongement du boulevard de ce nom, aboutirait à l'angle nord-ouest du jardin. »

Ces diverses voies sont indiquées au plan soumis à l'enquête par des triats noirs bordés de lisérés bleus. Les lisérés noirs indiquent les voies déjà décrétées d'utilité publique, et la teinte verte désigne l'emplacement du Square projeté.

Des cotes de nivellement également portées au plan permettent de se rendre compte des changements que subirait le relief actuel du terrain.

Utilité du dégagement de l'église Saint-Jean-Baptiste de Belleville (19e Arrondissement), et de l'église Saint-Bernard (18e Arrondissement, ancienne commune de la Chapelle).

Parmi les églises qui faisaient autrefois partie des anciennes communes annexées à Paris, il en est deux, de création moderne, qui sont surtout remarquables par leur architecture.

Ce sont : les églises *Saint-Jean-Baptiste*, de Belleville, et *Saint-Bernard*, de la Chapelle.

Malheureusement, ces deux édifices manquent d'air et d'espace. L'église Saint-Jean-Baptiste surtout qui, bien qu'établie sur le 19e arrondissement, comprend dans sa circonscription paroissiale une partie de la population du 20e, est d'un accès bien difficile aux habitants de l'ancienne commune de Belleville.

Rappelons en peu de mots l'origine de l'église Saint-Jean-Baptiste. La pose de la première pierre a eu lieu

V.   4

le 24 juin 1854. L'édifice s'est élevé d'après les plans et sous la direction de M. Lassus, architecte.

A la mort de M. Lassus, les travaux furent continués par son élève, M. Truchy, et l'église a été consacrée le 11 août 1859.

L'édifice est du style ogival du treizième siècle. La largeur de la nef, en y comprenant la chapelle de la Vierge, est de soixante-cinq mètres dans œuvre ; la largeur du transept de vingt-sept mètres ; la hauteur depuis le sol de l'édifice, sans les voûtes, de dix-neuf mètres soixante centimètres, et les tours ont cinquante-cinq mètres d'élévation, c'est-à-dire un mètre de plus que la tour Saint-Jacques-la-Boucherie.

Un décret impérial daté de Vichy, le 28 juillet 1862, a déclaré d'utilité publique l'ouverture de plusieurs rues dans les 19e et 20e arrondissements ; l'une de ces voies dégagerait à l'est l'église Saint-Jean-Baptiste.

C'est l'exécution de cette voie que réclame une population de 40 mille âmes.

L'église Saint-Bernard, de la Chapelle, n'est pas dans de meilleures conditions. Pour s'y rendre, il faut traverser un réseau de ruelles qui n'ont pas douze mètres de largeur. Cependant c'est un édifice religieux des plus remarquables, et qu'on eût dû construire sur une grande artère, au milieu d'une place ayant de larges proportions.

L'architecte, *M. Magne*, s'est inspiré du style de la fin du quinzième siècle, en donnant à ce monument une pureté pleine d'harmonie, bien supérieure aux œuvres qui rappellent cette époque de transition.

Le sol de l'église se trouve élevé de neuf degrés; l'édifice est précédé d'un porche dont le mouvement prépare la perspective des premiers plans.

L'église comprend une nef, des bas côtés et des chapelles, un transept avec grand retable en pierres, un sanctuaire et, à l'abside, des sacristies avec premier étage et une vaste chapelle de la Vierge.

Toutes les dispositions, des plus heureuses, témoignent d'une connaissance parfaite des besoins du culte, auquel l'artiste a su donner une satisfaction complète.

Terminons, en répétant que l'exiguïté et l'aspect mesquin des abords de ces deux églises contrastent d'une manière fâcheuse avec la beauté de leur architecture, qui les rend dignes d'une Capitale.

Achèvement prochain du Boulevard de Magenta (1)

L'Administration Municipale a pris dernièrement l'excellente détermination d'achever le boulevard de Magenta qui est appelé à établir dans l'ancien Paris, une communication précieuse d'utilité publique entre la Caserne du Prince-Eugène et l'emplacement autrefois occupé par la barrière Poissonnière.

Ce boulevard est ouvert, on le sait, entre le boulevard de Strasbourg et l'ancienne barrière Poissonnière.

Pour compléter la voie, il reste à exécuter la section

(1) Le plan officiel de cette voie fait partie de notre collection graphique.

entre le Château-d'Eau et le boulevard de Strasbourg. Cette section sera la plus coûteuse, par cette raison que les maisons s'y trouvent en plus grande quantité que dans les autres parties exécutées.

La réalisation complémentaire de cette grande voie est concédée à une Compagnie.

Dans notre 2ᵐᵉ livraison, 1ᵉʳ volume pages 259 et suivantes, de notre Bibliothèque Municipale, nous avons indiqué les maisons intéressées à l'exécution de cette voie. — Nous y renvoyons nos lecteurs.

Continuation de la rue de Turbigo à l'Est de Paris (1).

Lorsque nous avons décrit dans la 1ʳᵉ livraison 1ᵉʳ volume pages 37 et suivantes, de notre Bibliothèque Municipale, le tracé de la rue de Turbigo, dont une section est ouverte seulement entre les rues Saint-Denis et Saint-Martin, nous disions que le prolongement à l'est de cette voie publique était plus urgent encore que dans sa partie opposée.

Nous en donnions pour raison que, dans sa direction vers l'est, ce prolongement aurait pour résultat de faire disparaître le passage si dangereux connu sous le nom de retour d'équerre de la ruelle Volta.

Cette ruelle est, en effet, si étroite que les roues de l'omnibus des Filles-du-Calvaire, viennent à la moin-

(1) Le plan officiel de cette voie fait partie de notre collection graphique.

dre déviation, heurter le trottoir, qui n'ayant que 60 centimètres de large, expose ainsi les piétons aux plus graves accidents.

Il y a quelque temps, un octogénaire qui demeure depuis 1824 dans cette partie de la ruelle Volta, qu'on va démolir, nous disait : « J'ai compté jusqu'à quarante-cinq accidents causés par le rétrécissement de cette ruelle; neuf à ma connaissance ont été suivis de mort. Aussi dans le quartier appelle-t-on ce défilé *la Ruelle de l'Enfer.* »

C'est donc avec une grande satisfaction que nous voyons l'Autorité Municipale se décider à prolonger la rue Turbigo dans la direction de l'est pour effacer de la carte de Paris ce retour d'équerre qui n'a causé que trop de malheurs.

Cette seconde section comprend les immeubles situés entre la rue Saint-Martin et la rue Volta.

Nous en donnons la désignation en faisant observer à nos lecteurs que certaines maisons se trouvent numérotées sur plusieurs voies publiques, bien qu'elles ne forment parfois qu'une seule et même propriété.

Rue des Gravilliers, 92; rue Saint-Martin, 250, 252, 254, 258 et 260.

Rue au Maire, 36, 38, 40, 42, 44, 46, 48, 47, 49, 51, 53, 57 et 59.

Place de l'Église Saint-Nicolas-des-Champs, 2.

Rue Beaubourg, 104, 106, 108, 105, 107, 109, 111 et 115.

Rue Bailly, 4, 6, 8, 10, 9, 11 et 13.

Rue Henri, 1.

Rue Japy, 1, 2, 4, 6.

Rue de Réaumur, 2, 2 bis, 4, 6, 10, 12, 12 bis, 7, 9, 11, 13 et 15.

Rue Saint-Marcoul, 1, 3, 5, 7, 9, 11, 4 et 6.

Rue Saint-Paxent, 3, 5, 9, 11, 6, 8 et 10.

Place du Vieux-Marché-Saint-Martin, 2, 4, 6, 12. 14, 16 et 15.

Rue Volta, 13, 15, 17 et 19.

Les rues qui appartiennent à ce quartier faisaient anciennement partie du *Beau-Bourg*, limité, au midi de la ville, par le Bourg-l'Abbé. Dans le Beau-Bourg fut fondée, comme on le sait, l'Abbaye Saint-Germain-des-Champs, qui, plus tard, fit place au prieuré du même nom.

Sur les terrains qui restaient du prieuré de Saint-Martin-des-Champs après l'Établissement du Conservatoire des Arts-et-Métiers, on construisit l'ancien marché Saint-Martin; les rues Bailly, Saint-Benoît. de Breteuil, Henri Ier, Saint-Hugues, Saint-Marcoul, Saint-Maur, Saint-Paxent, Saint-Philippe, Royale. Saint-Vannes; les impasses Saint-Martin, Saint-Nicolas et la place Saint-Vannes, furent successivement tracées et bâties.

Depuis, la rue Saint-Benoît a été réunie à la rue Saint-Marcoul, la rue Saint-Hugues à la rue Beaubourg, la rue Saint-Maur à la rue Saint-Paxent. La rue Saint-Philippe a reçu le nom de Japy, la rue Royale celui de Réaumur. La rue et la place Saint-Vannes ont été supprimées lors de la formation de la rue Conté.

Études historiques. — La châsse de Sainte-Geneviève

La presse selon nous, ne devrait rappeler qu'avec une prudente réserve et une sage retenue, les documents qui ont trait à nos discordes civiles. Il vaut mieux qu'on les oublie, et faire en sorte que toutes les opinions se confondent dans un seul et même sentiment : l'amour de la Patrie.

Mais lorsque dans un intérêt politique, trop souvent mal compris, on reproduit des faits historiques toujours regrettables, il faudrait au moins que les citations fussent complètes.

Il y a quelques mois, un journal, un grand journal, reproduisait le procès-verbal de l'ouverture de la châsse de Sainte-Geneviève en 1793. Ce compte rendu doit attrister tous les honnêtes gens. Mais ce que la feuille en question n'a pas fait connaître, ce sont les vrais motifs de cette profanation.

Voici des documents officiels qui nous renseignent en cette circonstance :

COMMUNE DE PARIS.

Séance du 1ᵉʳ frimaire an XI.

« Le Conseil général entend lecture du procès-ver-
» bal du dépouillemennt de la châsse de Sainte-Gene-
» viève, et arrête que ce procès-verbal sera envoyé à tou-
» tes les sections *ainsi qu'au Pape*. Arrête, en outre, que
» les *ossements et les guenilles* qui se sont trouvés dans

» cette boîte seront brulés sur-le-champ sur la Place de
» Grève pour y expier le crime d'avoir servi à propa-
» ger l'erreur et à entretenir le luxe de tant de fai-
» néants.

» La dépouille de cette châsse a produit 23,800
» livres.

» *Un Membre* observe que ce produit lui paraît bien
» médiocre, attendu que l'on pouvait à peine suppor-
» ter l'éclat du brillant de cette châsse.

» *Le Rapporteur* répond que tous les objets qui l'or-
» nèrent sont encore en nature, et que la majeure
» partie des diamants sont faux, et notamment le fa-
» meux bouquet dont le prix serait inestimable s'il
» était en pierre fines.

» Le Conseil arrête que les Sections seront invitées
» à nommer des Commissaires pour vérifier si lesdits
» objets sont dans le même état qu'avant le transport
» de cette châsse à la Monnaie (1). »

COMMUNE DE PARIS.

Addition à la Séance du 1ᵉʳ frimaire.

« *Chaumette* (2) annonce que plusieurs individus at-
» tachés à la direction des Monnaies, *accusés de mal-*
» *versations*, ont été incarcérés.

(1) Ce transport de la châsse de Sainte-Geneviève avait
eu lieu le 6 novembre 1793, à l'hôtel des Monnaies. On
l'avait retirée non du Panthéon, comme le dit le journal
en question, mais de l'église Saint-Étienne-du-Mont, ainsi
qu'on va le voir.

(2) Chaumette, procureur-syndic de la Commune de

» Le Conseil arrête qu'il sera défendu de laisser sor-
» tir les cendres de cet établissement, qu'elles n'y aient
» été lavées et que leur produit tournera au profit de
» la République. »

Parmi les hommes incarcérés, ainsi que le dit
Chaumette, comme accusés de malversations, les
nommés Guillain et Bourdot, demeurant rue des
Sans-Culottes (1), avaient fait, dès le 1ᵉʳ octobre 1793
à la Section de Mutius Scœvola (2) une motion tendante
à dépouiller la châsse de Sainte-Geneviève *de ses
atours*, attendu ajoutaient-ils, *que cette gardeuse de
moutons n'était qu'une gourgandine.*

Ces deux individus arrêtés le 1ᵉʳ frimaire à cinq
heures du soir, ainsi que l'annonçait Chaumette quelques instants après leur incarcération, furent jugés le
17 du même mois. Convaincus d'avoir volé *des frag-
ments* d'or provenant de *la ci-devant châsse Sainte-
Geneviève* et de l'argent à la Monnaie où ils étaient
employés, ils ne furent condamnés qu'à trois mois de
prison, sans doute parce que cet argument de l'un de
leurs défenseurs avait produit une certaine impression:

« Ces deux citoyens (des voleurs!) ont été égarés
» par haine de l'aristocratie ; en dérobant à cette pré-
» tendue sainte quelques oripeaux, ils n'ont causé pré-

Paris, qui laissait ainsi dépouiller nos monuments, avait
été vendeur de contremarques et souteneur de filles. On
connaît sa conduite lors du procès de la Reine : — « *Cet
homme est ignoble*, dit Robespierre, *c'est à cracher dessus.* »

(1) Rue Guisarde.
(2) Ci-devant du Luxembourg.

» judice à personne, tout en faisant la guerre au fana-
» tisme. »

Le Rédacteur qui a reproduit le procès-verbal *du
dépouillement* de la châsse de Sainte-Geneviève dit
en commençant :

« Au moment où une discusion est engagée sur la
» question de savoir ce que sont devenus les restes de
» Voltaire et de J. J. Rousseau déposés dans les caveaux
» du Panthéon il n'est pas sans intérêt de connaître ce
» que renfermait la fameuse châsse de Sainte-Gene-
» viève pour *laquelle on les a expulsés*... »

Rappelons ce qui est la vérité : le **12** juillet **1791** les
restes de Voltaire sont portés au Panthéon; ce n'est
que le **13** octobre **1794** que le corps de Jean-Jacques
Rousseau y est déposé. — Le **14** août **1792**, la châsse
de Sainte-Geneviève avait été transférée dans l'Église
Saint-Étienne-du-Mont d'où on la fit sortir pour la
porter à la Monnaie et vendre les ornements de ces
saintes reliques.

Maintenant voici les changements qui s'opéraient à
cette époque dans les caveaux du Panthéon :

Séance du 5 frimaire an XI (novembre 1793).

« La Convention Nationale, après avoir entendu le
» rapport de son comité d'instruction publique, consi-
» dérant qu'il n'est pas de grand homme sans vertu,
» décrète :

» Article 1er. Le corps d'Honoré-Gabriel-Riquetti
» *Mirabeau* sera retiré du Panthéon français.

» Art. 2. Le même jour que le corps de Mirabeau
» sera retiré du Panthéon français, celui de *Marat* y
» sera transféré. »

Les abords de l'Église Saint-Séverin

L'Administration Municipale vient d'acquérir à l'amiable la maison rue des Prêtres-Saint-Séverin, n° **8**, dont l'emplacement est nécessaire au dégagement des abords de l'*Église Saint-Séverin*, l'un des édifices religieux les plus remarquables de la Ville de Paris.

On sait qu'on a greffé, en **1837**, le petit portail de Saint-Pierre-aux-Bœufs sur l'Église Saint-Séverin. — C'est au comte de Rambuteau que la Ville de Paris doit la conservation de ce portail.

L'Église Saint-Pierre aux Bœufs située dans une des ruelles les plus étroites de la Cité, avait été supprimée en **1791** et vendue comme propriété Nationale le 8 fructidor an IV. Aucune clause n'avait été imposée à l'acquéreur dans le but de conserver le portail de cette Église aussi intéressant par son ancienneté que sous le rapport de l'art.

En **1836**, l'Administration Municipale avait décidé le percement de la rue d'Arcole, sur l'emplacement des ruelles du Chevet-Saint-Landry et Saint-Pierre-aux-Bœufs. Le portail en question allait-être démoli, lorsque le comte de Rambuteau, comme nous l'avons dit, fit au Conseil Municipal la proposition d'en faire l'acquisition. Aujourd'hui, ce portail fait partie de l'Église Saint-Séverin dont le dégagement s'effectuera prochainement.

La nouvelle prison des Madelonnettes.

C'est sur le clos de la Santé, dans le 14e arrondissement, que s'élève la *nouvelle prison des Madelonnettes.*

On sait que l'exécution de la rue de Turbigo doit enlever l'ancienne prison située dans la rue des Fontaines.

Il nous semble qu'il eût été plus convenable et surtout moins coûteux de porter cet établissement en dehors de Paris.

En effet, on sait combien en général les prisons absorbent de terrain ; les murs de clôture qui limitent leur périmètre sont d'une longueur énervante et par cela même frappent de stérilité tout un quartier. Voyez ce que la prison Mazas a fait de la rue de Lyon et des terrains qui l'avoisinent. Tôt ou tard il faudra démolir et porter ailleurs cet établissement qui a coûté de sept à huit millions.

Alors que les prisonniers étaient conduits à pied au Palais de Justice et traversaient les rues de Paris, il pouvait y avoir utilité à construire des prisons dans des quartiers peu éloignés de la Cité; mais depuis que des voitures cellulaires transportent les détenus, il n'y aurait qu'une perte de temps insignifiante, si l'on construisait les prisons en dehors de l'enceinte de Paris et dans le voisinage des fortifications.

Machine hydraulique de Saint-Maur. — Distribution des Eaux.

Nous avons déjà parlé de l'établissement par la Ville de Paris, d'une machine hydraulique à Saint-Maur, et de l'ouverture d'un souterrain latéral à celui de Saint-Maur, afin de pouvoir alimenter d'eau de la Marne le bois de Vincennes et les hauts quartiers de la Capitale.

En vertu d'un décret impérial du 9 août dernier, la Ville a fait l'acquisition de MM. Darblay et Béranger, moyennant la somme de 3,280,334 francs, de la grande propriété dite les *Eaux et Usines de Saint-Maur.*

Ces usines ainsi que leurs bâtiments et les canaux d'alimentation, etc., forment deux groupes, l'un sur la rive droite de la Marne, l'autre sur la rive gauche. Le premier a 152,784 mètre de superficie; le second, 122,419.

La concession des eaux surabondantes du canal de Saint-Maur, avait été accordée par le Gouvernement, en vertu de la loi du 17 avril 1822, dont, à la demande de plusieurs de nos lecteurs, nous reproduisons le texte :

« Le Gouvernement est autorisé à concéder pour l'établissement d'usines : 1° l'usage des eaux qui passeront par le canal de Saint-Maur, et qui ne seront pas nécessaires à sa navigation, et, 2° le droit de disposer de la chute qui sera créée par le barrage à établir dans la Marne, pour régler la prise d'eau du canal.

2° La concession sera perpétuelle. Le Gouvernement provoquera la concurence par la publicité.

» 3° Les parties de terrains qui ont déjà été acquises par l'État, pour l'établissement des usines, feront partie de la concession.

» 4° Il pourra être stipulé , à titre d'encouragement, que les bâtiments d'habitation et d'exploitation qui seront élevés sur les terrains compris dans le plan des usines, ne donneront lieu à aucune augmentation de la contribution foncière à laquelle ces terrains se trouveront assujettis au moment du traité. Cette exemption ne pourra pas excéder la durée de vingt-cinq ans.»

Tels sont les documents qui se rattachent à la concession des eaux de Saint-Maur. — Il ne reste plus qu'une question à résoudre : celle des indemnités locatives pour la substitution aux turbines des machines à vapeur.   Louis Lazare.

L'ILE DE LA CITÉ

La restauration de la basilique de Notre-Dame. — La reconstruction de l'Hôtel-Dieu. — L'agrandissement du Palais de Justice. — Le Palais du Tribunal de Commerce. — La Caserne, etc.

I

Avant de rendre compte des travaux dont l'exécution a commencé au profit de cette partie la plus ancienne et la plus intéressante de la ville de Paris, il 'est assez curieux de rappeler les idées émises au sujet de l'avenir de la Cité, lors de la première époque impériale.

De 1800 à 1812, Paris avait à la tête de son Administration Municipale, un magistrat qu'on appelait le comte Frochot.

C'était un administrateur actif, laborieux, faisant mouvoir très-habilement les rouages si compliqués de la première préfecture de l'Empire. Mais bien qu'il eût été secrétaire de Mirabeau, le comte Frochot manquait d'initiative et ne pressentait guère les hautes destinées que Dieu réserve à Paris.

On comprend combien un tel esprit, quoique très-distingué d'ailleurs sous beaucoup de rapports, contrastait avec cette vive intelligence de Napoléon, qui possédait au plus haut degré l'intuition du grand et du beau.

Aussi l'Empereur et le Magistrat étaient-ils parfois en désaccord, alors qu'il s'agissait des intérêts de la Ville de Paris.

Toutefois, le comte Frochot, par une déférence qui est un devoir envers le Souverain, cherchait à se bien pénétrer des intentions de l'Empereur.

Le Magistrat avait contracté l'excellente habitude d'inscrire sur un petit carnet les recommandations que lui adressait Napoléon, ainsi que tous les faits se rattachant à l'Administration Municipale.

Grâce à la bienveillance d'un ancien Conseiller, plusieurs de ces carnets ont été mis à notre disposition, et nous en avons extrait les notes suivantes, parmi lesquelles il en est qui éclairent la question dont nous allons nous occuper. — Les voici dans leur forme laconique et naïve :

15 *Mai* **1807.** — Reçu par correspondance et ricochet un savon de l'Empereur dans une lettre datée du 7 juillet, au camp de Tilsitt. Sa Majesté se plaint de ce que je n'ai pas fait démolir les maisons obstruant le quai Saint-Michel. — Laver la tête à mon chef de division, toujours par ricochet.

10 *Juillet* **1808.** — L'Empereur me fait dire que je suis trop bourgeois. Le Ministre m'a lu cette phrase par ordre de Sa Majesté : « On n'administre pas une » ville comme Paris de la même façon qu'un marchand » de la rue des Lombards ou de la Verrerie gère son » commerce de pruneaux ou de pistaches... Le comte » Frochot doit élever son âme à l'unisson de la gran- » deur d'une Capitale qui a son poids dans les desti- » nées du monde. »

12 *Novembre* **1809.** — Sa Majesté me fait recommander expressément de donner des fêtes. L'Empereur a dit : « Dans une ville comme Paris, c'est le superflu » des riches qui assure le nécessaire des pauvres. »

19 *Mai* **1811.** — Parti à sept heures du matin pour Rambouillet, à l'effet de soumettre à Sa Majesté plusieurs plans qui concernent l'agrandissement des Halles Centrales. Comme il y avait un de ces projets qui consistait à établir le grand marché parisien sur le quai de la Mégisserie, en bordure du fleuve, l'Empereur a haussé les épaules et m'a dit : « Des choux et des ca-

» rottes sur les quais ? allons donc ! Savez-vous ce
» que je veux faire des quais de Paris, monsieur le
» Préfet ? Des voies romaines, avec les statues des
» grands hommes de l'Europe de distance en distance.»

Même jour. — Retourné à Rambouillet, Sa Majesté
m'ayant demandé, le matin, le plan d'ensemble de la
Cité. Mon cocher François m'a dit que j'allais faire
crever mes chevaux ; qu'importe, pourvu que j'arrive.
Sa Majesté m'a tiré par l'oreille, ce qu'Elle ne fait que
dans ses heures de contentement. Puis l'Empereur,
après avoir examiné le plan, qu'il a trouvé mauvais, a
dit :

« Le sol de la Cité sur lequel se dressent la basi-
» lique de Notre-Dame, l'Hôtel-Dieu et le Palais de Jus-
» tice, est un sol sacré. A bas toutes les cahutes qui le
» déshonorent ; que cette population infime qui, depuis
» des siècles, naît, souffre et meurt, sans sortir d'une
» atmosphère putride, puisse respirer à l'aise dans
» d'autres quartiers, aux confins de la ville. Apportez-
» moi un projet plus grandiose ; créez une avenue sans
» maisons, entre l'église Notre-Dame et le Palais de
» Justice. Faites en sorte que je puisse voir de l'In-
» stitut la vieille basilique déployer sa noble et belle
» architecture... Je crois en Dieu, monsieur le Préfet ;
» je ne le discute pas, je le sens. Je suis catholique
» par les yeux comme par le cœur. Le protestantisme
» fait des penseurs, des philosophes et des savants ; le
» catholicisme enfante des héros, des poëtes et des ar-
» tistes... Le peuple de Paris, dont l'intelligence est si
» vive, s'ennuierait dans les temples froids, monotones

» et dénudés des protestants. Il lui faut la majesté des
» grandes basiliques ornées de tableaux et de statues ;
» c'est là qu'il sent ce que j'éprouve : un frémissement
» de la divinité. »

II

Restauration de l'église métropolitaine de Notre-Dame.

Avant de rendre hommage à cette admirable restauration , ou mieux à cette merveilleuse résurrection d'une des plus belles églises de la chrétienté , il n'est pas sans intérêt de rappeler l'origine de la basilique de Notre-Dame de Paris.

Un voile mystérieux , des traditions incomplètes entourent le berceau de cette église.

Il n'est pas supposable que cet édifice religieux ait été placé dès le principe sous l'invocation de Notre-Dame. On sait que le culte de la sainte Vierge n'a été ni promptement répandu ni généralement adopté dans les premiers temps. On ne trouve aucune trace des fêtes célébrées en son honneur, avant le concile d'Éphèse, tenu en 431. Plusieurs actes des années 690, 700, 829 et 861, nous apprennent que la cathédrale de Paris a d'abord porté le nom de *Saint-Étienne*, premier martyr. Elle fut fondée à l'extrémité orientale de la Cité, au midi de l'emplacement occupé par l'église actuelle , et sur les ruines d'un temple païen vraisemblablement dédié à Jupiter.

La cathédrale était sans doute composée de deux

édifices, dont l'un était la basilique de Notre-Dame, et l'autre celle de Saint-Vincent. Cet état de choses existait dès le sixième siècle. Grégoire de Tours, en parlant de l'incendie qui consuma toutes les maisons de l'île de Paris, vers l'année 586, dit *que les seules églises furent exceptées*. — Ces églises, dans la Cité, ne peuvent être que celles qui formaient depuis peu la cathédrale. Saint-Étienne avait été le premier de ces édifices; ensuite, d'après l'usage où l'on était de bâtir de petites églises autour des basiliques, il est à présumer qu'on en avait élevé une à côté sous l'invocation de la Vierge. Ce dernier monument, par suite de l'accroissement de la population, fut rebâti et agrandi sous le règne de Childebert Ier. Un poëte contemporain, Fortunat, évêque de Poitiers, fait une description pompeuse de cette basilique, soutenue par 30 colonnes de marbre, et décorée d'admirables vitres qui, toutes blanches et unies qu'elles étaient, n'en restaient pas moins aux yeux du public des magnificences inouïes. C'est alors sans doute que la nouvelle basilique est devenue cathédrale, par une autre coutume de cette époque, de donner aux églises neuves un vocable différent du premier patron. Paris, devenu le siége de la monarchie, la cathédrale se trouvait encore trop petite. Il fallut songer à sa reconstruction.

Vers 1163, Maurice de Sully, soixante-douzième évêque de Paris, que ses vertus et son intelligence avaient élevé à l'épiscopat, entreprit cette reconstruction. Le pape Alexandre III, réfugié en France, posa la première pierre, et, en 1182, le grand autel *fut con-*

sacré, le mercredi d'après la Pentecôte, par Henri de Château-Marçay, légat apostolique. En 1185, la construction de l'église était assez avancée pour qu'il fût possible d'y célébrer l'office divin. Héraclius, patriarche de Jérusalem, qui vint à Paris prêcher la croisade, célébra, le 17 janvier, la messe dans cette église, en présence de Maurice de Sully et de son clergé.

Les travaux de Notre-Dame avaient été entrepris sur une si grande échelle, qu'il fut impossible de les terminer en même temps, quoique Eudes de Sully, successeur de Maurice, eût fait travailler à cet édifice sans interruption jusqu'en 1208. La nef, dont la construction est postérieure à celle du chœur, s'éleva dans les premières années du treizième siècle, ainsi que la façade principale, qui paraît avoir été terminée avant la fin du règne de Philippe-Auguste.

En 1228, on abattit l'antique église de Saint-Étienne, qui nuisait aux constructions nouvelles. En 1257, Jean de Chelles, maître maçon, commença le portail méridional. En 1312, le portail septentrional fut bâti avec une partie des biens enlevés aux Templiers. On attribue à Jean Ravy, à la date de 1351, et à son neveu, les sculptures qui entourent le chœur. Cet architecte a dû exécuter encore de grands travaux dans la cathédrale; une légende populaire semble le confirmer :

> C'est maître Jean Ravy,
> Qui Notre-Dame fit
> Ainsi que son Parvis,
> Superbe cathédrale
> Qui n'a pas son égale,

Étant bâtie sur l'eau,
Tout comme un grand vaisseau.

Les chapelles du chœur et la délicieuse porte du cloître, furent ensuite construites; enfin, en 1447, Charles VII donna des sommes considérables pour l'achèvement de Notre-Dame. La cathédrale, une fois terminée,
parut si belle à nos pères, et produisit sur eux tant
d'effet, qu'ils regardaient ce monument comme le plus
majestueux de la chrétienté.

Aux treizième, quatorzième et quinzième siècles, on
était dans l'usage de jeter du haut des voûtes de Notre-
Dame des pigeons, des fleurs, des étoupes, sous la forme
de langues de feu, et des pâtisseries nommées *oblayes*
(oublies). A l'instant où l'on entonnait l'hymne *Veni
Creator*, un pigeon blanc s'échappait du haut des
voûtes pour figurer la descente du Saint-Esprit. — Le
peuple se plaisait à ces cérémonies, qui flattaient son
imagination par des images vives ou touchantes.

On pensait autrefois que l'église Notre-Dame, voisine
de la rivière, avait été construite sur pilotis. En 1756,
on reconnut que les fondations reposaient sur un gravier ferme ; ces fondations, formées de quatre assises
de pierre de taille, excessivement dure, faisaient retraite les unes sur les autres. Dessous étaient mêlés de
gros moellons, du mortier, de la chaux et du sable,
formant un corps continu et sans vide, plus solide que
la pierre. Sur une plaque scellée dans le mur, à côté de
la porte d'entrée, on lisait autrefois l'inscription suivante :

> Si tu veux savoir comme est ample
> De Notre-Dame le grand temple,
> Il y a dans œuvre pour le seur
> Dix-et-sept toises de hauteur ;
> Sur la largeur de vingt-quatre
> Et soixante-cinq sans rabattre
> A de long ; aux tours haut montées
> Trente-quatre sont bien comptées ;
> Le tout fondé sans pilotis
> Aussi vray que je te le dis.

De toute ancienneté régnait en avant du portail une enceinte ou parvis élevé de quelques marches. Mais les fouilles qui ont été faites à plusieurs reprises, et même il y a quelques années, ont démontré de la manière la plus positive que le sol n'a jamais été beaucoup plus bas qu'il ne l'est actuellement. L'ancien palais archiépiscopal avait été construit vers le sud. Celui que le peuple a détruit, le marui gras de l'année 1831, avait été élevé vers la fin du règne de Louis XV, en 1772, et s'accordait peu par son style avec le somptueux édifice auquel il était attaché.

Les grands monuments ne sont en pleine beauté qu'à l'instant où leur vieillesse commence. L'aspect de la façade de la basilique de Notre-Dame est imposant et sévère ; les trois portiques, de formes irrégulières, mais enrichis d'une foule de petites statues et d'ornements admirablement travaillés, avaient été en partie mutilés pendant la révolution. Le portail du nord est remarquable par son zodiaque ; au 12e signe, à la place de Cérès, a été exécutée la vierge Marie. Les ferrures des portes, ouvrage de Biscornet, parurent si extraordinaires, que le peuple voulut absolument reconnaître dans ce merveilleux travail la coopération du diable.

L'église Notre-Dame, dont la superficie est de 7,183 mètres, a dans l'œuvre une longueur totale de 126 mètres 60 ; la longueur de l'édifice, à l'extérieur, est de 135 mètres 10 ; la hauteur de la grande nef est de 35 mètres ; celle des tours, sur la plate-forme, de 66 mètres.

83 piliers ou colonnes reçoivent la tombée des voûtes. Tous les autres supports ne sont pas isolés et sont attenants à l'extrémité des contre-forts qui séparent les chapelles ; ils servent de points d'appui aux arcs-boutants qui entourent le monument.

On voit à l'entrée de l'église, sous le porche intérieur, deux escaliers pour monter aux tribunes et aux tours ; deux autres servent aux tribunes près de la croisée, à l'entrée du chœur.

A ces tribunes ou galeries on attachait, en temps de guerre, les drapeaux enlevés à l'ennemi. — En 1693, un *Te Deum* fut chanté dans Notre-Dame, en actions de grâces de la bataille de la Marsaille, gagnée par Catinat.

Le prince de Conti entrant dans l'église, décorée des drapeaux de Fleurus, de Steinkerque et de Nerwinde, prit le maréchal de Luxembourg par la main, et dit en écartant la foule : « Place, messieurs, laissez passer le tapissier de Notre-Dame. »

La première pierre du grand autel fut posée, en 1669, par le cardinal de Noailles, archevêque de Paris. — A cette même époque, le chœur fut commencé sur les dessins d'Hardouin Mansart; il ne fut terminé qu'en 1714, par de Cotte. Il faut monter 389 marches pour arriver au sommet des tours. La vue embrasse alors un des plus merveilleux panoramas.

Le bourdon, la plus grosse cloche de France, se trouve dans la cour méridionale. Elle s'appelle Emmanuel-Louise-Thérèse; elle pèse 32 milliers, et le battant 976 livres. Cette énorme cloche fut fondue en 1685, et baptisée en présence de Louis XIV et de la reine. Sa voix puissante domine tous les bruits de la ville, et se répand en sons majestueux dans les campagnes environnantes.

L'église Notre-Dame ne fut pas épargnée pendant la révolution.

Séance du deuxième jour du second mois de l'an II de la République française une et indivisible (23 octobre 1793).

« Le Conseil général, informé qu'au mépris de la loi
» il existe encore dans plusieurs rues de Paris des mo-
» numents du fanatisme et de la royauté; considérant
» que tout acte extérieur d'un culte quelconque, est
» interdit par la loi; considérant qu'il est de son devoir
» de faire disparaître tous les monuments qui alimen-
» teraient les préjugés religieux et ceux qui rappellent
» la mémoire exécrable des rois, arrête : que dans huit
» jours les gothiques simulacres des rois de France,
» qui sont placés au portail de l'église ci-devant Notre-
» Dame, seront renversés et détruits, et que l'Admi-

» nistration des travaux publics sera chargée sous sa
» responsabilité de lui rendre compte de l'exécution du
» présent arrêté, etc.... Arrête, de plus, que toutes les
» autres effigies religieuses qui existent dans les diffé-
» rents quartiers de Paris, seront enlevées ; que tous
» les marbres, bronzes, etc., sur lesquels sont gravés
» les arrêts des parlements contre les victimes du des-
» potisme et de la férocité des prêtres, seront égale-
» ment anéantis. » (Registres de la Commune, t. XXI,
p. 13,145.)

Extrait des registres du Comité du Salut public de la Convention nationale du 23 floréal, l'an II de la République une et indivisible (12 mai 1794).

« Le Comité du Salut public, arrête : qu'au frontis-
» pice des édifices ci-devant consacrés au culte, on sub-
» stituera à l'inscription *Temple de la Raison*, ces mots
» de l'article 1er du décret de la Convention nationale
» du **18** floréal : *Le Peuple français reconnaît l'Être*
» *suprême et l'immortalité de l'âme.*
» Le Comité arrête pareillement que le rapport et le
» décret du **18** floréal seront lus publiquement les
» jours de décade, pendant un mois dans ces édi-
» fices, etc., etc.

» Signé au registre :

» Robespierre, Billaud-Varennes, Couthon,
» Carnot, C. A. Prieur, B. Barrère,
» Robert-Lindet et d'Herbois. »

Plusieurs chapelles entouraient la basilique de Notre-Dame : celles de Saint-Étienne, de Saint-Jean-Baptiste surnommé le Rond, de Saint-Denis-du-Pas, ainsi nommée parce qu'elle était séparée de la Cathédrale par un étroit sentier. Saint-Jean-le-Rond et Saint-Denis-du-Pas traversèrent presque toute notre histoire. Le premier de ces oratoires fut démoli en 1748, le second en 1813.

La cathédrale de Paris est peut-être, après celle de Reims, le plus beau monument de l'art gothique en France. Malgré les trois siècles employés à son achèvement, et l'empreinte que chacun d'eux a dû laisser de son passage, on peut affirmer que la façade a été conçue d'un seul jet et exécutée par le même artiste, tant elle est remarquable d'unité et de grandeur.

Si l'on considère les trois portails creusés en ogive, le cordon brodé et dentelé des vingt-huit niches royales, l'immense rosace centrale flanquée de ses deux fenêtres latérales, la haute et frêle galerie d'arcades à trèfle qui porte une lourde plate-forme sur ces fines colonnettes, enfin les deux tours noires et massives, les innombrables détails de statuaire, de sculpture, de ciselure qui ornent et accompagnent cette œuvre prodigieuse, on est frappé de l'harmonie des détails qui tous concourent à former un ensemble merveilleux.

Le temps et plus encore les révolutions avaient dégradé cette splendide façade. Les vingt-huit statues des premiers rois de France, depuis Childebert jusqu'à Philippe-Auguste, avaient disparu ; les niches des trois portails étaient restées vides, la Vierge ne trônait plus

au centre ; la grande rose lézardée tombait en ruine.—
Toutes ces richesses de l'art ont été rendues heureusement à l'édifice.

Sous Louis XV on avait supprimé le bas-relief qui
couronnait la porte d'entrée : on l'a rétabli tel qu'il
était dans l'origine , c'est-à-dire en rapport parfait
avec les deux autres portes de la façade.

La chapelle de la Vierge, mal agencée, formait saillie
en dehors de l'abside ; elle a été reconstruite et coor-
donnée avec les chapelles qui règnent le long du
chœur.

L'intérieur de la basilique de Notre-Dame ne révèle
pas autant de grandeur et de majesté que l'extérieur.
Peu à peu cependant on se rend compte de l'immensité
de ses nefs, de la hardiesse des voûtes, et l'on admire
cette harmonie austère et superbe qui règne au milieu
de cette forêt de piliers et de colonnes.

Il n'en faut pas moins reconnaître que l'intérieur de
l'édifice religieux a subi plus d'outrages encore que
l'extérieur du monument.

L'intérieur était couvert d'un enduit jaunâtre, espèce
de fard honteux appliqué sur cette teinte sombre et
sévère qui fait la beauté des anciennes basiliques. Le
sanctuaire se trouvait également altéré par des ornements de marbre compromettant l'unité de l'édifice et
faisant contraster le luxe théâtral du dix-septième
siècle avec la naïve et religieuse grandeur des constructions du moyen âge.

Les trois roses qui surmontent les trois entrées sont
les seules décorations que le mauvais goût avait épar-

gnées. Les rayons du soleil les font étinceler en gerbes de diamants, d'émeraudes et de saphirs.

Les travaux exécutés ne doivent pas être considérés comme une restauration d'un des plus beaux monuments de la Ville de Paris, mais bien et sincèrement comme la résurrection de la basilique de Notre-Dame.

Cette œuvre a été d'abord entreprise par deux architectes des plus habiles, *MM. Lassus* et *Viollet-Leduc*; la mort est venue briser cette association fraternelle de deux grands artistes. M. Viollet-Leduc est resté seul et achève en ce moment cette entreprise qui fait tant d'honneur au gouvernement actuel.

Malheureusement le plan des abords de l'église Notre-Dame est loin de compléter la magnificence du monument religieux. C'est avec un vif regret qu'il nous faudra dans le cours de notre travail d'ensemble démontrer les inconvénients de ce plan municipal.

III

L'Hôtel-Dieu.

La fondation de l'Hôtel-Dieu, qu'on attribue à saint Landry, huitième évêque de Paris, remonterait à l'an 660, sous Clovis II.

Les chanoines de Notre-Dame ne possédaient dans le principe que la moitié de cet établissement, l'autre partie leur fut cédée en 1202 par Renaud, évêque de Paris. L'Hôtel-Dieu n'était pas seulement affecté aux pauvres malades, on y admettait également des pauvres valides. Adam, clerc du Roi, fit don à cet hôpital, à la fin du douzième siècle, de deux maisons dans Paris, avec cette condition qu'on fournirait, au jour de son anniversaire, aux pauvres malades, tous les mets qu'ils pourraient désirer. Philippe-Auguste est le premier de nos rois qui ait fait quelques libéralités à l'Hôtel-Dieu. Dans une de ses lettres on lit : « Nous » donnons à la Maison de Dieu de Paris, située devant » l'Église de la bienheureuse Marie, pour les pauvres » qui s'y trouvent : *toute la paille de notre chambre* » *et de notre maison de Paris, chaque fois que nous* » *partirons de cette Ville pour aller coucher ailleurs.* » — Par un acte capitulaire de l'Église de Paris, l'évêque Maurique et son chapitre arrêtèrent, d'un commun accord, qu'au décès de l'évêque ou d'un chanoine, leur lit appartiendrait à l'Hôtel-Dieu. Mais l'accroissement de la population rendit bientôt insuffisant le service de cet hôpital. En 1217, le doyen Étienne, conjointement avec le chapitre, chargea par un statut quatre prêtres et quatre clercs des soins spirituels. Trente prêtres et vingt-cinq sœurs, également laïques, durent pourvoir aux besoins des malades. On exigea d'eux la chasteté, et ils furent soumis à une loi disciplinaire sous la surveillance du chapitre et du *maître de la Maison de Dieu,* titre qu'on donnait au membre qui avait la direction de l'établissement.

Saint Louis est regardé à juste titre comme le bienfaiteur de cet hôpital, qui, d'après son désir, prit le nom d'*Hôtel Notre-Dame* ou de la *bienheureuse Vierge Marie.* Par ses ordres, il fut exempté des droits d'entrée et de toutes impositions; les bâtiments, qu'il aug-menta, atteignirent le *Petit-Pont*. Ce prince fit dé-corer cet édifice d'une façade appuyée sur deux arches en ogive de l'ancien *Petit-Pont*.

En 1531, les Administrateurs de l'Hôtel-Dieu ache-tèrent une maison située sur le Petit-Pont, joignant le nouveau portail. Sur l'emplacement de cette maison, qui avait appartenu à la Sainte-Chapelle, le cardinal Antoine Duprat, légat en France, fit bâtir en 1535, sous François Ier, la salle qu'on nommait, avant la ré-volution, *Salle du Légat*, et, qui fut affectée, plus tard, aux malades atteints de la contagion, nom qu'on donnait jadis aux épidémies, la mortalité résultant de ces épidémies s'élevait à un chiffre qui dépasse toute croyance.

Ainsi, en 1348, la contagion enlevait 500 personnes chaque jour à l'Hôtel-Dieu. En 1562, on a constaté dans cet hôpital 67,000 décès; en 1580, 20,000; en 1596, 12,000; en 1606, 6,000.

Henri IV fit reconstruire en 1606 la salle *Saint-Thomas*. La même année, la salle *Saint-Charles*, qui donna son nom à un nouveau pont dont les piliers avaient été bâtis sous ce règne, fut achevée par les libéralités de Pompone de Bellièvre.

En 1607, Henri IV créa deux hôpitaux succursales de l'Hôtel-Dieu, l'hôpital Saint-Louis et l'hôpital Sainte-Anne, faubourg Saint-Marcel, à l'effet d'y placer les malades atteints de la peste ou de la contagion. En 1634, on termina un autre pont qui fut nommé *Pont-au-Double*. Ainsi cet établissement s'agrandissait à mesure que les maux se multipliaient, et la charité croissait à l'égal des douleurs.

Louis XIV voulut aussi favoriser les développements de cet hôpital. — « Don à l'Hôtel-Dieu du Petit-Châ- » telet (novembre 1684). — Louis etc..... Ayant re- » connu par nous-même, il y a quelques années, que » l'Hôtel-Dieu de notre bonne ville de Paris n'avait » point assez d'étendue pour contenir commodément » le grand nombre des pauvres malades qu'on y amène » tous les jours, lesquels y sont reçus et traités jusques » à leur entière convalescence, de quelques pays, nation » et religion qu'ils soient, par le bon ordre et l'écono- » mie qu'entretiennent dans la maison les personnes qui » en règlent l'administration ; nous aurions dès lors » pensé à chercher les moyens de procurer l'augmen- » tation des bâtiments dudit Hôtel-Dieu, et ayant jugé » que rien n'était plus avantageux pour exécuter cette » charitable entreprise que de faire don audit Hôtel- » Dieu du Petit-Châtelet de notre ville de Paris ; à ces » causes, désirant, à l'imitation des Rois nos prédéces- » seurs, donner au dit Hôtel-Dieu des marques de » notre protection et munificence royale, en confirmant » notre brevet du 18 septembre de la même année, ci- » attaché sous le contr'scel de notre chancellerie, nous » avons, par ces présentes, signées de notre main, ac- » cordé et fait don au dit Hôtel-Dieu du *Petit-Châtelet* » de notre dite ville, appartenances et dépendances, » pour y être construit tels bâtiments que les adminis- » trateurs d'icelui aviseront pour la commodité des » pauvres malades ; voulons et nous plaît que le dit

» Hôtel-Dieu jouisse pleinement, paisiblement et per-
» pétuellement du dit Petit-Châtelet, etc..... Donné à
» Versailles, au mois de Novembre, l'an de grâce 1684,
» et de notre règne le 42ᵉ, signé Louis. » (Archives
impériales, section administrative, série E, numéro
3,370.)

En 1737 et 1772, deux incendies causèrent de grands
ravages à l'Hôtel-Dieu ; le dernier surtout entraîna la
mort d'un grand nombre de malades. Vers cette époque
l'encombrement était devenu si grand à l'Hôtel-Dieu
qu'on avait été forcé de faire coucher jusqu'à huit
malades dans le même lit, et presque toujours, le lendemain, trois ou quatre avaient cessé de vivre. L'Hôtel-
Dieu, qui ressemblait à un vaste tombeau, était une
cause permanente d'infection pour la Cité.

On résolut à cette époque de supprimer cet établissement et de transporter les malades partie à l'hôpital
Saint-Louis partie à la maison dite de Santé.

Des lettres patentes furent rendues à cet effet au
mois de mai de l'année 1773. De vives réclamations
s'élevèrent contre ce déplacement. Il était à craindre
que les blessés, les malades des quartiers du centre,
transportés au loin, ne mourussent pendant le trajet.
Ces considérations firent abandonner ce projet : alors
un système d'administration plus juste et mieux en
rapport avec les besoins des malades fut pratiqué dans
cet ancien établissement.

Jusqu'à l'époque de la Révolution, l'histoire de cet
hôpital ne nous fournit aucun fait qui mérite d'être
rapporté. — Mais au commencement de la Terreur,

l'on ordonna la fermeture de nos églises, et tout ce qui rappelait la foi de nos pères fut proscrit.

« *Séance du duodi, la 3me décade de brumaire an II.*

» Le Procureur de la Commune requiert que l'on » change dans les hôpitaux les noms des salles de ma- » lades, et que l'Hôtel-Dieu soit appelé *Maison de l'hu-* » *manité.* Arrêté et envoyé aux travaux publics pour » l'exécution. — Signé Lubin, vice-président; Dorat- » Cubières, secrétaire. »

Le 1er vendémiaire an XII, le ministre de l'intérieur posa la première pierre du portique de l'Hôtel-Dieu, qui fut élevé sur les dessins et sous la direction de M. Clavareau, architecte de cet hôpital. Ce portique est composé de trois colonnes doriques sans cannelures : elles supportent une frise et un fronton sans ornement. Cette entrée de l'établissement est d'un style sévère, mais un peu lourd. — La création de l'hôpital Beaujon, la formation de l'hôpital Saint-Antoine permirent bientôt de démolir les parties les plus encombrées de l'Hôtel-Dieu et d'essayer plusieurs systèmes d'assainissement qui ont réduit ses tables de mortalité au chiffre des hôpitaux les plus favorablement situés.

En pénétrant sous le péristyle de l'Hôtel-Dieu, l'on aperçoit à gauche la statue de saint Vincent de Paul; à droite est celle de Montyon, qui a légué aux pauvres son immense fortune. On voit ensuite un grand vestibule sur lequel s'ouvrent les bureaux, les salles de garde, les amphithéâtres, deux grandes salles de chirugie. Ce vestibule est décoré des portraits des médecins et chirugiens les plus célèbres de cet hôpital. On y voit un marbre placé en l'an X, par ordre du Premier Consul, pour perpétuer la mémoire de Desault et de Bichat et le souvenir des services rendus par ces praticiens à la science.

Plusieurs tables d'inscriptions rappellent les diverses ordonnances relatives aux dotations de cet établissement, depuis celle de Philippe-Auguste jusqu'à celle de Louis XVI. Sous un autre vestibule du bâtiment méridional se trouvent les statues de saint Landry, de saint Louis et de Henri IV, une dernière inscription reproduit en entier cette ode célèbre que Gilbert composait à l'Hôtel-Dieu :

> Au banquet de la vie, infortuné convive,
> J'apparus un jour... et je meurs !...
> Je meurs, et sur ma tombe où lentement j'arrive,
> Nul ne viendra verser des pleurs !...

Au-dessous est écrit :

> *Gilbert, 8 jours avant sa mort, 22 ans !*

Malgré les grandes améliorations introduites dans le régime intérieur de l'Hôtel-Dieu, sans oublier aucune des dispositions prises dans ces dernières années pour rendre moins défectueuses les constructions de cet ancien hôpital, il n'en faut pas moins reconnaître que cet établissement laissait beaucoup à désirer.

Paris offrait un contraste des plus fâcheux. Au milieu de ses quartiers luxueux et riches, l'on voyait s'élever un nouveau monument consacré aux plaisirs, tandis que dans la Cité, ce berceau de l'antique Lutèce, *la vraye méson du Seigneur*, comme l'appelaient nos pères, l'Hôtel-Dieu réclamait en vain, depuis un quart de siècle, un autre sanctuaire.

Sans doute, il importe d'augmenter l'attraction que la ville de Paris exerce sur le monde par la variété des jouissances que les arts improvisent pour plaire aux étrangers; il le faut, parce que dans une grande Capitale, c'est le superflu des riches qui assure le nécessaire des pauvres. Mais, d'un côté, si cette Reine n'a pour les heureux de la terre que joies et sourires, de l'autre il importe que la charité veille en son nom pour soulager et bénir ceux qui souffrent et qui pleurent.

Cette intuition de la charité, le Souverain la possède, aussi l'Empereur a-t il voulu que le sanctuaire de la douleur ne fût pas devancé par l'établissement consacré aux plaisirs, et la reconstruction de l'Hôtel-Dieu a été décidée et doit se poursuivre comme celle de l'Opéra.

PRÉFECTURE DU DÉPARTEMENT DE LA SEINE.

Formation de l'emplacement de l'Hôtel-Dieu et dégagement de ses abords.

LÉGENDE.

Le projet soumis à l'enquête comprend :

1° La formation d'un emplacement pour la reconstruction de l'Hôtel-Dieu ;

2° Diverses dispositions de voirie qui s'y rattachent, savoir :

L'agrandissement de la place du Parvis-Notre-Dame;

La rectification et l'élargissement à 20 mètres de la rue d'Arcole;

L'élargissement à 20 mètres de la rue de la Cité;

La fixation des alignements définitifs de la rue du Cloître-Notre-Dame, de partie du quai Napoléon, du quai Desaix, de l'avenue de Constantine et de la voie d'isolement du nouveau Tribunal de Commerce, entre cette avenue et le quai Desaix.

Le nouvel Hôtel-Dieu sera circonscrit par la place du Parvis-Notre-Dame, sur laquelle il aura sa façade principale, au sud ; par le quai Napoléon, au nord ; par la rue d'Arcole, redressée et élargie à 20 mètres, à l'est ; par la rue de la Cité, élargie à 20 mètres, à l'ouest.

La superficie comprise dans ce périmètre est d'environ 22,000 mètres carrés ; l'Hôtel-Dieu actuel et ses annexes n'ont pas au total beaucoup plus de la moitié de cette contenance.

Le choix de l'emplacement dont il s'agit a été déterminé par les considérations suivantes :

L'Hôtel-Dieu a eu la Cité pour berceau. C'est à l'ombre de Notre-Dame que cette fondation de la charité publique a grandi et s'est développée. Le sentiment populaire n'a jamais séparé l'asile central de la souffrance du sanctuaire vénéré de l'église métropolitaine : ce n'est pas le temps présent qui doit les désunir.

Il serait très-difficile, d'ailleurs, sinon impossible,

de trouver au milieu de la ville une situation plus convenable au point de vue des besoins de la population et des nécessités du service.

On conçoit qu'on place au loin des hospices. L'infirme ou le vieillard qu'on y recueille n'a qu'à gagner en santé et en calme à quitter les quartiers où les habitations se disputent l'air et la lumière, pour se rapprocher de la campagne.

On comprend qu'il en soit de même des maisons telles que l'Asile Impérial de Vincennes et celui du Vésinet, où le convalescent ne va que pour compléter sa guérison. Mais il faut au malade et au blessé des secours immédiats. On ne saurait, d'ailleurs, lui ôter les consolations et le soutien moral que peut lui assurer le voisinage de sa famille et de ses amis. Les hôpitaux doivent donc être au centre même des agglemérations qu'ils ont à desservir.

Chacune des grandes circonscriptions populeuses de Paris a son hôpital. L'Hôtel-Dieu est celui des quartiers du centre de la ville ; mais il est plus encore : on le considère, à bon droit, comme le véritable chef-lieu de l'assistance publique à Paris.

C'est là, en effet, que se trouve le bureau d'admission, et que, deux fois par jour, se distribuent les places des autres hôpitaux qui n'ont pas été occupées directement pour des cas d'urgence. C'est là qu'est organisé, sur la plus grande échelle, le service des consultations gratuites. C'est là encore que se tiennent le plus grand nombre de ces cliniques médicales et chirurgicales où les élèves de la Faculté viennent rece-

voir les leçons pratiques des professeurs les plus célèbres.

C'est enfin à l'Hôtel-Dieu que l'administration de
l'Assistance publique, dont le siége est sur la place de
l'Hôtel-de-Ville, exécute et suit la marche de toutes
les améliorations matérielles destinées à accroître le
bien-être des malades.

Sous tous les rapports, il y a donc lieu de maintenir
ce grand établissement dans la Cité.

Au surplus, où trouverait-on, sur un autre point
de la ville, à portée de la population, un emplacement
de plus de deux hectares aussi bien aéré et aussi largement dégagé que celui dont l'administration a fait
choix?

Au sud sera la place du Parvis-Notre Dame, dont
l'espace s'augmentera encore de toute la largeur du
petit bras de la Seine et du quai Montebello. Au nord,
le quai Napoléon, le grand bras du fleuve et le quai
Le Peletier formeront aussi un immense isolement.
A l'est et à l'ouest, la rue d'Arcole et la rue de la Cité
élargies, assureront aux préaux ouverts sur ces voies
une sorte de ventilation constante. Enfin, l'avenue de
Constantine, convergeant vers le centre des constructions, sera encore pour le nouvel hôpital un utile réser-
voir d'air. Il faudrait aller bien loin pour rencontrer
des conditions plus favorables.

Il n'est pas besoin de justifier la nécessité d'agrandir
la place du Parvis-Notre-Dame, toujours insuffisante
les jours de solennités nationales, ni la fixation à 20
mètres de la nouvelle largeur des rues d'Arcole et de la

Cité, qui est celle des ponts auxquels ces rues aboutissent.

Les autres dispositions de voirie du projet s'expliquent d'elles-mêmes, à la seule vue du plan.

Les nivellements sont indiqués sur le plan par des
cotes.

Le Sénateur Préfet de la Seine,

G. E. HAUSSMANN.

Si la conservation d'un établissement hospitalier
dans l'île de la Cité a toujours été considérée comme
indispensable à la Ville de Paris, des discussions très-
animées et du plus grand intérêt se sont souvent engagées sur la question de savoir s'il fallait conserver à
l'Hôtel-Dieu son ancienne affectation, ou mieux transformer cet établissement en un grand poste médical.

D'excellents arguments ont été avancés pour soutenir l'une et l'autre opinion.

La reconstruction de l'Hôtel-Dieu, dans ses mêmes
conditions séculaires d'existence, a trouvé en M. le
Préfet de la Seine un habile défenseur, ainsi que nos
lecteurs ont pu le voir dans la reproduction que nous
venons de faire de la légende accompagnant le plan
soumis à l'enquête.

Tout en rendant hommage à la haute intelligence
du Magistrat, il est possible néanmoins de lui opposer
d'excellentes raisons inspirées également par l'intérêt
général, et témoignant d'une aussi vive sollicitude pour
nos classes ouvrières, qui fournissent le contingent

le plus considérable et le plus malheureux aux établissements hospitaliers.

Sans doute, cette pieuse et charitable fondation a dû suivre les accroissements successifs de la population parisienne. On sait que les classes laborieuses se sont agglomérées pendant des siècles dans l'île de la Cité, ainsi que dans les quartiers limitrophes, tels que les quartiers des Arcis, de l'Hôtel-de-Ville, des Lombards et du marché Saint-Jean.

Alors, on le comprend, plus la population, fatalement dévolue aux rudes travaux, souvent à la misère et aux maladies, qui en sont les tristes cortéges, s'est augmentée, plus cet hôpital est devenu nécessaire, indispensable, plus il a fallu l'agrandir — la charité s'est multipliée à l'égal des douleurs.

En est-il ainsi de nos jours? la même nécessité d'agrandir l'Hôtel-Dieu s'accuse-t-elle maintenant? Le contraire heureusement se produit.

L'Administration Municipale a dépensé plus de cent millions en quinze années pour assainir et dégager le milieu de Paris.

Les voies étroites et sinueuses qui l'encombraient ont fait place à de larges voies, à de grands ventilateurs. La circulation, partant du centre heureusement transformé, rayonnera bientôt librement jusqu'aux extrémités de la Capitale agrandie.

Cette heureuse transformation sera la gloire la plus pure de l'Édilité moderne.

Eh bien, l'agrandissement de l'Hôtel-Dieu, comme on va le voir, comme nous allons le prouver, est en contradiction flagrante avec l'application de la grande idée de transformation du centre de Paris, idée que l'Administration Municipale actuelle a fécondée si habilement.

En effet, sur 48 quartiers dont se composait la Ville de Paris avant l'extension de ses limites, 12 au moins pouvaient être considérés encore en 1830 comme malsains. Sur ces 12 quartiers habités par une population malheureuse, qui naissait, souffrait, mourait sans sortir d'une atmosphère putride, 9 environnaient la Cité ou s'étaient groupés autour de l'Hôtel-de-Ville. Il y avait là un tel entassement de vieux moellons et de chair humaine, que les épidémies y sévissaient à des époques périodiques. La mort seule donnait de temps en temps un peu d'air et d'espace aux vivants.

Ces quartiers malsains, hideux, composaient pour ainsi dire le vestibule du grand hôpital, ce triste complément de la misère et des douleurs.

Mais ces quartiers ont disparu, presque toutes ces ruelles étroites sont effacées de la carte de Paris; de grandes et belles habitations ont remplacé les cahutes qui encombraient le centre de la Ville. Dans ces nouvelles habitations, élevées à grands frais sur des terrains coûteux, il ne pouvait y avoir de logements dont le prix fût accessible aux classes ouvrières; De là leur émigration vers les quartiers excentriques. — A quoi bon alors augmenter, doubler l'hôpital du centre, puisque la population autrefois fatalement dévolue à cet établissement s'en est éloignée? L'idée d'agrandissement de l'Hôtel-Dieu est donc en contradiction

formelle avec le déplacement de nos classes ouvrières ;
— c'est une hérésie administrative.

Il faut, au contraire, à tout prix, suivre ce déplacement des classes laborieuses, à cette fin d'établir des hôpitaux à proximité des grandes agglomérations ouvrières.

N'oublions pas qu'elles se forment principalement dans les quartiers excentriques du nord-est, sur les hauteurs de Paris. Eh bien, les hôpitaux dont ces grandes agglomérations ouvrières ont besoin, y seraient certainement mieux placées et dans des conditions plus favorables de salubrité surtout que dans ce bas-fond de l'île de la Cité, où l'humidité permanente est déjà la complice de toutes les maladies.

Il y a quelques jours, je descendais la chaussée de Ménilmontant ; tout à coup je vis déboucher d'une porte d'allée deux hommes portant une civière que suivit en sanglotant une femme jeune encore et toute déguenillée.

— Où conduisez-vous ce malade? dis-je à l'un des porteurs.

— Oh! bien loin, monsieur ! à l'Hôtel-Dieu !

Puis j'avisai la pauvre femme.

— C'est mon mari, me dit-elle ; j'ai engagé mes effets, il ne me reste plus rien. Le médecin ne veut plus revenir. J'ai un enfant de trois ans, il me faut travailler pour le nourrir ; mon homme m'a dit : Conduis-moi à l'hôpital !

— Et quelle est sa maladie?

La femme mit sa main sur sa poitrine.

Dès que je fus entré dans mon bureau, je pris un plan de Paris et un compas, et calculai la distance de la chaussée de Ménilmontant à l'Hôtel-Dieu : 4,920 mètres !... Qui sait si la longueur de la course jointe au cahotage de la civière, n'achèvera pas le pauvre malade ? toujours est-il certain que le voisinage du fleuve n'est guère favorable aux affections pulmonaires !

Il y a sans doute des hôpitaux moins éloignés du 20ᵉ arrondissement : l'hôpital Saint-Louis, par exemple ; mais on y traite de préférence les maladies cutanées. Quant à Lariboisière, n'y est pas admis qui veut. Il peut donc arriver qu'un malade habitant Charonne ou Ménilmontant, soit même transporté à la Pitié, c'est-à-dire condamné à un voyage de plus de 8 mille mètres, et Dieu sait par quels chemins !

Ainsi, l'on va dépenser d'abord pour exproprier de nombreuses maisons dans la Cité, quelque chose comme 25 millions ; *la Belle Jardinière*, notamment, ne se livrera pas pour peu. Puis, les constructions et les aménagements exigeront au moins 12 millions.

Avec la moitié de ces deux sommes, on pourrait facilement construire dans des proportions modestes, mais parfaitement convenables, les trois ou quatre hôpitaux qui manquent dans nos quartiers excentriques.

Nous ne sommes guère partisan des grands hôpitaux, parce que les agglomérations trop considérables de malades font de ces vastes établissements d'immenses tombeaux. Impossible de neutraliser complètement l'atmosphère putride qu'on y respire.

Il vaut donc mieux multiplier les hôpitaux que d'agrandir les anciens établissements.

Les hôpitaux sont nécessaires, indispensables, sans doute, parce que les classes ouvrières y trouvent là des secours, un traitement, des soins qu'elles ne pourraient se procurer chez elles.

Néanmoins, il faut propager les bienfaits des secours à domicile pour les malades dont les affections peuvent être traitées par la famille. L'hôpital, c'est la séparation, c'est le déchirement du cœur; le traitement en famille, c'est l'accomplissement du devoir, l'espoir de la guérison et l'adoucissement de la mort. La femme surtout, a de ces tendresses de cœur plus sûres, plus instinctives que la science. L'hôpital brise tout cela. Le malade parti, la mission de la femme a cessé, il n'y a plus d'enseignements, parce qu'il n'y a plus de devoirs à remplir.

Comme on l'a vu, l'argent qu'on va dépenser pour reconstruire l'Hôtel-Dieu dans de vastes proportions, pourrait être plus utilement, plus sainement employé en vue de nos classes laborieuses.

Mais il faut, nous le reconnaissons, dans l'île de la Cité, dans ce berceau de Paris, un établissement charitable et qui conserve l'ancienne et pieuse appellation d'Hôtel-Dieu. Cet établissement ne saurait être un vaste hôpital, mais bien plus utilement un grand poste médical.

Dans une Capitale dont la population atteindra bientôt deux millions d'habitants, les accidents, les maladies instantanées sont en grand nombre. Ce va-etvient, ce roulement perpétuel de plus de 60 mille véhicules de toute espèce, ce fourmillement quotidien de piétons, tout ce pêle-mêle ne s'est pas débrouillé sans victimes à la tombée de la nuit.

Il faut donc un grand poste médical dans le voisinage de nos quartiers où la circulation se trouvant plus active, est conséquemment plus dangereuse, où la promptitude des secours leur assure parfois de l'efficacité.

Telle est l'expression de notre pensée ; en la manifestant, nous croyons bien servir l'Autorité Municipale.

Parmi les lettres qui nous ont été adressées au sujet du plan d'ensemble de l'île de la Cité, et qui presque toutes sont conformes à notre opinion, nous croyons devoir reproduire celle qui suit, par cette raison qu'elle renferme une idée vraie, d'une application facile et surtout respectueuse envers la basilique de Notre-Dame.

A Monsieur le Directeur de la *Bibliothèque Municipale*.

Monsieur Louis Lazare,

Je partage entièrement votre manière de voir au sujet de la reconstruction de l'*Hôtel-Dieu*. Il est certain qu'un grand poste médical conviendrait mieux en cet endroit qu'un immense hôpital dans le voisinage des quartiers du centre, où les classes laborieuses ont sensiblement diminué, d'où elles doivent complètement disparaître dans un avenir prochain.

Il vaudrait bien mieux, comme vous le dites, créer des hôpitaux au milieu des agglomérations ouvrières qui se forment notamment dans les quartiers au nord-est de Paris.

Mais enfin, si l'Administration persiste dans cette reconstruction de l'Hôtel-Dieu, n'y aurait-il pas quelques observations à lui soumettre au sujet de l'emplacement ?

A la simple inspection du plan déposé pour l'enquête, à la Mairie du 4ᵉ arrondissement, trois fautes s'accusent à l'instant.

La première : le portail de Notre-Dame est masqué, complétement étouffé par une caserne ;

La deuxième : la perspective du Palais de Justice est détruite ;

La troisième enfin : la rue de Constantine se trouve barrée à sa naissance par le nouvel Hôtel-Dieu.

Cet établissement ne serait-il pas mieux placé sur le petit bras de la Seine, entre les ponts de l'Archevêché et de l'Hôtel-Dieu ? Il reposerait sur une voûte avec piles formant point d'appui à l'édifice.

On laisserait une zone de 20 mètres de terrain que l'on réunirait au jardin de l'Archevêché ainsi qu'au pourtour de l'église. On établirait une voie publique de pareille largeur remplaçant le quai de Montebello.

Ainsi seraient obtenus instantanément et sans dépense, les 22,000 mètres que le projet municipal propose d'acquérir, au moyen de l'expropriation d'une grande quantité d'immeubles qu'on doit estimer à plus de 25 millions.

J'ajoute que tous les transports pourraient être organisés au moyen de bateaux récipients amarrés sous les voûtes, et cela sans gêner le cours du fleuve, sans troubler ses eaux.

Je propose ensuite une avenue de 30 mètres dans l'axe du portail de la cathédrale jusqu'au quai rectifié des Orfévres.

Il faudrait à tout prix réduire le périmètre de cette malencontreuse caserne qui dérobera la vue du portail de la basilique aux promeneurs circulant sur le boulevard de Sébastopol et sur les quais et ponts de la partie inférieure de la Seine jusqu'au Palais de l'Industrie.

Il serait également utile de conserver la rue de Constantine, mais en la prolongeant jusqu'à la pointe de l'île, vis-à-vis du pont Louis-Philippe, au profit duquel serait ainsi ménagée la perspective du Palais de Justice.

En bordure de cette voie, pourquoi n'établirait on pas le palais de l'Archevêché, avec façade, sur le quai Napoléon ?

Je livre, monsieur le Directeur, à votre appréciation éclairée ces observations inspirées par le désir d'être utile. Si vous croyez qu'un plan soit nécessaire, il sera publié dans votre prochaine livraison, qui renfermera, si vous y consentez, un second article sur cette question si controversée de l'Hôtel-Dieu.

H. ACOLLAS.
Ingénieur civil.

IV

Le Palais de Justice

Le Palais de Justice est presque aussi vieux que celui des Thermes. Il était édifice public même avant l'invasion des Francs dans les Gaules. Sous la domination romaine, le palais fut habité par des officiers municipaux, connus sous le nom de *défenseurs de la Cité*. Ces magistrats populaires, dont les fonctions étaient mixtes, tenaient lieu de juges ordinaires et de police, et d'officiers de finance sous l'autorité de l'unique magistrat de la province, c'est-à-dire du Proconsul romain. Ils étaient toujours nommés de droit par le peuple, et cette élection n'était regardée comme valable qu'après avoir été consentie par tous les citoyens. Leurs attributions embrassaient la justice sommaire sur toute espèce de contestations entre les habitants, la justice commerciale, les fonctions municipales et le recouvrement des impôts. Les défenseurs de la Cité étaient élus ordinairement parmi les *Nautes parisiens*, qui devaient compter dans leur corporation les habitants les plus notables.

Le Palais de la Cité fut réparé, agrandi ou rebâti par les maires qui s'emparèrent du pouvoir sous les rois de la première race. Après son avénement au trône, Hugues Capet abandonna le palais des Thermes pour habiter celui de la Cité. A dater du règne de Robert le

Pieux, l'histoire du Palais marche avec plus de sécurité. Ce prince fit construire la chambre de la Conciergerie, qui fut depuis la chambre nuptiale de saint Louis, ensuite la chapelle de la Conciergerie et celle de la Chancellerie. Robert fonda également une autre chapelle dédiée à saint Nicolas. Sur son emplacement, fut bâtie la salle dite des Pas-Perdus.

En 1137, Louis le Gros mourut dans le Palais. L'histoire a conservé de lui de nobles paroles prononcées à ses derniers moments. « Souvenez-vous, disait-il à son » fils, et ayez toujours devant les yeux que la royauté » n'est qu'une fonction publique dont vous rendrez » compte à Dieu. »

Le roi Louis le Jeune n'oublia pas les conseils paternels : le choix qu'il fit de l'abbé Suger pour ministre prouve qu'il avait à cœur la félicité de ses peuples.

Après lui régna Philippe-Auguste, le bienfaiteur de Paris. C'est au Palais qu'il épousa en secondes noces Ingelburghe, sœur de Canut, roi de Danemark.

Mais nous avons hâte d'arriver à Louis IX, à ce roi qui fut à la fois un héros, un législateur et un saint. Pour recevoir dignement les précieuses reliques apportées d'Orient, la Sainte-Chapelle s'éleva, chef-d'œuvre admirable, où se sont rencontrés, fondus d'un seul jet, le génie d'un grand artiste et la piété d'un grand Roi.

L'art architectonique avait, au moyen âge, une grande puissance. Le génie se développait sans entrave ; aussi pas un seul monument ne ressemblait à l'autre, et, dans chaque monument, aucun détail n'était exactement symétrique.

L'architecte de la Sainte-Chapelle n'a pas demandé seulement à la peinture ses vives couleurs, à l'or ses effets étincelants. Des blocs de pierre ont suffi à Pierre de Montreuil, et son génie a déployé librement ses ailes. Tantôt la pierre se dresse en faisceaux de colonnettes sveltes et minces, puis se projette par une courbe flexible en arceaux à vive arête ; tantôt elle se divise, se réunit, s'intersecte avec une grâce infinie ; plus loin, on la voit s'épanouir en rosaces brillantes, se posant, se prolongeant, se découpant en élégante balustrade, se transformant en bouquets de sculpture, limite indécise entre l'art du statuaire et celui de l'architecte ; quelquefois elle serpente en festons, s'agence en guirlandes, en couronnes, se couvre, comme une étoffe légère, de mille dessins à souhait pour le plaisir des yeux, s'assouplit, s'anime pour reproduire les fantaisies d'une imagination libre et inépuisable.

La première flèche de la Sainte-Chapelle était un modèle de grâce aérienne ; on eût dit de la dentelle de pierre. Sauval l'appelait *une des merveilles du monde ;* elle fut détruite par le feu en 1630. Dans les jours de grandes solennités religieuses, un ange se détachait de la voûte et faisait tomber de l'eau d'un vase d'or sur les mains du pontife qui officiait dans la haute chapelle.

Le clergé de la Sainte-Chapelle jouissait de nombreuses prérogatives. L'archichapelain marchait l'égal des évêques. — Mais bientôt la pensée nous conduit

au lutrin chanté par Boileau. La mort eut bien vite
fait raison aux chantres et aux chanoines de celui qui
avait tant égayé le public à leurs dépens. En 1711, une
dépouille mortelle arrivait à leur porte : c'était celle
de Boileau. Ils lui donnèrent sous une de leurs dalles
l'hospitalité glacée du tombeau.

Après la construction de la Sainte-Chapelle, saint
Louis ajouta au Palais la *salle*, la *chambre*, les *cuisines*,
qui portent son nom, et la *grand'chambre* du Parlement, plus tard restaurée par Louis XII. Derrière le
Palais se trouvait le jardin des rois, séparé par un
ruisseau de deux petites îles qui cherchaient à se confondre. Dans ce jardin, saint Louis reçut l'hommage
de son grand vassal Henri III d'Angleterre. — « Le bon
» roi Loys avoit coutume (dit Joinville dans ses Mé-
» moires) de nous envoyer les sieurs de Soissons, de
» Nesle et moy, ouïr les plaids de la porte, et puis il
» nous faisoit quérir, et nous demandoit comme
» tout se portoit, et s'il y avoit aucune affaire qu'on ne
» pût dépêcher sans luy, et plusieurs fois, selon notre
» rapport, il envoyoit querir les plaidoyans, les conten-
» toit et les mettoit en raison et droiture. »

Si l'espace nous le permettait, nous pourrions exhu-
mer maint fait vieux, attrayant, et qu'on aimerait à
son parfum historique ; mais il nous faut arriver bien
vite au règne de Philippe le Bel. Enguerrand de Marigny, comte de Longueville, chambellan de France,
surintendant des Finances et Bâtiments du Roi, fit
en 1298 d'immenses réparations au Palais de la Cité.
Le ministre ordonna la destruction de presque tous les

vieux bâtiments, et fit disparaître aussi les tours et tourelles qui flanquaient cette antique demeure de nos rois, des maires du palais et des comtes de Paris. Le logis du roi, situé au fond de la cour, était parallèle à la rue de la Barillerie, appelée alors dans cette partie rue Saint-Barthélemi. Cette habitation, d'un aspect sombre et sévère, était remarquable par ses portes d'airain, ses cinquante-quatre fenêtres sur trois rangs en ogives : il fallait monter quarante-huit degrés de pierre avant de pénétrer dans cette demeure. A droite s'élevaient, du côté de la Sainte-Chapelle, de vastes constructions qui servaient aux officiers subalternes, aux cuisines et aux écuries.

Le côté gauche du Palais était réservé exclusivement à la justice et aux plaideurs. Là se trouvaient réunies les salles de plaidoiroies, de *committimus*, d'*attendamus*, la *grand'chambre* d'une richesse si imposante, la *grand'salle* si vénérable et si sombre; puis en cet endroit prenaient naissance tous ces escaliers noirs, tortueux qui semblaient faits exprès pour le temple de la chicane. — Par le soins d'Enguerrand de Marigny, la grand'salle fut ornée des statues des rois depuis Pharamond jusqu'à Philippe le Bel. En 1320, Robert, comte de Flandre, vint au Palais faire hommage à Philippe le Long, et maria son petit-fils, Louis de Crécy, à Marguerite, fille du Roi.

En 1375, pendant la captivité du roi Jean, le Dauphin Charles, son fils, demeurait au Palais, qu'il quitta pour venir habiter son hôtel de Saint-Paul. Lorsque l'Empereur Charles IV vint à Paris avec son fils Ven-

ceslas, le roi Charles V déploya pour recevoir dignement ses hôtes un luxe inaccoutmé. Dans la salle où
se trouvent aujourd'hui les 2ᵉ et 3ᵉ chambres, on voyait
une immense table de marbre. Au milieu du repas,
glissa tout à coup sur la table un vaisseau mû par des
ressorts secrets; bientôt apparut la cité de Jérusalem,
avec ses tours chargées de Sarrazins. Godefroid de
Bouillon descendit du navire à la tête de ses guerriers,
des échelles furent appuyées aux murailles, puis un
combat furieux s'engagea; mais bientôt les infidèles,
renversés et vaincus, abandonnèrent les lieux saints
aux chevaliers.

Quand la haute politique faisait trêve de solennités,
quand les rois descendaient de la table de marbre, la
basoche y montait. Les clercs commencèrent à donner des représentations publiques sous le règne de
Louis XI.

Les clercs du Parlement jouaient sur la célèbre table
de marbre, et ceux du Châtelet élevaient un théâtre
devant la porte de ce tribunal. Les pièces représentées
étaient à peu près improvisées; les jeunes comédiens
stigmatisaient tous les abus, raillaient tous les ridi-
cules de l'époque avec l'audace et la franchise de leur
âge. On lit dans les registes du Parlement à la date du
15 mai 1476 : « La Cour, par certaines considérations
» à ce mouvans, a deffendu et deffend à tous les clercs
» et serviteurs tant du Palais que du Chastelet de Paris,
» de quelques estat qu'il soient, que doresnavant ils ne
» jouent publicquement au dict Palais et Chastelet, ne
» ailleurs, ne en lieux publiqs, farces, soties, mora-

» litez, ne aultres jeux à convocation du peuple, sur
» peine de bannissement de ce royaume et de confis-
» cation de tous leurs biens, et qu'ils ne demandent
» congié de ce faire à la dicte cour ne à autre, sur peine
» d'estre privez à tousjours tant du dict Palais que du
» dict Chastelet. »

Ils tentèrent encore sous Charles VIII de donner quelques représentations publiques ; mais leur critique s'étant exercée sur les actes du gouvernement, le Roi, par lettres-patentes du 8 mai 1486, fit enfermer dans les prisons du Châtelet et du Palais cinq acteurs nommés Baude, Regnaux, Savin, Duluc et Dupuis.

Les théâtres de la basoche jouirent d'une entière liberté sous le règne de Louis XII. Les clercs tournèrent en ridicule les vues d'économie du Roi. « J'aime beaucoup mieux, disait Louis XII, faire rire ces enfants de mon avarice que faire pleurer mon peuple de mes profusions. » Sous François Ier, la cour prit des mesures sévères contre les clercs de la basoche. On lit dans les registres du Parlement, à la date du 23 janvier 1538 :
« Ce jour, après avoir veu par la Cour le cry ou jeu
» présenté à icelle par les receveurs de la basoche pour
» jouer jeudy prochain ; la dicte Cour a permis auxdits
» receveurs iceluy cry ou jeu faire jouer à la table de
» marbre, en la manière accoustumée, ainsi qu'il est à
» présent, *hormis les choses rayées;* leur a faict def-
» fenses, sous peine de prison et de punition corpo-
» relle, de faire jouer autre chose que ce qui est, hormis
» les dictes choses rayées. »

Il fallait voir, au printemps, les enfants de la basoche

revêtus de leur costume éclatant, et leur roi en tête, partir à cheval pour la forêt de Bondy. Ils y coupaient trois grands arbres, en vendaient deux pour faire face aux dépenses de la compagnie. Quelques vieillards se souviennent avoir vu, en face du siége actuel de la police municipale, le dernier de ces arbres, entre deux cartouches représentant les armes de la basoche, qui étaient d'azur, à trois écritoires d'or avec deux anges pour supports.

Parmi les rois curieux d'embellir et d'honorer le Palais, Louis XII doit être mis au premier rang. Sa prédilection pour cet édifice et pour l'auguste sénat qui y siégeait allait même si loin, qu'il se faisait un devoir de venir passer des heures entières dans une tribune qu'il avait fait construire au milieu de la grand'chambre. Quand des rois et des princes étrangers le venaient visiter, il les menait d'abord à la salle des plaids, et avait coutume de leur dire, émerveillés qu'il les voyait de la noble attitude des magistrats et de l'éloquence du barreau : « N'est-ce pas, mes frères, qu'on est heureux et fier d'être roi de France?... »

Cet amour pour le Palais alla si loin, que ce roi, dont les courtisans raillaient l'économie, sema avec profusion la richesse dans le sanctuaire de la justice. Louis XII fit peindre en or et en azur la grand'-chambre.

Le splendide hôtel de la Cour des Comptes fut aussi construit par les ordres de ce prince. Rien ne fut épargné pour donner au bâtiment la majesté et la grandeur que réclamaient son importance et son utilité. De vastes salles, de somptueux appartements ornés de tout ce que le luxe du seizième siècle pouvait imaginer de plus élégant, témoignaient encore, dans ces derniers temps, de la sollicitude du fondateur de la Cour des Comptes.

Au dehors, une façade sévère, rehaussée par des bas-reliefs et des sculptures d'un grand mérite, arrêtait l'œil du curieux. Du côté faisant face à la cour, on remarque cinq statues : la première représente *la Tempérance*, qui tient une horloge et des lunettes. Au-dessus est écrit :

TEMPERANTIA,

Mihi spreta voluptas.

La Prudence, qui est la seconde figure, tient en ses mains un miroir et un crible, avec cette légende au-dessous :

PRUDENTIA,

Consiliis verum speculor.

La Justice est représentée par la troisième figure avec une balance et une épée :

JUSTITIA,

Suæ cuique ministro.

La quatrième figure est *la Force,* qui tient une tour d'une main, et de l'autre étouffe un serpent :

FORTITUDO,

Me dolor atque metus me fugiunt.

La cinquième statue, posée au milieu, représentait Louis XII, le père du peuple, vêtu d'un manteau dont

le fond était d'argent avec des fleurs de lis d'or. Il te-
nait son sceptre et la main de justice avec cette inscription au bas :

LUDOVICUS,

Hujus nominis duodecimus, anno œtatis 46.

Un peu plus bas étaient gravés ces deux vers :

Quatuor has comites foveo, celestia dona ;
Innocuæ pacis prospera sceptra gerens.

Au-dessus de la première porte de la Chambre des
Comptes, au fond du grand degré, on voyait un porc-
épic qui portait les armes de France, entourées de
cerfs-volants. Au bas de ces deux vers :

Regia Francorum probitas, Ludovicus honesti
Cultor, et ætheræ religionis apex.

L'hôtel du premier président du Parlement touchait
presque à celui de la Cour des Comptes. C'était, dans
l'origine, un manoir enfumé qui servait de résidence
au baillif du palais sous les rois de la seconde race.
Cet emplacement fut choisi par Achille de Harlay, qui
fit élever les bâtiments destinés à la présidence du Parlement. Ils sont occupés aujourd'hui par la Préfecture
de Police, à laquelle nous consacrerons un article particulier.

Telles étaient encore les principales constructions du
Palais de Justice au commencement du dix-septième
siècle.

Le 7 mars 1618, elles furent en partie détruites par

un incendie. « Le feu, dit Félibien, prit d'abord à la charpente de la grand'salle ; et, comme il faisoit beaucoup de vent, tout le lambris, qui étoit d'un bois sec et vernissé, s'embrasa en peu de temps. Les solives et les poutres qui soustenoient le comble tombèrent par grosses pièces sur les boutiques des marchands, sur les bancs des procureurs et sur la chapelle, remplie alors de cierges et de torches, qui s'enflammèrent à l'instant et augmentèrent l'incendie.

» Les marchands, accourus au bruit du feu, ne purent presque rien enlever de leurs marchandises. On sauva seulement les registres des greffes, qui n'estoient pas dans la grand'salle. L'embrasement, augmentant par un vent du midi fort violent, consuma en moins d'une demi-heure les requestes de l'hostel, le greffe du trésor, la première chambre des enquestes et le parquet des huissiers. Le feu prit incontinent à une tourelle près de la Conciergerie et en des greffes dont les papiers furent brûlés. Alors s'éleva une clameur des prisonniers, qui crièrent que la fumée les étouffoit. Plusieurs se sauvèrent malgré le geôlier, mais le procureur général fit conduire les principaux au Chastelet et dans les autres prisons de Paris. Le vent devint si violent, qu'il porta des ardoises jusques vers Saint-Eustache. Lorsque le reste du comble de la grand'-chambre vint à tomber, un brandon enflammé, emporté par le vent, alla mettre le feu à un nid d'oiseau au haut de la tour de l'Horloge, qui eust couru grand risque si on n'eust descouvert la tour pour couper le cours du feu..... »

Le greffier Voisin sauva les registres du Parlement. On n'a jamais pu connaître la cause de ce sinistre. Les uns disent que ce fut par la faute d'une servante, les autres l'attribuent à l'imprudence d'un marchand qui avait laissé du feu dans sa boutique ; enfin, le bruit courut que les complices de l'assassinat de Henri IV avaient voulu anéantir le greffe et les pièces du procès de Ravaillac en mettant le feu au palais. Un joyeux compère, *Théophile*, qui ne s'occupait pas de politique et aimait à passer gaiement sa vie, improvisa le quatrain suivant :

> Certes, ce fut un triste jeu,
> Quand, à Paris, dame Justice,
> Pour avoir trop mangé d'épice
> Se mit le palais tout en feu.

Jacques de Brosse, architecte du palais du Luxembourg, fut chargé de la reconstruction de la *grand'-salle*, qui était achevée en 1622. Elle se compose de deux grandes nefs séparées par un rang d'arcades appuyées sur des piliers. En 1683, on fit encore d'autres réparations à cette salle. Outre les six ouvertures qui furent pratiquées à la voûte, on éleva une riche chapelle de menuiserie avec des balustrades de fer doré. Au milieu, on voyait un écusson aux armes de M. de Novion, premier président. Une horloge pour régler l'heure des audiences était placée au-dessus de la chapelle. Autour du cadran fut gravé ce vers élégant que Montmort, un des fondateurs de l'Académie, avait composé exprès :

Sacra Themis mores ut pendula dirigit horas.

L'histoire de cet édifice n'offre aucun fait digne d'être rapporté jusqu'à 1776. Dans la nuit du 10 au 11 janvier de cette année, le feu prit une seconde fois au Palais de Justice. Malgré la promptitude des secours, l'incendie consuma toutes les constructions qui s'étendaient depuis la galerie dite des prisonniers jusqu'à la Sainte-Chapelle. Les bâtiments incendiés durent être reconstruits sur un nouveau plan. Quatre membres de l'Académie d'architecture, Moreau, Desmaisons, Couture et Antoine, furent chargés de la direction des travaux.

La nouvelle façade du Palais présente un avant-corps orné de quatre colonnes doriques. Au-dessus de l'entablement règne une balustrade, et quatre piédestaux supportent les statues allégoriques de *la Force*, de *l'Abondance*, de *la Justice* et de *la Prudence*, qui se dessinent sur un fond lisse de maçonnerie supportant un dôme quadrangulaire.

Avant de parler des constructions qui doivent être ajoutées au Palais de Justice, nous dirons quelques mots sur la *Conciergerie*. Cette prison, ainsi que nous l'indique sa dénomination, servait dans l'origine de logement au *concierge* du Palais. Les cuisines se trouvaient également en cet endroit. L'antique demeure de nos rois ayant été abandonnée au tribunal souverain de la justice, la Conciergerie devint une prison. Il en est fait mention pour la première fois dans les registres de la Tournelle, au 23 décembre 1392, à l'occasion de plusieurs habitants de Nevers et de ses environs, qui y furent enfermés pour cause de rébellion envers l'évêque, le doyen et le chapitre de Nevers. Plusieurs actes constatent l'insalubrité de cette prison. Au mois d'août 1548, une contagion décima les prisonniers; le Parlement fut alors obligé d'employer son autorité pour faire assainir les cachots.

Sous Charles VI, la Conciergerie fut envahie par la populace émeutée; la trahison de Perrinet Leclerc, qui livra aux Anglais et aux Bourguignons la clef de la porte de Buci, anéantit le parti des Armagnacs. Le connétable de ce nom, qu'on avait vainement cherché dans sa demeure, fut livré par un traître et conduit prisonnier à la Conciergerie. Le 12 juin 1418, l'horrible milice des bouchers, bannie de la ville par les Armagnacs, rentra triomphante dans Paris. Ces assassins répandent aussitôt des bruits sinistres qui se grossissent en volant de bouche en bouche; la multitude est bientôt persuadée que son salut dépend de l'entière extermination des Armagnacs. Le peuple se porte en fureur à la Conciergerie, enfonce les portes. Armagnacs, Bourguignons, criminels, débiteurs, femmes, enfants, tous sont égorgés sans distinction. Le connétable d'Armagnac, le chancelier de Marle, l'évêque de Coutances, six évêques, plusieurs membres du Parlement expirent percés de mille coups; les cadavres des victimes sont traînés dans les rues fangeuses de Paris. La populace, après avoir joué pendant trois jours avec ces débris humains, alla les jeter à la voirie.

Le sol de la Conciergerie est plus bas que celui de la rivière; cependant les caves et les souterrains en pierre pratiqués au-dessous interceptent un peu l'humidité;

les autres cachots construits au pied des tours et au niveau du fleuve étaient très-malsains ; ils sont aujourd'hui presque tous hors d'usage. A l'orient de cette prison et au sud d'une cour, sont des cellules pour les femmes, qui sont ainsi séparées des hommes. — Sous la porte même de l'entrée de cette prison, à quinze mètres de profondeur, se trouvaient les fameuses *oubliettes du Palais*. Sur le bord de la rivière, on voit encore la grille par laquelle on emportait les corps, soit pour les noyer, soit pour les inhumer. M. Peyre, architecte, a transformé ces oubliettes en un aqueduc.

La *tour de César* est à droite en entrant dans la cour ; on la nommait autrefois *tour de Montgommery*, parce que Gabriel de Lorges, comte de Montgommery, le même qui avait blessé mortellement le roi Henri II dans un tournoi, y fut enfermé en 1574, après avoir été défait en Normandie. — Cartouche et Damiens furent conduits dans cette tour. En 1794, les cent trente-deux Nantais amenés à Paris y furent enfermés ; le célèbre Ouvrard y fut incarcéré pour dettes. — A droite en entrant se trouve le guichet extérieur de la prison ; un espace d'un mètre environ le sépare d'une grille qui donne accès sur un petit escalier aboutissant à une grande salle noire enfumée qu'on appelle l'*avant-greffe* ou le *parloir libre*. A l'angle nord-ouest du préau, on voit la *tour de Bombée* ; elle servit de cachot à Ravaillac ; alors le jour n'y pénétrait pas. — Louvel y a été enfermé tout le temps qui précéda son jugement. Le rez-de-chaussée du bâtiment au sud se compose de plusieurs cellules à l'est ; puis sont deux chambres de surveillants à l'ouest. Au fond d'un corricor où le jour pénètre à peine, de l'autre côté des cellules, se trouve le cachot où fut enfermée Marie-Antoinette. Dans la chambre à l'est de ce cachot se tenaient les soldats chargés de la garde de la Reine ; enfin, on voit à côté l'affreux réduit où fut enfermée Madame Élisabeth.

Pendant la Révolution, la Conciergerie a reçu moins de coupables que d'illustres victimes : Bailly, Malesherbes, Mme Roland, Camille Desmoulins, Danton, André Chénier, Fabre d'Églantine, ont été enfermés dans cette prison. Les malheureux Girondins, tirés du Luxembourg, avaient été également transférés à la Conciergerie. Leur amitié adoucit les approches de la mort ; ils se familiarisèrent avec ces idées lugubres, et improvisèrent alors des drames singuliers, terribles, dont leur commune destinée et la Révolution formaient les tristes sujets. Chaque prisonnier avait son rôle à remplir et concourait à l'ensemble de cette tragédie. Deux acteurs entraient en scène : l'un représentait l'accusé, l'autre le défenseur. L'accusé pouvait à peine murmurer quelques paroles ; à chaque instant le défenseur était interrompu, et le tribunal, se disant suffisamment éclairé, concluait toujours à la peine de mort. Étendu sur une planche de lit qu'on renversait pour cet usage, le patient semblait supporter le supplice dans ses plus petits détails. Venait ensuite le tour de l'accusateur, qui subissait lui-même le châtiment réservé à son iniquité ; puis, au milieu de cris lamentables, on l'entraînait dans l'abîme. Les Girondins étaient au nombre de vingt et un ; voici leurs noms : Brissot, Boileau, Boyer-Fonfrède, Antiboul, Gardien, Lasource, Vergniaud, Gensonné, Lehardy, Mainvielle, Ducos, Duchastel, Duperré, Carra, Valazé, Lacase, Duprat, Sillery, Fauchet, Lesterpt-Beauvais et Vigée. Ils furent exécutés sur la place de la Révolution le 31 octobre 1793. — Georges Cadoudal, Bories et les trois autres sergents de La Rochelle, plus récemment Fieschi, Alibaud, Meunier, ont été enfermés dans la Conciergerie.

Avant de discuster cette question si intéressante du Palais de Justice, il importe de bien préciser les travaux exécutés et ceux qui vont l'être, d'après le plan officiellement arrêté.

Depuis longtemps le Palais de Justice ne pouvait contenir les services judiciaires. Dès 1835, M. Huyot, architecte, fut chargé d'étudier un plan d'agrandissement de cet édifice. Le plan qu'il présenta fut adopté par le Conseil Municipal et sanctionné par ordonnance royale du 26 mai 1840.

Ce projet, que nous avons sous les yeux, était sagement étudié dans ses détails. Malheureusement il manquait de grandeur, et révélait un défaut qu'il eût été facile de corriger alors. Au lieu d'avoir le fleuve pour limite au sud, le Palais était bloqué par une voie des plus étroites, qu'on dénomme aujourd'hui rue de la Sainte-Chapelle. On cachait ainsi l'un de nos plus beaux monuments, la Sainte-Chapelle, ce joyau de l'architecture du moyen âge, et l'on créait un immense bâtiment avec une ruelle pour perspective.

Cette faute, qu'on ne peut réparer qu'en partie, car

la Sainte-Chapelle ne saurait être dégagée, coûtera en pure perte de 8 à 10 millions.

Après la mort de M. Huyot, la direction des travaux pour l'agrandissement du Palais de Justice fut confiée à deux architectes, MM. Duc et Dommey. Un décret impérial du 26 juillet 1854 modifia le périmètre adopté en 1840.

L'ensemble du Palais doit renfermer : la Cour de cassation, la Cour impériale, les Salles d'assises, le Tribunal civil, correctionnel, la Police municipale, la Préfecture de police, enfin les Archives, Greffes, Dépôts et Prisons affectés à tous ces services.

Les constructions nouvelles, occupent principalement les parties au sud et à l'ouest de ce Palais. Les parties anciennes qui ont été conservées se trouvent à l'est sur l'ancienne rue de la Barillerie, devenue boulevard, et, au nord, sur le quai de l'Horloge.

Les façades sur le boulevard sont restaurées et mises en rapport avec les appropriations et changements exécutés dans l'intérieur du bâtiment. La façade sur le quai de l'Horloge doit être aussi complétement restaurée, en lui conservant le caractère de l'architecture au temps de saint Louis. Une nouvelle tour sera construite à l'angle nord-ouest, et formera une heureuse transition entre l'architecture de la façade neuve de la Cour d'assises, sur la place Harlay, et celle du quai de l'Horloge. Deux façades monumentales seront construites, l'une sur le quai des Orfévres, et l'autre place Harlay. — Cette dernière s'élève en ce moment.

L'édifice sera complétement isolé sur ses quatre

faces ; d'après les alignements arrêtés au point de vue de l'ensemble des améliorations dans l'île de la Cité, l'îlot de maisons existant entre la rue de la Sainte-Chapelle et le quai des Orfévres doit disparaître de ce côté. Ceci est la réparation partielle de la faute commise en 1840. Nous disons réparation *partielle*, parce que l'on ne saurait démolir l'immense bâtiment qui enferme la Sainte-Chapelle, et dont la construction coûteuse est déplorable au point de vue de l'art.

La façade du Palais se trouvera donc complétement dégagée sur le quai des Orfévres, lequel élargi jusqu'au parvis Notre-Dame, se prolongera, suivant la façade latérale, au nord de la basilique, au moyen de l'élargissement de la rue du Cloître-Notre-Dame.

Il nous paraît utile de rappeler ici l'opinion émise, il y a quelques années, dans la *Revue Municipale*, par un des architectes les plus compétents, M. Marcellin, sur les travaux du Palais de Justice.

« Le Palais de Justice, écrivait cet architecte, était appelé à compléter les monuments importants de la Cité. Il devait faire de cette île, berceau de l'antique Lutèce, l'Acropolis de la grande Capitale, l'enceinte sacrée contenant les édifices réservés au Culte, à la Justice et au soulagement des souffrances humaines.

» Si ce monument avait été disposé dignement, il eût donné de l'agrément, de la richesse aux quartiers des quais où il est situé, tout en concourant à doter ces quartiers d'un aspect grandiose, aussi beau, dans un autre genre, que celui de la place de la Concorde.

» Au Louvre, à l'Institut, il manque un immense

édifice qui les domine de front, les coordonne, pour former un magnifique ensemble d'admirables créations autour du Pont-Neuf.

» Napoléon, si vaste dans ses plans, aimait ce qui était grand et d'une belle simplicité. Il projeta les boulevards de Malesherbes et Mazas ainsi que la rue de Rivoli ; le Palais du Roi de Rome sur les hauteurs de Chaillot ; il voulait entourer les nombreux édifices qu'il allait créer, de rues et de places spacieuses. Certainement, si la question de l'agrandissement du Palais de Justice eût été à l'ordre du jour, il aurait voulu que l'îlot contenu entre la rue de la Barillerie, aujourd'hui boulevard, les deux quais et le Pont-Neuf servît aux façades de ce palais, en le faisant précéder d'une belle place au-devant du Pont pour dégager ainsi ses abords, si étroits, si mesquins aux deux embouchures des quais et de la place Dauphine.

» Napoléon eût repoussé du pied un projet dont les dispositions embarrassées forment un tout incohérent, une macédoine de divers styles. Il n'eût jamais souffert qu'une des principales façades de ces constructions vînt se perdre inaperçue, honteuse dans la petite rue de la Sainte-Chapelle. Il n'eût pas adopté un projet qui étouffe entre de lourdes, de hautes murailles la Sainte-Chapelle, ce charmant bijou ogival du treizième siècle.

» Chaque bâtiment doit avoir un genre d'architecture qui lui imprime un caractère déterminé. Tous les genres, tous les styles ne peuvent caractériser les divers édifices : le style lourd et massif de la cour du

Palais actuel ne saurait convenir à la décoration d'une salle de bal. Ce genre dorique romain n'est même pas celui qui conviendrait au Temple de la Justice; dépenser des sommes énormes pour ne pas atteindre le vrai est une faute qu'on doit déplorer.

» Pour dégager convenablement la Sainte-Chapelle et se débarrasser du style commun de l'ancien édifice, il fallait démolir l'aile gauche de la cour du Palais actuel, dont le masque hideux couvre la délicate architecture de l'édifice religieux.

» Tout en utilisant les autres constructions existantes, il eût été facile également de prendre sur le boulevard, la Sainte-Chapelle pour milieu de cette voie. Il fallait établir vers la gauche de l'édifice religieux jusqu'au quai des Orfévres une ordonnance de bâtiments semblable à celle qui règne à droite, bâtiments qui comprennent la cour du Palais et les façades qui, de cette cour, s'étendent jusqu'à l'angle du quai de l'Horloge.

» Sur le quai des Orfévres se fût déroulée une façade semblable, sinon comme style, du moins comme masse, à celle du quai de l'Horloge, avec tour carrée à l'encoignure du boulevard, et trois tours octogones en forme de minarets.

» La quatrième façade, parrallèle à la rue Harlay, qui serait annulée, se lierait à celles des quais.

» En avant de cet îlot, et séparé de lui par une large cour ou rue, dans la même situation que celle Harlay, le Palais de Justice, isolé aussi de toutes parts, s'élèverait ayant sa principale façade sur le Pont-Neuf,

deux autres sur les quais de l'Horloge et des Orfévres,
et la quatrième sur la large cour ou rue dont on vient
de parler.

» Par sa disposition formant un deuxième îlot, cet
édifice, entièrement séparé de ses dépendances, quoique ne faisant cependant avec elles qu'un tout affecté au même service, qu'un vaste monument régulier
sur les diverses faces, résoudrait, par son isolement,
le double problème de conserver les anciens bâtiments
sans que leur style si divers nuisît à celui, tout différent, de ce nouveau Palais.

» Bien qu'isolé comme masse, il eût cependant été,
par quelques points seulement, relié à ses dépendances
par des vestibules, comme au Louvre, pour faciliter
les communications et laisser le passage libre, même
aux voitures, si on l'eût jugé convenable.

» Les bâtiments contenus dans les dépendances
eussent pu servir au Ministère de la Police, aux prisons, aux casernes des soldats municipaux et des
sapeurs pompiers et à tous les services du nouvel édifice. Pourquoi même ne pas imiter Napoléon? Lorsqu'en 1811 l'Empereur décréta l'établissement de
l'École des Beaux-Arts, il demanda : que l'édifice ren-
fermât de beaux ateliers, « que nous nous réservons,
ajoutait-il, de distribuer aux principaux artistes peintres et statuaires. » En attendant, une grande partie du
Palais de l'Institut fut mise par lui à la disposition
des artistes les plus distingués pour leurs ateliers et
logements. Pourquoi, d'après un tel exemple, ne ré-
serverait-on pas dans ces dépendances du Palais de

Justice, les appartements des Présidents et autres magistrats, ainsi que ceux de personnes attachées au Palais et qui sont obligées d'y être continuellement ?

» Le Louvre, l'Institut, le Palais de Justice, ces palais groupés triangulairement autour du vaste espace formé par les deux bras de la Seine, offriraient un des plus beaux panoramas du monde.

» Précédé de la place formée au-devant du pont, le noble édifice, établi à une grande hauteur pour atteindre le sol de l'ancien palais, nous rappellerait les beaux temples grecs.

» Son fronstipice, à grandes colonnes, réunissant la noble simplicité du Parthénon d'Athènes au grandiose, à la mâle sévérité des temples de Pœstum et d'Agrigente ; son portique à fronton, orné de statues se détachant dans les airs comme aux temples romains ; ses colonnes dans le mode dorien, s'élevant majestueusement au-dessus d'un grand nombre de marches, produiraient un effet des plus imposants.

» La figure de la *Justice* appuyée sur la *Force* et la *Vérité* apparaîtrait, comme descendant du ciel, au sommet du fronton, dont les extrémités seraient surmontées de deux statues caractérisant d'un côté la *Justice divine*, de l'autre la *Justice humaine*.

» Le sujet principal contenu dans le bas-relief triangulaire représenterait *Napoléon* élaborant ses codes immortels ; autour de lui se grouperaient : Cambacérès, Portalis, Tronchet, Treilhard, Merlin, qui participèrent à leur rédaction. Lycurgue, Solon, Numa Pompilius, Justinien, Charlemagne, Louis IX, Montesquieu, interrogés du regard par le grand législateur des temps modernes, laisseraient voir que l'Empereur a deviné toute la profondeur de leur génie.

» Deux figures allégoriques personnifieraient l'une *l'Accusation*, l'autre *le Jury*. Elles seraient placées, au bas de l'escalier, sur le socle des piédestaux.

» Ses façades latérales donnant sur les deux quais, par leur décoration noble et simple, offriraient une heureuse réminiscence du siècle de *Périclès*.

» A la suite de ce palais, la façade du quai des Orfévres, servant aux dépendances, rappellerait, par ses tours aériennes formant minarets, les monuments des villes orientales, les croisades, ainsi que nos victoires d'Égypte et d'Alger; tandis que d'un regard jeté sur le quai opposé, les tours de la Conciergerie et de l'Horloge reporteraient nos pensées vers les événements qui ont eu lieu dans cette antique demeure de saint Louis, des Maires du Palais et des Comtes de Paris.

» Quelle vue admirable n'aurait-on pas alors du pont de la Concorde ! D'un côté, la Madeleine, la place, les fontaines et les monuments qui l'entourent; du côté opposé, le Palais Législatif, derrière lequel se dessine le dôme des Invalides étincelant de dorure et de gloire! En face, la perspective pittoresque et majestueuse du Pont-Neuf, décoré de figures allégoriques colossales, personnifiant *les Sciences, les Arts, l'Industrie, le Commerce, l'Agriculculture, la Législation* et les autres grands éléments de l'humanité, entourés de leurs plus illustres représentants.

» Quelle ville au monde, si cet édifice eût été mis à exécution, aurait rivalisé avec Paris?

» Il serait encore possible d'exécuter un pareil projet; il y a peu de dépenses faites pour les nouvelles bâtisses qui masquent la Sainte-Chapelle, les architectes qui dirigent ces travaux pourraient avantageusement les utiliser ailleurs.

» Avant d'arrêter définitivement le plan de construction d'un bâtiment si important et si heureusement situé, entre deux quais non parralèles; par sa forme trapézoïdale, qui laisse découvrir, chose bien rare, trois de ses façades; par les beaux édifices qui l'avoisinent, par les ponts d'où on l'aperçoit, on ne saurait trop réfléchir. On doit bien prendre garde de sacrifier la position la plus belle de la Capitale, un point de vue qu'on ne retrouverait jamais.

» Là, ce palais dominerait en plein air. Nul autre monument n'est aussi avantageusement placé; l'Arc de l'Étoile lui-même ne peut, sous ce rapport, lui être comparé, ses deux côtés sont masqués par les arbres de l'avenue. La Madeleine, vue de la place de la Concorde, manque d'espace : les maisons de la rue Royale empêchent de voir entièrement son fronstipice. Le Palais Législatif paraît enterré et privé de son beau soubassement, caché qu'il est par la hauteur du milieu du pont.

» On doit donc profiter de la position admirable, unique, où peut s'établir le nouveau palais, et créer là un édifice d'un caractère imposant, qui réponde dignement à l'idée qu'on doit avoir de la Justice, de la Magistrature, de la Capitale.

» S'il est difficile de l'ériger tout de suite en entier, il faut savoir attendre et le construire partiellement. Mais on hésite, on paraît craindre d'exécuter de grandes choses. Ne sommes-nous donc plus la grande nation ? aurait-on déjà oublié tout ce que Napoléon projeta de merveilleux pour la métropole ?

» Il en coûte, il est vrai, pour mettre à exécution de beaux projets, mais en fait de construction, les gouvernements sont comme les particuliers, ils ne se repentent jamais d'avoir bien fait.

» Les belles choses nous enorgueillissent et excitent à jamais l'admiration. Nos soldats, en voyant les monuments de l'Égypte, battirent des mains ! Les étrangers visitent Paris avec plaisir ; quel est l'habitant de la Capitale qui ne soit fier de ses monuments ?

» Si Napoléon, qui concevait de si vastes projets, n'a pu, occupé de ses luttes gigantesques avec l'Europe, terminer les constructions qu'il avait commencées, ses successeurs ont achevé une partie des grands desseins de ce fécond génie : ainsi ce que nous n'aurons pas le temps de faire tout de suite, d'autres le feront plus tard. — Les grands monuments restent pour dire à la postérité quel peuple les a élevés.

» La Royauté, l'Empire, nous ont laissé des édifices à terminer. Le Louvre, commencé par François Ier, vient d'être achevé ; chaque année l'enrichit de nouveaux musées, de nouvelles salles. Le palais des Tuileries, bâti par Catherine de Médicis, nécessite encore de grands travaux avant d'être réuni au Louvre.

» La manière de voir de l'Empereur, pour le temps qu'il pensait accorder à l'érection de certains bâtiments, sera pour tous, nous le pensons, une autorité.

» Dans une dépêche adressée à M. de Champagny, on trouve ces lignes relatives au temple de la Gloire : « Il » convient, dit l'Empereur, de s'occuper à chercher du » granit pour d'autres monuments que j'ordonnerai, et » qui, par leur nature, peuvent permettre de donner » trente, quarante ou cinquante ans à leur construc- « tion. »

» Avant de terminer, nous aimons à rendre justice encore une fois au talent des architectes qui ont dirigé les travaux. Seulement, comme tout le monde, nous avons vu à regret s'élever les bâtiments situés dans la voie qui a remplacé l'ancienne rue de la Barillerie, dont les façades enserrent d'une manière brusque et tout à fait disgracieuse la Sainte-Chapelle. — On a oublié qu'à une précieuse relique il fallait une châsse d'or.

» Nous avons cru devoir citer les œuvres d'un grand organisateur, comme étant un appui des plus fermes, une autorité souveraine devant laquelle doivent s'éva- nouir toutes les objections. Nous avons cru parler dans l'intérêt de l'art ; nous n'avons eu l'intention de critiquer ni de flatter personne. Dieu veuille que le clergé, qui peut tant de choses, concoure à l'ornement de la Capitale, et fasse quelques efforts pour que les audacieuses murailles qui masquent et profanent la Sainte-Chapelle, tombent devant sa volonté, comme

celles de Jéricho tombèrent devant l'arche ! Puisse-t-il,
en se rappelant les croisades prêchées pour la délivrance
du tombeau du Christ, songer que la Sainte-Chapelle
ne fut bâtie par saint Louis que pour recevoir dignement les saintes reliques apportées d'Orient ! Puissent
les gouvernements, ceux qui vénèrent le souvenir du
grand homme et admirent ses immortelles créations,
l'imiter dans sa manière large et puissante de comprendre
les arts ! puisse l'ombre illustre de l'éminent génie qui
du sein de sa triste prison s'écriait douloureusement,
le regard tourné vers la patrie : « Nouveau Prométhée,
j'avais dérobé le feu du ciel pour en doter la France, »
inspirer ceux qui lui succèdent et leur faire ordonner
le changement d'un projet qui n'est digne ni d'eux ni
de la Capitale, et qui, s'il s'exécutait, serait, au point
de vue de sa déplorable disposition, une calamité pour
l'art, une faute à jamais irréparable pour l'embellissement de la Métropole ! »

MARCELLIN,
Architecte.

V

L'Archevêché.

Le plus solide appui d'un État, c'est la Religion ; il
importe qu'elle soit relevée aux yeux du peuple par
une dignité extérieure qui respecte ce qui est envi-
ronné d'une juste splendeur et de la considération qui
lui est due.

La place d'un archevêché est évidemment prés de

la cathédrale; c'est un complément de l'ensemble religieux. La France catholique éprouva une immense douleur, lorsque l'émeute pilla, dévasta l'archevêché.

Ce ne fut pas une des moindres fautes du dernier gouvernement que d'avoir laissé impuni ce crime de l'anarchie par un silence de dix-huit années. Il est digne du Souverain qui a tant fait pour la religion et pour Paris, de restituer à cette ville ce que possèdent toutes les grandes capitales catholiques : un palais au chef de la religion.

Un archevêché est une nécessité morale et absolue dans notre pays religieux par excellence, dont les Souverains sont les fils aînés de l'Église. Le plus divin de ses ministères peut-il être privé d'une demeure convenable ?

La Bourse a son temple et la Religion cette première dignité d'un Empire, verrait son chef sans asile digne de lui, logé dans une espèce de maison bourgeoise, que les nombreux visiteurs de toutes les nations ne peuvent trouver qu'après l'avoir [demandée de porte en porte comme s'il s'agissait d'un commerçant retiré dont il faut chercher l'adresse !

Cet état de choses, si peu digne de la France, doit préoccuper nos administrateurs; aussi pensons-nous que le Conseil municipal prendra en très-sérieuse considération, dans son programme concernant la régénération complète de la Cité, la construction d'un palais à l'archevêque de Paris.

VI

Le nouveau Tribunal de Commerce. — Le Conseil des Prud'hommes.

L'opinion publique réclamait depuis longtemps la séparation du Tribunal de commerce et de la Bourse. C'est une excellente idée, selon nous, que celle qui consiste à grouper dans l'île de la Cité, l'antique Lutèce, tous les monuments qui rappellent à une grande nation ses premiers devoirs : la religion, la justice et la charité.

La basilique de Notre-Dame, le Palais de Justice et l'Hôtel-Dieu constituent, comme monuments, la triple consécration de ces devoirs. Avant de parler du nouveau Palais qui se termine dans la Cité pour le Tribunal de Commerce, il importe de faire connaître l'origine de cette institution connue autrefois sous le nom de *Juridiction des juges consuls.*

Le roi Charles IX, ayant vu renvoyer hors de cour deux marchands qui plaidaient depuis dix années, en Parlement, résolut d'affranchir à l'instant le commerce des entraves qu'il rencontrait dans les justices royales, et d'établir un tribunal où les marchands seraient jugés par leurs pairs.

L'Édit royal de novembre 1563 réglementa l'institution. Le Parlement de Paris, mécontent de cette innovation, n'enregistra d'abord l'édit que par provision : ce ne fut qu'au mois de janvier de l'année suivante qu'il accepta la nouvelle création, *Sa Majesté ayant dict qu'elle le vouloit ainsy.*

Ce tribunal connaissait de toutes les causes concernant le commerce et le « faict de la marchandise : cha- » cun plaidoit pour soy, sans avocat, ni procureur. » — Le bon temps !

Voici comment se passa la première élection de ces magistrats consulaires.

« Elle eut lieu le 27 janvier 1564, à l'Hôtel-de-Ville où le prevost des marchands et les eschevins avoient faict assembler cent principaux des six corps des marchands, auxquels on fit prêter serment d'élire cinq d'entre eux, gens d'honneur et de probité, pour exercer, l'un la charge de *juge*, et les quatre autres celle de consul. Ensuite tous les cent procédèrent à l'élection par un scrutin, que les quatre scrutateurs choisis par l'assemblée portèrent aussitôt au bureau des officiers de la ville. »

Il se trouva, par l'examen des billets, que Jean Aubry ci-devant échevin, fut élu pour juge : Nicolas Bourgeois, Henri l'Advocat, Pierre Delacour, et Claude Steroy, furent nommés consuls

Le 1er février, les deux échevins en exercice les conduisirent au Parlement; et là, en présence de François de Montmorency, maréchal de France et gouverneur de Paris. Ils prêtèrent serment entre les mains du premier président Christophe de Thou.

Six jours après, ce tribunal s'établit dans l'hôtel abbatial de Saint-Magloire, rue Saint-Denis. Le 16 novembre 1750, les juges achetèrent une partie du cloître

Saint-Merri, l'hôtel du président Baillet, où ils s'installèrent peu de temps après. Ils y tenaient séance trois jours de la semaine, matin et soir, les lundi, mercredi et vendredi.

Un décret impérial du 16 mars 1808 ordonna la construction, sur l'emplacement de l'ancien couvent des Filles Saint-Thomas d'un palais destiné à la Bourse ainsi qu'au Tribunal de Commerce. La première pierre de l'édifice fut posée le 24 du même mois. Les travaux commencés par M. Brongniart, furent terminés par M. Labarre.

Comme nous l'avons dit plus haut, il y avait lieu de séparer ces deux institutions qui ne pouvaient s'accommoder d'un seul et même local.

Le nouveau palais du Tribunal de Commerce est destiné à former point de vue aux promeneurs arrivant du boulevard de Sébastopol. Il rappelle le Vieux Palais de Brescia, spécimen de l'architecture de la Renaissance. La façade sur le boulevard, en face du Palais de Justice, est surélevée de plusieurs marches.

Elle se divise en cinq arcades qui donnent accès dans un grand vestibule. Là, un escalier monumental conduit à la salle des Pas-Perdus du Tribunal de Commerce ainsi qu'à un salon d'attente précédant la salle des réunions générales du Conseil des Prud'hommes.

A droite et à gauche du vestibule règnent trois travées de boutiques, lesquelles, à notre avis, dégradent le monument.

C'est une funeste manie qu'on reprochera certainement à notre époque de rabaisser ainsi nos édifices publics.

Sur le quai Desaix, le palais en question révèle son principal caractère en se posant dans l'axe même du boulevard de Sébastopol. Son motif d'architecture consiste en trois arcades isolées du sol par six marches. Ces arcades sont alternées par des colonnes composites que surmontent quatre statues : la Loi, due au ciseau d'*Élias Robert*, la Justice, par *M. Chevalier* ; la Fermeté, par *M. Eudes* ; et la Prudence, par *M. Salmson*.

La partie supérieure de l'édifice est ornée des armes impériales dans un fronton coupé. Quatre figures décoratives qui sont dues au ciseau de *M. Carrier-Belleuse*, supportent ce fronton de même que l'Attique.

La façade du quai mesure 25 mètres ; cinq baies de boutiques font suite de ce côté aux arcades, et déshonorent le monument. Un emplacement est également livré, sur les autres façades, aux boutiques.

Sur la rue de Constantine, la décoration est une réminiscence de l'architecture du quai Desaix.

Elle est surmontée d'un groupe d'enfants, sculpté par *M. Eudes*.

Lorsqu'on pénètre dans l'édifice, par la rue du Marché-aux-Fleurs, on trouve au rez-de-chaussée et à l'entre-sol les services du conseil des Prud'hommes. C'est par le quai Desaix et le boulevard qu'on accède au Tribunal de Commerce. A cette occasion, il importe de constater deux fautes très-graves : la première, de n'avoir pas laissé un espace suffisant et convenable entre les deux monuments, le Palais de Justice et le nouveau Tribunal de Commerce; la seconde, d'avoir rétréci le quai alors qu'il n'était que suffisant. Pour excuser la première faute, on nous répondra qu'on eût sacrifié, par la formation d'une place, la perspective du monument qui se dresse dans l'axe du boulevard Sébastopol. Nous répliquons : Ce sacrifice n'eût pas été considéré comme un malheur, attendu que la triste coupole que supporte l'édifice est une de ces compositions qu'il faudrait cacher complétement si la chose était possible.

Le Conseil des Prud'hommes embrasse quatre catégories d'industries. Au premier est le Tribunal de Commerce; la grande salle a 10 mètres de longueur sur 13 mètres 70 centimètres de largeur. Du sol jusqu'au sommet, la coupole compte 45 mètres de hauteur. L'ensemble de la construction couvre une superficie de 4,072 mètres. — L'architecte est M. Bailly.

VII

Résumé.

Si par la pensée, l'on se reporte à ce qu'était le quartier de la Cité, il y a quarante ans, un sentiment de reconnaissance domine toutes les appréciations. On se rappelle ces rues étroites et malsaines que le comte de Rambuteau a commencé d'effacer de la carte de Paris et la destruction complète de ces bouges, laquelle s'effectue en ce moment, à la louange de nos Édiles.

Mais si l'on cherche à élever son intelligence à l'unisson de la splendeur de Paris, lorsque l'administrateur fait place à l'artiste, on se demande si tous les monuments anciens et modernes qui couvrent ce sol sacré, forment un ensemble digne de ce berceau de Lutèce.

Alors les fautes s'accusent aux yeux de l'observateur et viennent contrarier cette affection que le Parisien a vouée à sa ville bien-aimée.

Dans l'île de la Cité chaque édifice devrait posséder son genre de beauté, sa spécialité de grandeur pour se coordonner et former un ensemble parfait ; loin de là, le cœur est à chaque instant froissé par des mesquineries et des contradictions impossibles à pardonner.

D'un côté, si la construction de la basilique de Notre-Dame est merveilleuse, de l'autre, cette caserne, qui viendra masquer en partie le magnifique portail de la Cathédrale de Paris, est une offense à cette aïeule de nos basiliques.

Comment qualifier le bâtiment et la ruelle qui emprisonnent la Sainte-Chapelle? Ce sont là de ces fautes impardonnables que la postérité ne manquera pas de reprocher à notre époque.

Que dire de cette macédoine de constructions et de raccords avant et après la grande cour du Palais de Justice sur le boulevard de Sébastopol?

Que penser aussi de cette étrange coupole, de ce pauvre couvre-chef du nouveau Tribunal de Commerce? Où trouverait-on pour ridiculiser un édifice en l'aplatissant, un accoutrement plus grotesque et plus vulgaire que cette espèce de casquette de loutre dont l'effet est si déplorable et si disgracieux?

Lorsqu'on regarde du Palais Municipal cette malencontreuse coupole, on se demande comment il a pu se faire que parmi soixante conseillers, tous gens de cœur et d'intelligence, il ne se soit pas rencontré un artiste pour épargner au monument cette horrible verrue.

Cette malheureuse excroissance de pierre est d'autant plus regrettable que l'édifice révèle un beau caractère, un style remarquable d'architecture.

On dit que cette coupole a été imposée à l'artiste — c'est un malheur qui pèsera sur son nom.

Enfin, pourquoi dans l'île de la Cité où brille la croix du chrétien, où se dresse la basilique de Notre-Dame, cherche-t-on en vain un palais à l'archevêque de Paris!

Cette lacune n'est-elle pas cruelle, surtout si l'on se souvient de cet étrange projet, heureusement abandonné, de construire deux théâtres de bas étage entre la Cathédrale et le Palais de Justice?

Disons en terminant que si l'humanité est satisfaite en ce qui concerne la Cité, les beaux-arts auront longtemps à gémir,

Louis Lazare.

ÉTUDES ADMINISTRATIVES.

LES QUARTIERS A L'EST DE PARIS

Le boulevard du Prince-Eugène et l'avenue de Philippe-Auguste.

Il n'est pas d'étude plus curieuse, plus attachante et plus instructive que l'étude de l'histoire de Paris, surtout par rapport aux développements successifs de cette Capitale.

Le déplacement des différentes classes de sa population présente également un vif intérêt et peut servir d'enseignement à nos Administrateurs.

Ainsi sous Louis IX, le Palais du Roi se trouvait au centre de Paris, dans l'île de la Cité, où se groupaient autour du Souverain les premières familles de France.

Lorsque la Royauté quitta son habitation de la Cité, le Palais du Souverain devint le Palais de Justice; on ne pouvait lui substituer une personnification plus auguste et plus sainte. Les grands seigneurs suivent la Royauté, tandis que le populaire se taille des maisons étroites et serrées dans les vastes habitations abandonnées par la noblesse.

Charles V occupe l'Hôtel Saint-Paul dont l'emplacement est limité aujourd'hui par les rues Saint-Antoine, du Petit-Musc, Saint-Paul et le quai des Célestins.

Alors le quartier dénommé depuis quartier de l'Arsenal, se couvre de riches et somptueux hôtels.

Pourquoi Charles V fait-il bâtir *son Chasteau de beauté*, à l'est de Paris, *dans la campaigne ez environs de Saint-Maur* ? Parce que l'air y est plus pur, le sol plus fécond et mieux nourricier qu'à l'ouest de sa Capitale où le terrain est un composé de sable et de gravier.

Une autre raison (le Roi nous l'apprend), c'est que le quai aux Célestins *est sur le chemin du séjour de Beauté et emprez de la Bastille* qui protége la demeure souveraine.

Mais l'Hôtel Saint-Paul, trop voisin de la Seine, devient malsain et humide ; la Royauté n'en veut plus. Elle va plus loin au delà du fleuve et se construit, dans le Marais, le Palais des Tournelles. Alors la noblesse improvise autour de la demeure royale un nouveau quartier qu'on appelle encore aujourd'hui le quartier du Marais.

Ce fut au Palais des Tournelles que Louis XII, le père du peuple, mourut le 1er janvier 1515. « Lorsque » les clocheteurs des trespassez allèrent par les hos- » teux sonnant puys criant : le bon Roy Loys est mort, » ce fust une desollation telle qu'on en vit oncques au » trespassement d'aucun Roy. »

François Ier, gentilhomme plein d'élégance et de belles manières, instruit et bien disant, « qui aymoit les joyeusetés, les belles dames et les arts, » dédaigna le Palais des Tournelles qui faisait peur à voir tant il étoit sombre, lourd et difforme, disait le Roi chevalier.

Aussi François Ier construisait Chambord, Fontainebleau et démolissait le vieux Louvre « pour s'en bastir un plus gracieux et mieux dentellé au des hors et chatoyant de velours et de soye au dedans. »

Les Valois ont été les véritables Rois-artistes de la France. C'est à partir de François Ier que notre génie national s'est greffé sur l'Italie alors en plein rayonnement de grandeur et d'épanouissement de poésie.

Le Louvre adopté par nos Rois et le Palais des Tuileries construit par Catherine de Médicis, les nobles et les riches viennent s'établir autour des deux habitations souveraines.

Le commerce de luxe choisit la rue Saint-Honoré, et s'installe dans les riches magasins en bordure de cette voie. Le commerce utile adopte le voisinage des Halles, principalement le quartier qu'on appela depuis des Bourdonnais.

Quant aux nobles et aux riches, le Roi Louis XIV avait exprimé le désir de les voir s'établir en face du Palais et du Jardin des Tuileries. Dès cet instant s'élevèrent les riches hôtels du faubourg-Saint-Germain dont la plus grande partie a été bâtie sur l'ancien Pré-aux-Clercs.

Peu de temps après la population parisienne brisait la digue que lui opposait le rempart, et les faubourgs Saint-Martin, Saint-Denis et Montmartre se soudèren^t à la Capitale.

Plus tard, sous Louis XVI, les Porcherons et la Petite Pologne devenaient la Chaussée-d'Antin, c'est-à-dire le plus riche des quarante-huit quartiers de Paris, à cette époque.

Aujourd'hui, cette prospérité tend à décroître et la Chaussée-d'Antin a passé de mode.

Cela devait être : les grandes existences, les nobles et les riches étoufferaient dans ce réseau de rues de 12 mètres de largeur.

Il faut à ces privilégiés, à ces heureux de la terre, de grands espaces, de l'air et du soleil. Où vont-ils aujourd'hui? à l'ouest de Paris, entre la place de la Concorde et le Bois de Boulogne.

Tel est le courant naturel de la population riche. Impossible de l'arrêter tant l'attraction est irrésistible; ce serait folie, d'ailleurs. L'étranger va où il lui plaît, où ses préférences et ses fantaisies le conduisent; il en est de même des Parisiens, des grandes fortunes financières, industrielles et commerciales. Ces sympathies en faveur de l'ouest de Paris s'expliquent : Ces riches d'hier se taillent à plaisir de larges habitations dans ces grands espaces plantés ; ils se prélassent d'autant plus agréablement aux doux rayons du soleil, qu'ils en avaient été privés jusqu'ici dans leurs hôtels étroits et serrés de la Chaussée-d'Antin ou dans leurs comptoirs humides et malsains des quartiers Saint-Denis et Saint-Martin.

A l'ouest de la Capitale, les riches sont à Paris comme à la campagne : à certaines heures, au travail, à d'autres, aux plaisirs. L'activité succède au repos. Ce fractionnement de la vie à volonté qui n'est possible qu'à Paris, c'est presque le bonheur.

Voilà pourquoi les étrangers et les riches ont adopté l'ouest de Paris.

Voyons maintenant les classes laborieuses. Indiquons leurs déplacements successifs, leurs migrations aux différents âges de cette ville, et nous dirons ensuite pourquoi elles se dirigent vers l'est de la Capitale, c'est-à-dire dans un sens opposé au courant qui entraîne la fortune.

Comme on l'a vu, dès le commencement de cet article, tant que l'île de la Cité renferma le Palais des Rois, les gentilshommes et les riches occupèrent les hôtels groupés autour de la demeure du Souverain.

Mais aussitôt que la Royauté s'établit à l'Hôtel Saint-Paul, les gentilshommes la suivirent et ce furent les classes pauvres qui les remplacèrent, en démolissant une à une les anciennes habitations seigneuriales pour se construire jusqu'à dix et douze maisons dans un seul hôtel princier (1).

(1) Lorsqu'on a démoli, en 1861, les ruelles de la Cité, dont l'emplacement sera bientôt absorbé par la malencontreuse caserne qui bloquera l'église Notre-Dame, en détruisant l'heureuse perspective qu'il fallait lui ménager à tout prix, du boulevard de Sébastopol, nous avons pu reconnaître par nous-même cette vérité que plusieurs historiens nous avaient signalée : la pioche des ouvriers a souvent rencontré des murailles provenant évidemment d'habitations princières au milieu desquelles s'étaient entassées successivement les fondations de nombreuses maisons.

Quand la population ouvrière eut absorbé tout l'emplacement de la Cité, lorsque le vase trop plein déborda, les classes laborieuses traversèrent le *Grand Pont* (le Pont au Change) pour s'établir à proximité de la rive droite du fleuve où elles fondèrent successivement les quartiers de la Grève, des Arcis, des Lombards et du Marché Saint-Jean.

Bientôt la *Maison Commune*, l'Hôtel de Ville, devint le centre de Paris et de nombreuses rues renfermèrent une population qui grossissait chaque jour. L'entassement devint si considérable que le terrain ne suffisait plus ; aussi les voies furent-elles rétrécies et devinrent des ruelles, les maisons se pressèrent et gagnèrent en hauteur ce qu'on leur faisait perdre en largeur. Il en résulta des quartiers malsains, hideux, privés d'air et de lumière où naissait, souffrait, mourait une population infime sans sortir d'une atmosphère putride. On comprend les ravages que durent causer les épidémies qui se renouvelaient à des époques périodiques. Impossible aux Administrations d'alors de faire des trouées dans cet empâtement de moellons et de chair humaine.

Il a fallu que le choléra vînt à trois reprises différentes, et toujours de plus en plus cruelles, décimer cette population, pour forcer les survivants à un déplacement qui leur assurât un peu d'air et de soleil.

On a pu voir encore, il y a douze années, les quartiers des Arcis et du Marché-Saint-Jean, tels que le moyen âge les avait construits. Voici la reproduction d'une lettre émanant d'un magistrat qui faisait ainsi, à la date du 28 octobre 1848, le tableau du quartier des Arcis :

« Ce quartier forme un carré long de peu d'étendue,
» c'est un des plus petits de Paris ; mais sa population,
» qui n'est que de quinze mille habitants, peut être
» évaluée, pour les locataires en garnis, à plus de
» trente mille.

» On doit ajouter à ce nombre énorme, quantité de
» gens sans aveu des deux sexes qui ne vivent que de
» rapines, et n'ont, pour ainsi dire, d'autres asiles
» que les cabarets et les maisons de tolérance, qui pul-
» lulent dans ce quartier.

» Il ne sort guère d'individus des prisons ou des
» bagnes sans qu'ils ne reviennent dans ces bouges,
» où ils retrouvent leurs amis, ou plutôt leurs com-
» plices.

» Ce quartier, compris entre le quai de la Grève et
» les rues de la Verrerie et des Lombards, est entre-
» coupé d'une vingtaine de ruelles, sales et fétides,
» qui s'enchevêtrent les unes dans les autres. Les plus
» grandes n'ont que 5 mètres de largeur, les autres
» ont de 1 à 2 mètres.

» La tourbe des malfaiteurs, expulsée des quartiers
» de la Cité et de l'Hôtel de Ville, s'est réfugiée dans
» ce cloaque des Arcis. — Deux cents maisons logent
» en garni à la nuit : — infection permanente, dépra-
» vation de mœurs la plus épouvantable, voleurs,
» prostituées vivant dans les maisons à deux ou trois
» issues, pratiquées pour la fuite des malfaiteurs ;

» Liquoristes et estaminets fréquentés par les plus
» sales prostituées;

» Vols permanents dans ces bouges : heureux ceux
» qui n'en sortent que malades et volés, lorsqu'il n'y
» a pas de meurtre.

». LALMAND.
» Commissaire de Police. »

Il ne faudrait pas croire que ce quartier des Arcis
fût, dans Paris, une exception; on voyait d'autres bouges
au faubourg Saint-Marceau, dans le quartier du Jardin-
des-Plantes et ailleurs, dont l'aspect était tout aussi
repoussant.

M. Praud, membre du conseil d'hygiène publique
et de salubrité du XIIe arrondissement (1) visitant, il
y a quelques années, les tristes masures de la rue Traversine, notait sur son carnet les réflexions suivantes
que nous reproduisons dans leur affreuse vérité.

Maison n° 5. Trois étages avec mansardes, entrée par
une allée étroite, sombre et humide; — hideuse ma-
sure dans un délabrement complet; — louée partie à
des ouvriers, partie à des chiffonniers; manque d'eau,
saleté repoussante !

N° 25. Refus de laisser visiter l'immeuble.

N° 31. Maison à trois étages avec mansardes; entrée
par une allée dont les caniveaux en pierre, servant à
la conduite des eaux ménagères dans la rue, devraient

(1) Le 12e arrondissement était composé, avant 1860,
de quatre quartiers ci-après dénommés : Saint-Jacques —
du Jardin-du-Roi — Saint-Marcel et de l'Observatoire.

être remplacés au plus tôt ; — louée en partie à des chiffonniers ! manque d'eau, absence complète de propreté ! grande cour envahie par des chiffons ; — au fond de la cour, bâtiment de quatre étages ; rez-de-chaussée servant de dépôt de chiffons, d'os et de vieux papiers ; — les étages supérieurs sont habités par des chiffonniers. Ce bâtiment est d'une saleté qui soulève le cœur ; les murs suintent l'humidité, les carrelages n'ont plus de forme ni de couleur ; les plafonds sont à solives ; les murs dégradés sont sans papier et maculés de taches de boue.

On jette les matières fécales dans les plombs qui versent leur contenu dans la cour, dont le ruisseau aurait besoin d'être refait pour conduire ces immondices dans la rue !...

Maison n° 43. Trois étages avec mansardes ; — entrée par la boutique du logeur ; — louée en partie par des chiffonniers ; — manque d'eau. — Au troisième étage se trouve un cabinet d'aisances, sans porte, ce qui fait que le mauvais air se répand dans la maison, et pour augmenter cet inconvénient, ces lieux d'aisances, se trouvent dans un état de saleté qui les rend inabordables !

Maison n° 47. Quatre étages avec mansardes ; — entrée par une allée, absence d'eau ; — est habitée par des chiffonniers : affreusement mal tenue. — Le rez-de-chaussée, qui a vue sur une petite cour, est occupé par une chiffonnière marchande en gros. Un horrible grabat sert également de niche à deux chiens, dont les ordures, se mêlant à l'odeur nauséabonde des vieux chiffons, empestent l'air qui vous serre la gorge et donne des nausées. — Cette maison seule pourrait empoisonner tout le quartier et propager le choléra ! Aux premier et deuxième étages, *dans l'escalier même*, se trouvent les fosses d'aisances, sans porte, et un locataire, qui habite cette maison depuis huit années, m'a dit que ces fosses avaient toujours été dans le même état. C'est avec intention que je souligne ces mots : *dans l'escalier même;* car bien que les lieux d'aisances n'aient pas de porte dans d'autres localités, cette maison n° 47 a cet inconvénient de plus, que ceux qui se rendent aux lieux font leurs besoins à la vue de ceux qui montent ou qui descendent.

Les annales d'hygiène publique et de médecine légale contiennent la description de la maison n° 25 de la rue Traversine, dont l'entrée avait été refusée à M. Praud. — Nous en citons quelques passages :

« La maison se compose de deux corps de bâtiments, l'un sur la rue, l'autre séparé du premier par une petite cour, et adossé au mur de de l'École Polytechnique. La boutique et l'allée font toute la longueur de la propriété, c'est-à-dire la largeur de la façade sur la rue, et celle aussi du second corps de bâtiment (5 mètres). L'allée qui est dans la profondeur du premier corps de bâtiment longe la boutique et l'arrière-boutique; elle a 8 mètres. C'est donc, pour ce premier corps de bâtiment, 40 mètres superficiels. L'emploi de cette superficie est le même aux cinq étages. Étudions la disposition de l'un deux.

» Sur la rue deux chambres, dont une avec une cheminée, toutes deux avec fenêtre ; sur la cour un cabinet étroit de 1 mètre 70 centimètres de large sur 4 mètres 30 centimètres de profondeur. — On y couche seul pour 5 sous, 8 sous pour deux. Entre les chambres et le cabinet il y a un cabinet de même dimension que le premier, mais sans fenêtre. — Il y a un lit et une chaise, mais ni air ni jour. — Ici, c'est 4 sous par nuit.

» Telle est la composition des cinq étages, en ajoutant aussi par chaque étage un troisième cabinet dont l'emplacement est pris sur le palier de l'escalier. Ce cabinet a un peu de jour sur la cour, mais il est étroit, 1 mètre 90 centimètres sur 1 mètre. Il ne peut contenir qu'une paillasse. — On y couche pour 3 sous.

» La cour a 3 mètres sur 5 ; — c'est un puits étroit, une fosse humide entre les quatre et cinq étages des deux corps de bâtiment. La nuit, dans cette sorte de fosse commune, les habitants des étages supérieurs, pour s'épargner la peine de descendre à un endroit plus particulier, versent dans les plombs, par les fenêtres, tout ce qui pourrait les embarrasser ; trois visites successives nous ont fait constater la régularité de cette habitude, attestée d'ailleurs par les traces dont les murs sont couverts de toutes parts. C'est donc de cette cour que le deuxième corps de bâtiment reçoit uniquement l'air et la lumière. Au rez-de-chaussée de ce bâtiment il y a une salle basse de 5 mètres de largeur sur 6 de profondeur. Comme l'escalier commun à toute la maison prend 2 mètres sur la cour, dans les

3 mètres restants sont pratiquées la fenêtre et la porte. Dans cette salle il y a neuf lits. C'est un asile de nuit, le sombre refuge où, chaque soir, dans les ténèbres, se rencontrent fortuitement quelques malheureux sans ressources et sans nom. On donne deux sous et on paye en entrant. — Le lendemain, à dix heures, on a son congé.

» Voyons, aux étages supérieurs, l'emploi de la même superficie de 30 mètres qui forme la chambrée du rez-de-chaussée. Les 6 mètres de profondeur sont partagés en deux par un couloir obscur. Du côté de la cour il y a deux cabinets de 2 mètres de large sur 3 de profondeur ; ce sont des logements de chiffonniers à 5 sous. — Là, entre son grabat et la fenêtre, un malheureux, couvert de haillons, fait, tout accroupi, le triage des ordures de la rue ; il les lotit par nature de matières : le bon se vend deux sous la livre ! Il trouve encore dans sa hotte des croûtes de pain souillé, des têtes de poisson et quelques affreux mélanges d'os et de chairs meurtries. Qu'on ne nous reproche pas de remuer ici toutes ces horreurs, puisque voilà des êtres humains qui s'en nourrissent ! Il faut descendre encore plus bas pour être au fond de ces abîmes. De l'autre côté du couloir obscur, au fond de cette maison, que peut-il y avoir? Il y a des logements garnis.

» Comme il reste après le couloir un peu plus de 2 mètres de profondeur sur 5 de large, on y a fait deux cabinets, un cabinet à deux lits et un autre à un seul lit. — Les cabinets noirs du premier corps de bâtiments n'ont pas d'air ni de lumière, mais leur porte s'ouvre sur un corridor éclairé et dans lequel l'air circule tant bien que mal...

» Dans notre première visite, arrivés en plein jour dans le couloir obscur, ne pouvant nous figurer qu'il y eût rien au delà, nous avons entendu avec horreur sortir du fond de ces ténèbres une voix humaine ! C'était une femme âgée, récemment sortie de l'hôpital, pas assez remise pour pouvoir travailler, elle était là en convalescence. — Elle nous a confié la plus grande de ses peines : c'est que le pauvre bout de chandelle qu'elle a dans sa chambre y attire un énorme rat ; elle en a peur ! elle ne peut plus dormir ! sentant cette bête monter sur son lit, elle se réveille à chaque instant pour faire : « *chu! chu!* » Ce sont ses propres paroles. Elle nous disait ces choses en pleurant, car le reste de sa vie est une misère, mais c'est là son supplice.

» En ce moment surtout, les logements sont, dans cette maison, comme dans tout le reste de Paris, fort recherchés ; les huit cabinets noirs des quatre étages du second bâtiment, ensemble douze lits, sont tous occupés.

» Cette maison n'est pas une exception, on l'a choisie pour servir d'exemple, parce qu'elle est petite et d'une description facile. Mais dans la même rue, la plupart des numéros impairs, quelques-uns des numéros pairs, plusieurs maisons de la rue du Clos-Bruneau, plusieurs dans les ruelles qui vont de la rue Traversine à la rue Saint-Victor offriraient des tableaux semblables et peut-être encore plus horribles. »

Ces tristes récits pourraient être continués. Il suffit de rappeler que sur les 48 quartiers qui composaient, avant 1860, la Ville de Paris, 18 accusaient une insalubrité plus ou moins fâcheuse et qu'il importait de faire disparaître au plus tôt.

Cette nécessité d'assainir la Capitale fit naître l'idée d'un plan d'ensemble de Paris qui serait étudié d'après ce principe : dégager avant tout le centre de la ville, à cette fin que la circulation partant de ce centre assaini, transformé, pût rayonner librement jusqu'aux extrémités de la Capitale.

Depuis l'extension des limites de Paris, la zone annexée s'est trouvée comprise dans cette étude d'ensemble. Aujourd'hui, le plan de Paris, est terminé jusqu'aux fortifications et, plusieurs projets des plus importants ont reçu ou vont recevoir leur exécution.

Mais il importe de constater un fait : Dès que les démolitions ont commencé dans Paris, lorsqu'on a exécuté en 1852 le prolongement de la rue de Rivoli, en coupant les quartiers des Arcis , de l'Hôtel-de-Ville et du Marché-Saint-Jean, le déplacement des classes laborieuses a commencé. En effet, il a fallu détruire de nombreuses maisons, étroites et serrées, pour pratiquer cette trouée qui devait servir de ventilateur à ces trois quartiers ; mais les habitations construites en bordure de la nouvelle voie ne pouvaient, en raison du prix élevé des terrains et de la cherté des matériaux, contenir des logements à l'usage d'ouvriers ou de petits rentiers ; — de là leur émigration. Où se sont-ils portés? Au nord-est de Paris. Pourquoi se sont-ils dirigés de ce côté? pour deux raisons : la première, parce que les locations y étaient encore à bon marché; la seconde, parce que ces quartiers étaient les moins éloignés du centre de Paris. En effet, sur 2,500 émigrants, sur lesquels nous avons pu nous procurer des renseignements, plus de 1,800 ont adopté les anciens quartiers du Temple, de Popincourt, des Quinze-Vingts et les communes de Belleville, Ménilmontant et Charonne.

L'Autorité Municipale suivit avec intérêt ce déplacement de la population laborieuse de Paris, dans le but de lui donner un courant facile et naturel que la mesure de l'annexion devait favoriser singulièrement.

Le *Boulevard du Prince-Eugène* fut entrepris d'après le principe que nous venons d'exposer : il coupa en diagonale d'immenses terrains sans valeur, et fit refouler la circulation très-active au faubourg et au boulevard du Temple, dans les quartiers de Popincourt et du faubourg Saint-Antoine, autrefois sans animation et presque déserts.

Il est une autre création qui, moins brillante en apparence, nous paraît mieux empreinte encore d'un véritable caractère d'utilité générale.

Le *Canal Saint Martin* opposait un obstacle à la circulation sur ses deux rives ; ce barrage était la cause réelle de l'état d'abandon et de misère où végétaient les quartiers et les communes à l'est de Paris. L'Administration a détruit ce barrage en faisant voûter ce canal, en transformant les quais, autrefois déserts, de

Valmy et Jemmapes en une belle avenue décorée du nom de Richard-Lenoir.

Aujourd'hui la circulation libre et dégagée porte l'animation, le travail et le bien-être dans les 11e et 20e arrondissements de Paris; les terrains vagues sont successivement occupés, et l'industrie du bâtiment, qui languissait dans ces parages, prend une certaine animation, en improvisant des maisons modestes renfermant de nombreux logements pour les ouvriers et les petits rentiers.

Le bien qui a été fait est grand sans doute, et nous nous plaisons à le reconnaître, mais il reste plus à faire encore pour favoriser cette émigration des classes laborieuses; il faudrait à tout prix que la Ville exécutât promptement les projets complémentaires qui figurent sur son plan d'ensemble, au profit de cette partie de la Capitale.

Ne serait-ce pas d'abord de toute utilité de transformer au plus tôt cette place du Trône, dont l'aspect misérable contraste d'une manière si fâcheuse avec ce superflu de richesse et de magnificence dont on a de nos jours accablé, pour ainsi dire, la place de la Concorde?

Nous comprenons qu'on ait fait de la place de la Concorde une voie somptueuse, mais il fallait donner au moins le nécessaire à la place du Trône.

N'est-ce pas aussi un malheur à déplorer, que cette coupure, cette mutilation que l'on a fait subir à l'avenue de Vincennes, par la traversée du chemin de ceinture?

N'est-ce pas une profanation que ce misérable

treillage qui fait ressembler une partie de cette voie magistrale à un parc de moutons?

Il faudrait également exproprier les murs de clôture qui entourent la plus grande partie de la place du Trône, à l'effet d'y élever des habitations convenables dans le genre de celles que nous voyons aux angles du boulevard du Prince-Eugène et de l'avenue de Philippe-Auguste.

Ces améliorations ou rectifications que nous signalons seraient non-seulement de véritables bienfaits pour cette partie du 11° arrondissement, mais elles compléteraient encore de la façon la plus heureuse le boulevard du Prince-Eugène, que l'Administration Municipale considère à juste titre comme l'une de ses plus utiles créations.

Toute la population de cette partie de la ville de Paris réclame également, avec la plus vive instance, la continuation et l'achèvement de l'avenue que le décret du 2 mars dernier a décoré du nom de *Philippe-Auguste.*

On sait que cette avenue créerait une communication précieuse d'utilité publique entre la place du Trône et le boulevard de Fontarabie.

Cette voie coupe en diagonale des terrains d'un prix peu élevé, tout en ne détruisant qu'un petit nombre de maisons d'ailleurs peu importantes.

Voici les considérations que font valoir les habitants de cette partie du 11° arrondissement, en faveur du percement complet de l'avenue de Philippe-Auguste :

1° La place du Trône est le véritable emplacement pour les réjouissances publiques à l'Est de Paris , comme la place de la Concorde possède le même privilége à l'Ouest de la ville.

La place de la Concorde compte des dégagements complets. Les rues Royale et de Rivoli, les quais et l'avenue des Champs-Élysées suffisent largement à l'écoulement instantané de la foule.

Il n'en est pas de même aux abords de la place du Trône, qui devrait être la voie par excellence, lors des fêtes populaires.

La place du Trône, il est vrai, possède la grande rue du Faubourg-Saint-Antoine, mais cette voie se rétrécit et finit en entonnoir à la place de la Bastille.

L'avenue de Vincennes est large, spacieuse, mais la foule ne suit pas cette direction.

Le boulevard du Prince-Eugène est un dégagement des plus précieux, mais de l'Est à l'Ouest.

Encore ne peut-il suffire à l'écoulement rapide des promeneurs. Lors des dernières réjouissances du 15 août, l'entassement de la foule était si compacte, que pendant une demi-heure elle resta immobile.

Il faudrait donc un dégagement au Nord comme au Sud de la place du Trône.

Le rayonnement serait complet par l'ouverture de l'avenue de Philippe-Auguste, que suivraient les promeneurs s'en retournant à Charonne, Ménilmontant et Belleville, lesquels fournissent un contingent respectable aux réjouissances publiques.

Au Sud de la place du Trône, on ouvrirait une voie conduisant à la nouvelle avenue de Vincennes.

De cette façon, lors des grandes fêtes, la place du Trône, sous le rapport au moins des dégagements, n'aurait plus rien à envier à la place de la Concorde.

2° Si manifestement utile qu'on puisse estimer l'exécution du boulevard du Prince-Eugène, il n'en faut pas moins reconnaître cette vérité : Cette voie publique, bordée de maisons qui ont coûté communément 300 mille francs, ne sauraient contenir de logements à l'usage d'ouvriers. Évidemment, l'avenue de Philippe-Auguste y suppléerait en amenant l'*utilisation*, en petites constructions, des immenses terrains qui sont pour la plupart improductifs dans ces localités, faute de débouchés.

3° Il y a pour l'Administration nécessité d'exécution prompte et rapide, parce que ce percement aujourd'hui relativement peu coûteux, exigerait des sacrifices, si de nouveaux délais étaient apportés à sa réalisation. En effet, non-seulement de nouvelles constructions pourraient s'élever, des baux seraient consentis plus nombreux et en prévision même de l'expropriation, mais encore les terrains nécessaires à l'ouverture de l'avenue de Philippe-Auguste acquerraient eux-mêmes une plus-value toujours croissante par le fait de l'amélioration de ce quartier, laquelle est due principalement à l'avenue Richard-Lenoir, remplaçant l'ancien canal, et à l'ouverture du boulevard du Prince-Eugène.

La seconde partie du boulevard du Prince-Eugène

ne sera viable et prospère que le jour où tous les débouchés ou affluents de cette grande artère existeront
dans tout le parcours de cette voie.

Actuellement, à cet endroit, d'immenses terrains
entourent le boulevard du Prince-Eugène, et ce n'est
qu'à une distance trop considérable que l'on rencontre
à l'est une autre grande artère, — l'ancien boulevard
extérieur.

Faisons observer, en outre, que la section du boulevard du Prince-Eugène entre le Château-d'Eau et la
place du Prince-Eugène, est traversée par douze voies
et deux places, dont l'une est formée par le *croisement*
du boulevard qui nous occupe avec l'avenue Richard-
Lenoir; l'autre, par l'espace laissé entre le boulevard
et la nouvelle église Saint-Ambroise.

Dans la seconde section, comprenant la moitié de
la longueur de la voie, c'est-à-dire de la place du
Prince-Eugène à celle du Trône, le boulevard du
Prince-Eugène n'est traversé que par trois rues; on n'y
rencontre aucune place. Cette grande artère manque
donc de débouchés qui seuls peuvent lui donner de
l'animation ; les maisons y sont encore en petit nombre, trop espacées, tandis que l'autre partie se trouve
entièrement construite, bien que l'Autorité Municipale
n'en ait entrepris l'ouverture que deux années après
la section à l'est de Paris.

Le percement de l'avenue de Philippe-Auguste,
on le comprend tout de suite, couperait l'immense
quadrilatère actuellement cerclé, emprisonné par l'ancien boulevard extérieur, celui du Prince-Eugène, les

rues de Charonne et de Montreuil. Là, plus de trois cent mille mètres de terrains sont bloqués et sans affectation utile. C'est un emplacement sans animation, délaissé, mort, près du faubourg Saint-Antoine, cette ruche parisienne. Que la trouée soit faite par le boulevard de Philippe-Auguste, et soudain des maisons se construisent, des industries se forment, et le mouvement et la vie fécondent cette partie de la ville aujourd'hui si misérable.

Outre ce grand résultat de transformation de tout un quartier, le boulevard de Philippe-Auguste chasserait de ces localités une foule de vagabonds dont la surveillance est si difficile précisément en raison de l'étendue de ce territoire, dont la solitude est l'amorce de tous les vices qui se plaisent dans l'ombre.

Ajoutons que l'achèvement de ce boulevard, commencé depuis plus de quatre ans, n'occasionnerait qu'une dépense insignifiante.

La raison en est que le prix du terrain s'y trouve encore peu élevé, que les constructions y sont rares et peu importantes. Enfin, parce que la Ville y possède une superficie assez considérable dont elle a fait l'acquisition en vue de ce percement.

En réalisant au plus tôt cette création, l'Administration utilise non-seulement une partie de ses terrains pour l'avenue de Philippe-Auguste, mais elle se donne encore des bordures dont les zones acquerront une plus-value dès le jour de l'ouverture complète de la voie.

4° Le prolongement de la rue de Réaumur, l'exécution partielle de la rue de Turbigo, l'achèvement du boulevard de Magenta, la reconstruction de l'Hôtel-Dieu, vont amener la démolition d'un grand nombre de maisons qui renferment une certaine quantité d'ouvriers, ne serait-ce pas faire acte de sagesse et de bonne administration, que d'ouvrir instantanément à l'Est de Paris, des voies comme celles de l'avenue de Philippe-Auguste, où l'on construirait certainement des habitations modestes à usage d'ouvriers et de petits rentiers.

Telles sont les considérations que font valoir les habitants de cette partie du 11e arrondissement, en faveur de l'exécution prompte et rapide de l'avenue de Philippe-Auguste.

Nous les avons estimées si rationnelles, si justes au fond, et si convenables dans la forme, que nous nous sentons heureux de les reproduire, avec la ferme conviction que la sagesse et l'humanité de nos Édiles y feront droit aussi promptement que possible.

Nous continuerons, dans une prochaine livraison, l'énumération des voies publiques dont l'ouverture est nécessaire aux arrondissements de l'Est de Paris.

Louis Lazare.

PARIS

SES ACQUISITIONS ET SES ALIÉNATIONS

PAR ANDRÉ HAUSSMANN

TITRE Ier

CONSIDÉRATIONS GÉNÉRALES

Depuis quelques années, on voit fonctionner en permanence l'expropriation pour cause d'utilité publique, et la Ville de Paris en use plus à elle seule que les autres villes de l'Empire toutes ensemble.

Comme son but est d'ouvrir des voies de communication à travers des quartiers bâtis depuis longtemps, où les propriétés sont fort divisées, elle doit nécessairement couper en écharpe un grand nombre de parcelles, et après avoir prélevé, pour ses rues nouvelles ou ses boulevards, de longues lignes de terrain de forme régulière, il lui reste encore beaucoup de rognures aux bizarres contours qu'elle ne pourrait employer au service public, qu'elle vend aux particuliers, et qui deviennent ainsi l'objet de nombreux placements immobiliers.

Il ne sera pas sans intérêt d'étudier cette question

spéciale, et, d'abord, de rechercher qui a la capacité nécessaire pour aliéner valablement ces parcelles de terrain, et de considérer la Ville de Paris comme formant une *personne civile* ayant le droit d'acquérir, de posséder et d'aliéner des immeubles, ainsi que le ferait un simple particulier.

Mais avant d'arriver à la législation actuellement en vigueur, nous ne pouvons nous dispenser de porter un instant nos regards vers le passé.

Qu'est-ce que Paris? — Nous y sommes nés, nous y vivons, nous parcourons la ville dans tous les sens, nous admirons ce qu'elle renferme de beau, de curieux, d'intéressant au point de vue des arts, des sciences, des lettres; nous connaissons, parmi ceux qui l'habitent, ce qu'on appelle les gens du monde; nous connaissons également ses manufactures, son commerce, sa population si intelligente, si vive, si changeante; mais, uniquement occupés du temps présent, nous vivons au jour le jour, et nous songeons rarement à faire l'analyse de cet ensemble extraordinaire, à étudier son passé, à prévoir son avenir, et, en un mot, à nous rendre compte de la place que Paris occupe dans la création.

Ce que nous disons de Paris, nous le pourrions dire également des grandes Capitales. Qu'est-ce que Rome, qui a dominé le monde? qu'est-ce que Madrid, autrefois si riche? qu'est-ce Londres, qui règne aujourd'hui sur les mers? qu'est-ce que Pétersbourg et New-York, villes toutes jeunes comparées à Constantinople, dont la fortune a subi tant de vicissitudes?

Ce serait une étude curieuse que celle de rechercher et de comparer la fondation des capitales du monde, leurs développements, les causes de leur prospérité et de leur décadence, et de prévoir leur avenir. Mais le cadre restreint de cet écrit ne nous permet pas de nous livrer à de pareilles recherches. Bornons-nous, quant à présent, à quelques aperçus relatifs à Paris.

Comment Paris se fonde-t-il? — Deux siècles avant notre ère chrétienne, une petite bourgade, composée de pêcheurs et de bateliers, occupe, au milieu de la Seine, une île que l'on appelle *Lutetia Parisiensis*, ce qui signifie un lieu humide, habité par d'habiles mariniers. — Pourquoi choisissent-ils une petite localité malsaine et d'un abord difficile? Prennent-ils exemple sur ces oiseaux de proie qui construisent leurs nids à la cime de rochers inaccessibles? — C'est qu'ils vivent sur l'eau, et que la Seine est alors la plus grande voie de communication de cette partie de la Gaule; ils vivent de leur commerce de mariniers, et si l'invasion romaine leur est nuisible, ils la combattront.

Cependant les Romains surmontent toute résistance et réalisent leur conquête; mais, sous leur domination, la petite bourgade de pêcheurs et de mariniers prend une grande extension, obtient de précieux priviléges, et montre déjà que le commerce et l'industrie sont une puissance pacifique en état de lutter contre la force des armes, et avec laquelle il faut compter.

Dans l'antiquité, Tyr et Carthage; au moyen âge, Venise, Gênes, Marseille durent une prospérité commerciale exceptionnelle à leur position sur la mer et à leurs excellents ports. Paris tirait de sa batellerie de la Seine des avantages qui devaient survivre au triomphe de ses heureuses rivales.

Quatre siècles plus tard, les Francs viennent à leur tour envahir la Gaule, mais ne peuvent détruire le bassin de la Seine, et Paris devient une capitale, titre qu'elle a conservé depuis quatorze siècles.

Jusque-là, les rares monuments qui nous restent nous avaient montré *Lutetia Parisiensis* ne songeant qu'à conserver un régime *municipal*, qui sût allier les intérêts de sa corporation de bateliers avec ceux de l'empire romain, dont elle relevait. Mais sous la domination des Francs, un nouveau principe tout *politique* vient se développer et s'identifier aux intérêts de la cité parisienne : elle fait corps avec la royauté, et toutes deux se prêtent un mutuel secours. Le Roi laisse une certaine liberté municipale à la Ville de Paris et lui confirme ses priviléges, fondés sur le commerce de batellerie de la Seine. De son côté, la ville fournit au roi un asile fortifié, des subsides et des soldats pour défendre sa couronne.

Nous voyons cet état de choses se perpétuer, s'étendre, s'accroître, se développer dans de vastes proportions jusqu'au dix-neuvième siècle, jusqu'à l'époque où les effets de la découverte de l'Amérique, de l'invention de la poudre à canon et de l'imprimerie ont eu le temps de se développer et d'amener dans les esprits un besoin d'innovations dont l'expérience n'a pas encore appris à connaître les dangers. La France n'était plus alors une petite province, elle s'était accrue dans de grandes proportions. La royauté ne pouvait plus s'appuyer seulement sur la population parisienne et sur ses remparts, détruits comme inutiles ; elle régnait sur un peuple dont l'origine et le langage, dont les mœurs et les besoins locaux variaient à l'infini, qui vivait sous des lois différentes, et où la féodalité, perpétuant une organisation surannée, amenait sans cesse des plaintes et de vives réclamations de la part des bourgeois et des paysans. Jadis la question des finances n'était rien : la hanse parisienne pouvait soutenir une petite royauté ; mais, au dix-huitième siècle, il n'en était plus de même, il fallait entretenir, outre une multitude de fonctionnaires civils, une armée permanente avec une forte marine, et les finances de l'État ne présentaient pas assez de ressources pour supporter d'aussi lourdes charges La question des colonies venait encore compliquer cette situation difficile.

La monarchie manqua de force et d'énergie ; elle ne sut pas apporter à la constitution du royaume les modifications que les changements survenus dans les mœurs avaient rendus indispensables. Au lieu de diriger avec habileté le mouvement des esprits, elle se laissa traîner à la remorque ; le besoin général d'une liberté modérée fut exploité par des ambitieux, qui engagèrent une lutte rendue plus vive par la résistance qu'ils rencontrèrent, et ils amenèrent la licence et l'anarchie. La royauté succomba et la république fut établie.

Quel rôle joua Paris dans cette révolution ?

Nous avons vu son sort intimement lié, jusqu'en 1789, à celui de la royauté; l'antique administration municipale dut succomber en même temps que le gouvernement, et la même anarchie régna partout. Dans toutes les grandes crises, c'est toujours sur l'Hôtel de Ville que les factieux ont dirigé leur action, et souvent ils ont confié aux mêmes mains l'administration de la ville et le gouvernement de la France. On le conçoit, car Paris, avec des limites restreintes, a une importance égale ou supérieure à celle de plusieurs États indépendants de second ordre. On ne pouvait donc pas, en temps de trouble, maintenir un petit État indépendant au sein d'une grande nation. Pour jouir de la liberté, il faut des temps de calme et de paix. La Capitale, avec sa population parisienne, imperceptible et impuissante au milieu de tous les étrangers qui visitent cette ville et viennent s'y fixer, a toujours été non-seulement le point d'appui, mais encore l'instrument actif des troubles, des émeutes et des révolutions. Elle a deux fois proclamé la République, quoique ce système de gouvernement fût contraire à ses plus précieux intérêts. Mais comme cette institution ne lui est nullement sympathique, toujours elle est revenue avec bonheur à la monarchie.

Dirons-nous que c'est par amour pour les rois? Sans aucun doute chaque souverain, chaque prétendant a toujours eu des partisans dévoués qui portaient l'affection personnelle jusqu'au fanatisme; mais à côté de ce rare dévouement personnel viennent se grouper les intérêts de position et d'espérance, fondées

sur les faveurs qu'on obtient en échange de ce dévouement.

Quant à la masse de la nation, elle n'envisage que
son intérêt personnel, qui exige la paix, la tranquillité
et la perpétuité, bienfaits qu'elle espère rencontrer
dans une royauté héréditaire. Ces intérêts-là sont plus
puissants et offrent plus de garantie qu'un dévouement
passager, capable de grandes choses, il faut en convenir, mais renfermé nécessairement dans d'étroites
limites.

Paris, moins qu'aucune ville, n'a d'intérêt à la république. Les Parisiens ne l'ont jamais souhaitée; ils
l'ont subie, imposée qu'elle leur était, par des sectaires
presque tous étrangers à cette population, essentiellement paisible, quoique parfois caustique, qui aime à
se venger, par une chanson ou par un calembour, des
injustices dont elle croit avoir à se plaindre, mais qui
ne pousse pas plus loin son ressentiment, tant elle
a horreur des révolutions.

Au commencement du dix-neuvième siècle, la France,
et Paris à sa tête, reviennent insensiblement à la
royauté. Ce n'est d'abord qu'une *monarchie à cinq*
sous le Directoire, ensuite *à trois* sous le Consulat,
puis vient enfin l'Empire.

Mais la France est devenue plus forte et plus unie :
la féodalité et les jurandes sont supprimées, la vénalité
des charges abolie et les privilèges de toute espèce an-
nulés.

L'Empereur règne sur une seule nation, obéissant
à un seul souverain et à une seule loi, soumise à une

seule justice, payant les mêmes impôts, équilibrés dans un budget voté par ses mandataires.

Paris a grandi en territoire et en richesse, mais il a perdu beaucoup de son influence politique. Il est toujours la capitale de l'Empire, mais il est soumis aux mêmes lois qui régissent la plus petite commune de France. Avec l'organisation des postes et le télégraphe atmosphérique, l'Empereur ordonne partout, à des administrateurs ou à des commandants militaires soumis à une organisation uniforme, et qui obéissent ponctuellement et à l'instant même à toutes volontés. C'est donc un tout autre ordre de choses qui efface beaucoup l'ancienne importance de la capitale.

Quant à son commerce et à son industrie, que voyons-nous ? L'anarchie les avait anéantis ; la force du pouvoir les rétablit, mais dans des conditions plus restreintes qu'autrefois, toutes proportions gardées. La France, sillonnée de routes et de canaux, desservie par les postes et les messageries impériales, a vu l'importance des fleuves diminuer. La batellerie de la Seine n'a obtenu que peu d'accroissement, tandis que partout ailleurs les canaux, le roulage et les messageries ont favorisé le commerce et l'industrie là où jadis on n'avait pas songé à les introduire.

Paris se trouve donc, au commencement du dixneuvième siècle, dans une infériorité relative à cet égard. Quant à son industrie, comment songer à la développer dans une ville où les octrois, en rendant nécessairement la vie plus chère, augmentent le prix de la main-d'œuvre et du combustible ?

V.   11

Mais, de même que nous avons attribué à la découverte de l'Amérique, à l'invention de la poudre à canon, de l'imprimerie, du télégraphe et à l'organisation des postes, des messageries, du roulage et des canaux, la principale cause de l'amoindrissement de l'influence parisienne, en rendant son action moins indispensable et en y substituant celle du reste de la France, de même nous allons trouver d'autres inventions nouvelles capables de restituer à Paris une partie de son importance relative et de son ancienne splendeur : chacun a nommé la vapeur et le crédit.

La vapeur, en organisant d'abord les bateaux qui, de la Seine, peuvent aller jusqu'à la Tamise, et ensuite les chemins de fer, qui se concentrent tous à Paris, ont changé l'aspect et la nature de cette ville. Ce n'est plus seulement le séjour du Souverain qui lui donne une importance exceptionnelle, ce sont ses relations avec toute l'Europe et le monde entier. Son climat, ses monuments, son culte pour les beaux-arts, les sciences et les lettres, ses spectacles, ses expositions, ses fêtes, le caractère gai et bienveillant de ses habitants lui attirent de toutes les parties du monde des visiteurs dont la présence, en augmentant ses revenus, lui permet de s'embellir et d'augmenter ainsi sans cesse l'attrait qu'elle offre aux étrangers.

En même temps, le crédit a fait des miracles : Paris est une place de banque de premier ordre, et le monde entier correspond avec sa Bourse, la Banque de France, le Crédit foncier, le Crédit mobilier, et toutes les autres institutions publiques ou particulières qui centralisent les grandes opérations de commerce, d'industrie et de finance.

Voilà donc Paris transformé. Le coup de main qui rétablit en 1848 la République, n'a pas eu de lendemain, et le pouvoir souverain passe bien vite aux mains d'un Président et ensuite dans celles d'un Empereur.

Paris, redevenu la résidence d'un souverain, à qui le télégraphe électrique a fourni un nouveau moyen de gouvernement central ; Paris, si dangereux en 1848, n'aura plus une administration indépendante, qui ne pourrait sans péril être aujourd'hui, comme elle l'était autrefois, abandonnée à l'élection de ses habitants. Maintenant, la population parisienne est presque tout entière composée d'étrangers ; son octroi, auquel ceux-ci contribuent comme les Parisiens d'origine, fournissant la majeure partie de ses revenus, le Gouvernement peut, comme tuteur naturel de cette population étrangère et mobile, revendiquer à juste titre la part proportionnelle qui leur reviendrait dans l'administration des revenus de la ville. Ne doit-il pas, d'ailleurs, diriger la police, dont l'action est d'autant plus nécessaire que l'élément étranger se trouve en très-grande majorité ? Sous tous ces rapports, on est ainsi forcé de reconnaître que, au point de vue théorique, le gouvernement a plus d'intérêt que les Parisiens d'origine à la bonne administration municipale.

Que conclure de tout cela ? — Que Paris existe bien en fait, mais qu'il n'existe plus en droit. Paris n'est plus une commune ayant une existence isolée : son individualité se trouve absorbée par la nation, et il fait partie du domaine public, avec un budget à part. Le Gouvernement l'administre comme une forêt, une route, un canal, un port, une place de guerre, un arsenal, un magasin de fourrages, une manutention, une fabrique de tabac. Est-ce un mal? est-ce un bien? — Qu'importe! c'est plus que tout cela : c'est un fait qui entraîne avec lui une responsabilité, comme toute chose en ce monde, et la responsabilité a bien son mérite.

Quand les Parisiens nommaient autrefois un Prévôt des marchands, des Échevins, des centeniers, des cinquanteniers, des dizeniers et des notables; quand ils nommaient, de nos jours, un Conseil municipal, des Maires, des Adjoints et des officiers de la garde nationale, tous ces fonctionnaires élus n'offraient, comme le corps électoral lui-même, qu'une responsabilité collective essentiellement fugitive et inefficace, et le Gouvernement n'en pouvait pas être responsable.

Aujourd'hui, le Préfet de la Seine, la Commission Municipale, les Maires et Adjoints et les officiers de la garde nationale étant nommés par le Gouvernement, ne sont plus les élus de la ville, ne relevant que de leurs commettants ; ce sont des fonctionnaires publics subordonnés à leurs chefs, et le Gouvernement est responsable de leurs actes. En principe, la responsabilité est ainsi devenue sinon plus efficace qu'autrefois, au moins plus effective et plus apparente. Qui pourrait y perdre, si ce n'est le Gouvernement?

Toutefois, comme nous sommes essentiellement intéressés à la stabilité des institutions dont nous jouissons, et que toutes les atteintes portées à la considération du gouvernement, retomberaient directement sur nous et se traduiraient en pertes sur nos revenus et sur la valeur de nos propriétés, à ce titre, nous avons intérêt à voir diminuer la responsabilité illimitée qu'assume le Gouvernement.

Que faut-il conclure de cet exposé? Rendra-t-on à Paris une administration véritablement municipale? — C'est difficile; nous dirons même qu'avec le suffrage universel c'est presque impossible. En effet, serait-il juste de confier l'administration d'une ville aussi importante que Paris à des délégués nommés par une foule de gens qui n'ont pas de racines dans la Commune, et dont l'intérêt à la bonne gestion de ses affaires est fort douteux? Ce serait injuste; car, étant les plus nombreux, ils auraient la majorité, et les voix des véritables intéressés seraient complétement étouffées. Quand il s'agit de nommer les membres du Corps législatif, cet inconvénient, qui subsiste en fait, disparaît en théorie, car on peut dire que la qualité de Français est seule nécessaire pour conférer le droit d'élire les représentants de la nation. Mais à l'égard des Magistrats municipaux, il n'en est plus de même, puisque leurs fonctions consistent à administrer seulement les affaires de la Commune.

Au contraire, créerait-on un corps électoral séparé et distinct pour élire les Magistrats municipaux à Paris? N'y ferait-on entrer que les propriétaires d'immeubles dont l'intérêt est incontestable, en y adjoignant certains notables habitants réunissant les conditions d'origine et d'ancienneté de domicile, capables de créer des droits à l'électorat? Ce serait logique, mais en contradiction avec le système du suffrage universel, malheureusement adopté pour les municipalités des départements, et il est douteux que l'opinion publique, si disposée à prendre le change et à patronner de graves erreurs, sanctionnât une pareille exception.

Bien loin de là, nous sommes disposé à croire qu'avec le temps et les moyens perfectionnés de centralisation, loin d'accorder à Paris un système municipal en rapport avec celui des villes de province, ce sont celles-ci qui seront un jour ramenées au régime admis pour la ville de Paris.

Disons plus : sans maîtrises ni jurandes, sans priviléges et sans féodalité, le régime municipal, pour la ville de Paris, nous paraîtrait aujourd'hui une anomalie. Quels fruits ce système a-t-il produits en présence de la centralisation?

S'il n'a produit aucun avantage dans le passé, peut-on espérer que l'avenir lui donnerait une situation meilleure? Il ne peut être désormais qu'une source d'antagonisme de clocher, qu'une entrave aux grandes conceptions. Avec cet esprit, chaque ville cherche à obtenir un lambeau de chemin de fer, une diminution de taxes, un privilége quelconque, et l'on engage l'avenir dans des emprunts qui lient les mains à la postérité. Le Gouvernement, cédant aux influences locales, perd sa liberté d'action et se voit la main forcée.

Rien de pareil à Paris, et, à tout prendre, les résultats ne sont pas pires; seulement il surgit alors un intérêt, c'est de veiller à ce que les délégués du Gouvernement restent dans les limites de leur délégation et n'empiètent pas sur les attributions du Gouvernement et du pouvoir législatif; c'est que le grand principe de l'égalité devant la loi reçoive son application; c'est que les règles prescrites pour la conservation des droits de tous soient observées et non méconnues.

Et pour maintenir les fonctionnaires inférieurs dans les limites de leur mandat, on trouve une constante protection dans les tribunaux administratifs et judiciaires, sans compter que le droit de pétition au Sénat est, de nos jours, devenu une vérité. Avec ces garanties on peut très-bien se passer de l'élection des Magistrats municipaux et s'épargner les intrigues et l'agitation, inutiles et dangereuses, toujours inséparables d'une élection. Une seule chose serait peut-être à désirer : une presse plus libre, sans licence, qui permît de signaler à l'opinion publique les améliorations à faire, les dangers à éviter, les injustices à réparer, les préférences à supprimer. Mais, sous un autre rapport, à quoi bon éclairer ainsi un public qui ne peut ni élire ni révoquer des Magistrats municipaux à la nomination du gouvernement? A quoi bon répéter à une vieille femme qu'elle a des rides et à un malade qu'il est en danger de mort, quand ils sont soumis à des lois inflexibles qui ne rendront jamais à l'une sa fraîcheur, à l'autre la santé? C'est au chimiste et au médecin qu'il faut signaler cette situation ; eux seuls peuvent y apporter quelque utile adoucissement.

Faut-il conclure que tout est pour le mieux dans le meilleur des mondes? — Non, car la perfection est impossible à l'homme; mais il ne faudrait pas décider que tout va de mal en pis. Les plaintes stériles ne guérissent jamais, elles irritent et amènent le désespoir, tandis que la patience et la résignation finissent par faire supporter bien des douleurs. — La nature humaine n'est pas forcée de se mouvoir dans une seule direction, elle a le choix des moyens; sans cela, que serait le libre arbitre? Un mode d'administration peut toujours en remplacer un autre sans que la vérité périsse; il en est de même des hommes. En existe-t-il de fatalement nécessaires? Dans la magistrature et dans l'armée, où nous voyons de perpétuelles mutations, qui oserait prétendre qu'un homme est indispensable? C'est souvent sur qui l'on comptait le plus qui amène des revers, et tel autre, jusqu'alors ignoré, se révèle comme doué d'un mérite supérieur. — Dans l'ordre financier, vous vous plaignez de ce que l'avenir des générations futures est engagé d'avance par des emprunts! Qu'importe à ces générations? — Si elles n'ont pas le droit de s'opposer à un pareil engagement, elles s'y soumettront. Ne soyez pas plus royaliste que le roi, et laissez aux choses leur libre cours. Mais si leur droit est aussi évident que vous le supposez, n'en soyez pas en peine, les liens qu'on leur a donnés seraient alors facilement brisés, car elles ne pourraient pas tenir des engagements qui seraient au-dessus de leurs forces. Tant pis pour ceux qui, ayant eu confiance dans une violation du droit naturel, auraient accepté des titres sans valeur et cédé au désir de conclure une bonne affaire, en profitant des primes ordinairement promises.

Mais pourquoi s'inquiéter outre mesure du passé ou de l'avenir de la Capitale? — Rien ne peut changer le passé, et bien rarement l'expérience qu'il devrait donner profite à ceux qui en étudient les annales. Quant à l'avenir, il ne nous appartient pas, et il serait périlleux de vouloir le connaître avant l'heure fixée par la Providence. Occupons-nous donc un peu du présent, et ce sera faire en même temps une étude de l'avenir, puisque le présent ne dure qu'un instant de raison, et que

« Le moment où je parle est déjà loin de moi. »

ACTUALITÉS ADMINISTRATIVES.

Sans parcourir le vaste champ ouvert à la politique intérieure ou étrangère, sans provoquer les émotions si vives que produisent les arts, les sciences, les lettres, et dont Paris connaît si bien le secret; sans nous livrer à l'étude si attrayante des mœurs du siècle, et sans vouloir faire la biographie de toutes les célébrités du jour, renfermons-nous strictement aujourd'hui dans les limites graves et sérieuses du cadre qui nous est tracé.

Quelle est actuellement, pour Paris, la plus importante préoccupation de son Administration et de ses habitants? Ce sont évidemment les percements de rues et de boulevards, les démolitions et les constructions, les terrains à vendre et à acheter. A ces immenses opérations qui frappent tous les regards viennent se joindre une foule de questions dont l'importance est peut être moins évidente pour le public, mais qui offrent beaucoup de gravité, au point de vue des intérêts privés, qui s'y trouvent nécessairement engagés. Nous essayerons de préciser les principes qui s'y rattachent.

TITRE II

ORGANISATION DE LA VILLE DE PARIS

Chapitre Ier

LA VILLE DE PARIS CONSIDÉRÉE COMME PERSONNE CIVILE.

I. — *Quelques antécédents historiques.*

Dans les documents, que nous allons brièvement indiquer, on peut envisager la délimitation du territoire communal, l'organisation administrative et les attributions des Magistrats, comme émanant, soit de l'Autorité souveraine, soit de l'association des habitants; mais on retrouve, pour la ville de Paris, ce que l'on rencontre en toutes choses : quelques innovations dans la forme, accomplies avec la succession des temps, suivies elles-mêmes d'autres modifications, qu'on remplace bientôt par de nouveaux changements. Quant au fond, il reste toujours le même, semblable à ces vieux arbres de nos forêts, périodiquement élagués et repoussant sans cesse : la tempête en a pu briser et la cime et les branches; le tronc lui-même a pu céder à la force de l'ouragan, ou à la cognée du bûcheron; mais de nouveaux rejetons sont venus combler les vides, car la souche, dont l'origine se perd dans la nuit des temps, n'a pas cessé de produire de vigoureux rameaux, sur une terre riche en sucs nourriciers, en obéissant à la loi divine, qui a présidé à la création et à la conservation des espèces.

Le mot *Paris* semble dérivé de *Parisien*, qui, suivant une étymologie celtique, signifierait : peuple habile dans la navigation. — Deux siècles avant notre ère, *Lutetia Parisiorum* était une pauvre petite bourgade, composée d'une agglomération de huttes de paille, enfermées dans une petite île et protégées par la Seine (1), sur laquelle des troncs d'arbres formaient deux ponts grossiers. — *Lutèce* exprimerait, dans la langue gauloise, une habitation au milieu des eaux. — Ces Parisiens, pêcheurs et bateliers, avaient héroïquement défendu leur territoire, contre l'invasion des Romains, qui firent bientôt de Lutèce un des grands centres de la navigation des Gaules.

Ces premières données, malgré leur peu de développements, sont assez précises et authentiques pour

(1) Sauval.

nous indiquer la modeste origine de notre grande cité et pour nous dispenser de pousser nos recherches historiques jusque dans les antiquités gauloises.

Lutèce possédait-elle déjà des immeubles avant la conquête des Romains ? — L'histoire n'en dit rien et les conjectures que l'on ferait à cet égard seraient dépourvues de preuves et sans portée. — Toutefois on doit supposer qu'un peuple commerçant et habile navigateur, s'occupait bien plus alors de construire des navires que de cultiver des terres et d'élever des bestiaux.

La politique des Romains, souvent tyrannique et cruelle, s'humanisait à l'égard de leurs nouvelles conquêtes : elle reposait alors sur des principes de tolérance et de liberté que, dans les temps modernes, on n'a pas toujours adoptés. Ainsi Rome accordait, aux peuples vaincus par ses armes, et des franchises et des droits de cité. — Elle dut agir de même envers Lutèce.

Sous la domination romaine, on retrouve la corporation des *Nautes Parisiens*, riches négociants, parmi lesquels on comptait des *décurions*, des *duumvirs*, des *chevaliers* romains, des *sénateurs* : leurs patrons, ou magistrats, avaient obtenu, en faveur de leur commerce, des priviléges importants, tels que l'exemption de certaines charges onéreuses et la perception de droits d'entrée sur les denrées qu'ils transportaient. En matière civile, ils étaient jugés par leurs pairs et les revenus des biens-fonds inaliénables, qu'ils possédaient en commun, servaient aux dépenses de la corporation.

Ce sont là les conditions essentielles, qui durent faire de Lutèce une personne civile.

Cette période nous conduit jusqu'en 494, époque de la conquête faite par Clovis, où commence la domination des Francs.

Les *décurions Parisiens*, étaient-ils soumis aux règles sévères, adoptées depuis Constantin ? — On sait que, pour faire face aux dépenses municipales, qui semblaient augmenter, à mesure que les revenus diminuaient, les *décurions* furent obligés de combler le déficit sur leurs propriétés personnelles ; ils étaient responsables de l'insolvabilité des débiteurs de taxes, comme le sont encore aujourd'hui les propriétaires, dans de certaines conditions, en cas d'insolvabilité de leurs locataires. — Chacun cherchant à se faire exempter de ces lourdes fonctions, on rendit le *décurionat* héréditaire ; on enleva même à ces dignitaires la disposition de leurs biens, au profit de la curie (1). Que dirait-on de nos jours, si l'on remettait en vigueur l'ancienne législation relative aux décurions et si, pour en assurer l'exécution, on supprimait les valeurs mobilières au porteur et si l'on ne choisissait plus les Magistrats municipaux que parmi les propriétaires fonciers ? — Convenons que, sous cette période de la domination romaine, les franchises municipales ressemblaient fort à une tyrannie des mieux constituées.

Depuis la fin du cinquième siècle, où se place la domination des Francs, jusqu'au commencement du

(1) Guizot, *Essais sur l'Histoire de France.*

douzième, on ne peut préciser et prouver par des documents certains comment Paris fut administré. On sait néanmoins que les Francs, qui avaient trouvé le régime municipal établi dans les Gaules, en conservèrent tout ce qui était compatible avec le droit de conquête (1) et que Paris fut du petit nombre des cités à qui fut laissé l'exercice de la liberté municipale (2) et qui, restant immédiatement soumises à l'autorité royale, échappèrent au régime féodal (3). On attribua la juridiction de Lutèce à un Comte, en son absence à un Vicomte et à des *scabini*, appelés depuis *Échevins*, désignés par le Comte, au nom du Roi, avec l'assentiment du peuple et qui, de conseillers du Comte de Paris, qu'ils étaient d'abord, devinrent, dans la suite, les assesseurs du chef de la *Hanse*, ancienne confrérie des Nautes Parisiens, ou *marchands de l'eau ;* on nomma ce chef le *Prévôt des marchands*, qu'il ne faut pas confondre avec le *Prévôt de Paris*, chargé plus tard de la police judiciaire et chef du Châtelet.

Cet état de choses était une conséquence du *droit municipal*, proclamé par la législation romaine, qui autorisait les habitants de la cité à choisir des Magistrats, pour administrer les affaires locales et surveiller les intérêts communs. Mais Paris n'eut jamais une *Charte générale de commune* octroyée (4) ; les chartes que les rois lui concédèrent, comme celle de Louis VII de 1170,

(1) Henrion de Pansey, *Du Pouvoir municipal.*
(2) Reynouard, *Histoire du Droit municipal en France.*
(3) *Du Régime municipal.*
(4) Reynouard, *Histoire du Droit municipal en France.*

et celle de Philippe-Auguste de 1192, n'eurent pour objet que de lui accorder des priviléges spéciaux, tels que le monopole des transports par eau, le droit de lever un impôt sur chaque bateau de vin, qu'on chargeait à Paris, l'obligation imposée aux bateliers, remontant le cours de la Seine, de s'associer un *bourgeois hansé*, qui pouvait prendre la moitié de la marchandise au prix déclaré, ou partager les bénéfices obtenus sur sa vente.

Supprimés par un édit de Charles VI de 1382, après l'insurrection des maillotins, et remplacés temporairement par le Prévôt de Paris, la prévôté des marchands et l'échevinage furent rétablis, avec toutes leurs prérogatives de représentants de la Cité, par un autre édit du même roi, de 1411.

Outre le Prévôt, qui avait succédé aux comtes et vicomtes en 987, et les Échevins, au nombre de quatre, il y eut, vers l'an 1296, vingt-quatre *conseillers de ville*, formant tout le *bureau de la ville*, ou *parloir aux bourgeois*, auquel étaient encore attachés six *sergents* du parloir et quatre *sergents* de la marchandise.

On voit, de plus, se grouper autour de ces agents les *quarteniers*, chefs militaires de leurs quartiers, dont ils commandaient la milice bourgeoise, qui avaient droit d'assister aux assemblées du corps de ville et prenaient part aux élections. Ils avaient sous leurs ordres chacun, deux *cinquanteniers* et dix *dizeniers*, et ils étaient nommés par le bureau de la ville, sous le bon plaisir du roi et sur la désignation faite par les

cinquanteniers, les dizeniers et deux *notables bour-*
geois de chaque dizaine.

Le parloir n'avait pas seulement juridiction sur le
commerce par eau et sur les six corps de métiers,
dont les *gardes jurés* et *syndics* étaient comptés au
nombre des officiers du corps de ville, il fut encore
chargé du pavé de la ville, de la visite des constructions nouvelles, des alignements, de la répartition des
tailles, de l'octroi, des rentes, des hôpitaux, du bureau
des pauvres, des monuments publics, ponts, quais,
tours, bastilles et fossés, en un mot de tout ce qui
concernait les intérêts particuliers de la cité.

Si l'on ne rencontre pas dans les documents remontant à cette époque d'exemples de ventes de terrains
faites par le bureau de la Ville, on y trouve des acquisitions de propriété accomplies par le Prévôt des marchands.

A la fin du douzième siècle, Philippe-Auguste ayant
réclamé le concours de la prévôté des marchands pour
l'établissement des nouveaux remparts, les principaux
bourgeois de Paris se taxèrent eux-mêmes, à la condition expresse que le rempart serait considéré comme
propriété de la Ville (1). On voit, sous le règne du roi
Jean le Bon, le Prévôt des marchands établir une nouvelle enceinte de fortifications, principalement au nord
de la ville. Elles furent encore augmentées au quatorzième siècle, sous Charles V, et, plus tard, à différentes
époques.

(1) Rigord. *De Gestis Philippi-Augusti.* — *Recueil des Historiens
de France.*

On remarque, au 7 juillet 1357, le contrat de la vente faite à la Ville de Paris, par Jean d'Auxerre et Marie, sa femme, de la *maison aux piliers*, qui devint le Palais des Magistrats, ou *Hôtel de Ville*, moyennant 2,880 livres parisis forte monnaie, payée en 2,400 florins d'or au mouton.

L'extension successive des limites de Paris et de ses remparts dut donner à ses Magistrats la libre disposition de terrains devenus sans emploi. Puisqu'ils ne font plus partie de son domaine, il faut en conclure qu'ils ont été l'objet d'aliénations à son profit ; mais on n'en retrouve plus les traces.

Qu'étaient alors les Parisiens? — Pour s'en rendre compte, il est bon de rechercher ce qu'était le droit de bourgeoisie, nécessaire pour jouir des priviléges municipaux. On devenait bourgeois de plusieurs manières, d'abord par la naissance, lorsqu'on naissait de père et de mère domiciliés dans la commune, ensuite par le domicile ; l'article 173 de la Coutume de Paris exige la résidence d'an et jour ; enfin, dans certaines coutumes, il fallait obtenir des lettres de bourgeoisie.

On trouve à la fin du treizième siècle un édit de Philippe le Bel qui règle comment et à quelles conditions on acquérait le droit de bourgeoisie. On devait s'engager avec le Prévôt, assisté de deux ou trois bourgeois, à bâtir ou acheter, dans l'espace d'un an, une maison de la valeur d'au moins soixante sous parisis, à contribuer aux charges de la communauté, à habiter la commune depuis la Toussaint jusqu'à la Saint-Jean d'été, ou du moins à y laisser sa femme, ou son valet si l'on nétait pas marié ; sauf aux grandes fêtes, le bourgeois avait la liberté de s'absenter avec sa femme, pendant la belle saison, pour aller faire ses moissons, fenaisons, vendanges et autres travaux de la campagne.

Le Bureau de la Ville concédait-il aux nouveaux bourgeois le droit de construire à leur profit la maison réglementaire, de soixante sous parisis, sur un terrain appartenant à la Ville, comme cela se faisait souvent quand on cherchait à accroître la population ? — Rien n'est moins probable, car l'extension des limites de Paris prouve que les terrains y furent toujours assez rares et assez recherchés pour engager ses Magistrats à vendre les emplacements restés sans emploi, plutôt que d'en concéder gratuitement la propriété à des étrangers.

Cette règle, cependant, ne fut pas sans exception. Henri II ayant abandonné de grands terrains vagues qui se trouvaient renfermés dans l'enceinte de Paris, à la charge d'y bâtir, bientôt les maisons dépassèrent les limites de la Ville, et il fallut une ordonnance royale de janvier 1548 pour interdire les nouvelles constructions dans les faubourgs, et arrêter ainsi l'essor d'une population dangereuse, qui venait en foule s'y loger, afin d'échapper aux charges qui grevaient les habitants de la Ville et à la surveillance qui s'y exerçait.

Mais, en s'étendant, la Ville avait rencontré des droits fiscaux reposant sur les territoires annexés, et qui l'entravaient bien plus que lorsqu'elle était renfermée dans d'étroites limites. Un seul exemple peut les faire apprécier. Sous le règne de Henri IV, le Prévôt des marchands, pour ouvrir la rue Dauphine, eut à vaincre la résistance des Augustins, dont une partie du jardin potager était enlevée. L'autorité du Roi put seule surmonter les difficultés, car le terrain de cette rue se trouvait soumis, en outre, à la censvie du Roi, à celle de l'évêque, à celle de l'abbé de Saint-Germain-des-Prés, etc.

On trouve en **1631** l'exemple d'un traité passé par les représentants de la Ville avec un entrepreneur qui, moyennant une subvention déterminée d'avance et l'abandon des terrains des anciens remparts, portes, fossés et édifices publics, ainsi que des matériaux à provenir des démolitions, se chargea de construire une nouvelle et importante partie de l'enceinte fortifiée depuis la porte Saint-Denis jusqu'à la porte Saint-Honoré, à combler les anciens fossés et à détruire les anciens murs, pour bâtir de nouveaux quartiers. Mais l'autorité royale sanctionna, comme toujours, ces conventions. On la retrouve également approuvant un traité de **1614**, pour la construction du pont Marie et des quartiers environnants, par un entrepreneur, à qui l'on accorda le droit de prélever sur chaque maison à construire douze deniers de cens pendant soixante ans.

En **1670** et **1676** eurent lieu pareillement de grands travaux de voirie, pour remplacer les anciens remparts, depuis la porte Saint-Antoine jusqu'à la porte Saint-Honoré, par des boulevards plantés d'arbres, d'une largeur de dix-huit toises. Le Roi, voulant diminuer la dépense imposée à la Ville, donna au Prévôt des marchands toutes les terres vaines et vagues et le surplus des remparts et bastions, avec le droit de les·vendre, à la condition d'en appliquer le produit à la confection du boulevard ou aux achats de terrain, et d'indemniser les particuliers qui les tenaient à bail (1).

Les citations qui précèdent suffisent pour constater que, sous l'ancienne monarchie, dans l'acquisition et la vente d'immeubles pour le compte de la Ville de Paris, le Prévôt des marchands ne procédait que comme autorisé par des édits ou ordonnances du Roi, qui réunissait alors la puissance législative au pouvoir exécutif, et sous les conditions imposées par ces actes de l'autorité souveraine.

C'est sous l'empire de cette antique législation que la petite bourgade des nautes parisiens est devenue l'immense capitale de nos jours. Depuis les temps les plus reculés jusqu'aujourd'hui, des enceintes nouvelles ont successivement éloigné les limites de Paris et agrandi son étendue superficielle dans les proportions suivantes. Nous y joignons la population :

Surface de la Ville de Paris, en hectares, sous les règnes et aux époques ci-après et sa population :

		hect. mèt.	habitants
Jules-César.	56 av. J. C.	15 2307	
Julien.	358, 375	38 7848	
Philippe-Auguste	1190, 1211	252 8633	190,000
Charles V et Charles VI. . . .	1307, 1383 .	439 1720	223,000

(1) LAZARE frères, *Dictionnaire des Rues de Paris*.

		hect. mèt.	habitants.
François 1er et Henri II....	1553, 1581	483 6013	260,000
Henri IV...................	1605	567 8178	267,000
Louis XIV	1671, 1686	1,103 8975	478,000
Louis XIV et Louis XV.....	1715, 1717	1,337 0725	509,000
Louis XVI...............:	1788	3,370 3317	665,000
Louis XVIII et Napoléon III.	1818, 1850	3,402 5607 {	714,000 1,053,000
Napoléon III..............	1860	7,802 0000	1,696,000

II. — *Organisation municipale de Paris depuis 1789 jusqu'en 1834.*

L'influence qu'exerce la Ville de Paris, comme capitale et comme siége du gouvernement, a, dans tous les temps réagi sur l'organisation de son administration municipale. Le chef d'une ville comme Paris a trop d'autorité pour que la politique n'intervienne pas dans son choix et dans la nature de ses attributions. Aussi, voyons-nous que dans toutes les circonstances graves amenées par des troubles, des émeutes, des séditions, des révoltes, des révolutions, des invasions, c'est d'abord vers les autorités placées à la tête de la Capitale que se sont dirigés les efforts des factieux, et que l'Administration de la Ville de Paris est devenue l'objet de mesures souvent violentes et toujours exceptionnelles.

Après la mort de Jacques de Flesselles, dernier Prévôt des marchands, tué le 14 juillet 1789, cent vingt députés des districts, formant une Municipalité provisoire, avaient administré la Capitale sous le titre de représentants de la Commune de Paris. Aux termes de la loi du 21 mai 1790, cette administration fut remplacée par une autre, composée d'un Maire et de seize administrateurs, formant le Bureau de la Ville. On y adjoignit trente-deux Conseillers, qui, réunis au Bureau, composèrent le Conseil municipal ; enfin, on appela Conseil général la réunion de ce Conseil et de quatre-vingt-seize notables. Il y eut, de plus, un procureur de la Commune et deux substituts.

Après le 9 thermidor an II (27 juillet 1794), la Ville de Paris eut pour administrateurs des commissions nommées par la Convention.

D'après la loi du 19 vendémaire an IV (11 octobre 1795), le territoire de la commune de Paris forma un canton, divisé en douze municipalités, sous la direction des administrateurs du département de la Seine, au nombre de sept.

Une loi du 12 nivôse an IV (2 janvier 1796) avait créé un Ministère de la Police générale.

A l'époque du 18 brumaire an VIII, en vertu d'une décision de ce ministre, l'Administration centrale du département de la Seine avait suspendu les municipalités du canton de Paris, et les avait remplacées par des Commissaires du Gouvernement pendant les journées des 18, 19, 20 et 21 brumaire an VIII. Une loi du 16 frimaire an VIII a validé ce remplacement et les actes de ces Commissaires.

C'est la loi du 28 pluviôse an VIII (27 février 1800) qui a institué les préfets. Elle porte :

Art. 2. Il y aura dans chaque département un Préfet, un Conseil de préfecture et un Conseil général de département, lesquels rempliront les fonctions exercées maintenant par les administrations et commissaires de département.

Art. 3. — Le Préfet sera seul chargé de l'administration.

Art. 16. — A Paris, dans chacun des arrondissements municipaux, un Maire et deux Adjoints seront chargés de la partie administrative et des fonctions relatives à l'état civil. — Un Préfet de Police sera chargé de ce qui concerne la police et aura, sous ses ordres, des commissaires distribués dans les douze municipalités.

Art. 17. — A Paris, le Conseil du département remplira les fonctions de Conseil municipal.

Cette loi ne dit pas, en termes formels, que le Préfet de la Seine remplira les fonctions de maire central de Paris ; mais, comme l'article 2 porte que les Préfets, le Conseil de préfecture et le Conseil général de département rempliront les fonctions exercées alors par les administrations et commissaires de département et que l'article 3 charge le Préfet seul de l'administration, on en a conclu que le Préfet de la Seine avait hérité de l'autorité centrale qu'avaient les commissaires nommés par le Ministre de la Police générale, au 18 brumaire an VIII, et de toute celle que l'article 16 n'avait pas attribuée aux Maires des arrondissements municipaux et au Préfet de Police.

Cette organisation a subsisté jusqu'à la loi du 20 avril 1834, sauf une courte interruption au 29 juillet 1830.

Sur l'étendue des pouvoirs conférés aux administrations municipales et départementales, on trouve les dispositions suivantes :

Aux termes de l'article 54 du décret du 14 décembre 1789, applicable à Paris, le Conseil général de la commune devait délibérer notamment : — sur les acquisitions ou aliénations d'immeubles ; — sur l'emploi du prix des ventes, des remboursements ou recouvrements. L'article 55 du même décret porte que les Corps municipaux seront entièrement subordonnés aux administrations de département et de district, pour tout ce qui concerne les fonctions qu'ils auront à exercer, par délégation de l'Administration générale.

Aux termes d'un décret du 3 janvier 1793, est ordonné l'établissement d'un registre pour la transcription des soumissions, pour les marchés relatifs aux ventes et locations, concernant l'Administration générale.

La loi du 2 prairial an V (21 mai 1797) défend aux communes d'aliéner ni échanger leurs biens, sans une loi particulière.

D'après un arrêté du 13 nivôse an X (3 janvier 1802), c'est au Préfet qu'il appartient de donner son avis, tendant à obtenir l'autorisation d'aliéner les propriétés, quand ces aliénations rentrent dans les attributions du Conseil de préfecture et dans celles du Préfet.

Un arrêté du même jour annule celui pris par le Conseil de préfecture de l'Aude, sur une demande tendant à aliéner des propriétés communales.

Un arrêté du 29 nivôse an X (19 janvier 1802, annule une convention souscrite par le maire de Dampierre, pour l'aliénation d'un terrain communal, sans autorisation du Conseil municipal et sans estimation préalable.

A l'occasion du percement de la rue de Castiglione et de ses abords, une loi des 30 pluviôse et 10 ventôse an XII (20 février et 1ᵉʳ mars 1804), est ainsi conçue :

Art. 1ᵉʳ. — Le Gouvernement est autorisé à concéder, aux propriétaires limitrophes, les portions de terrain qui resteront disponibles, après le percement de la rue parallèle à celle de Saint-Florentin et qui longe les derrières de l'hôtel de l'Infantado ; ainsi que les positions qui s'étendent depuis le palais du troisième consul (Lebrun) jusqu'à la rue de la Convention (du Dauphin), ensemble les terrains qui se trouvent contigus et dans l'alignement de la propriété du citoyen Boivin.

Art. 2. — Le prix de ces concessions sera fixé d'après une estimation rigoureuse et le montant en sera acquitté en trois payements égaux, savoir : le premier dans le mois de la vente et les deux autres de trois en trois mois.

Art. 3. — Les acquéreurs seront tenus d'élever, à leurs frais, dans le délai de deux années, à compter du jour de la vente, les constructions désignées aux plans, arrêtés par le gouvernement, sous peine de déchéance, avec perte des termes payés, ou de payer les constructions des façades, que le gouvernement serait autorisé à faire faire.

Art. 4. — Les ventes faites et celles à effectuer des domaines nationaux, situés entre la rue Saint-Florentin, la rue Neuve, la rue Saint-Honoré et celle de l'Échelle, qui avaient été réservées par la loi du 3 nivôse an VIII, soit par enchères, soit par estimation, sont pareillement approuvées et autorisées, pour le produit en être employé, jusqu'à due concurrence, aux constructions et embellissements, dont les plans ont été arrêtés par le Gouvernement.

A cette opération s'en rattachent trois autres, dont nous devons dire un mot. La rue du 29 Juillet, d'abord nommée rue du Duc-de-Bordeaux, fut ouverte en vertu d'une ordonnance royale, constatant que la ville de Paris devait y contribuer pour trois cent mille francs et que le surplus de la dépense serait supporté par la liste civile. La rue d'Alger appelée d'abord rue Louis-Philippe Ier, fut ouverte par MM. Périer frères et Chéronnet, propriétaires de l'hôtel de Noailles, en vertu d'une ordonnance du 30 septembre 1830. Quant à la rue du Mont-Thabor, elle fut la conséquence d'un arrêté du Premier Consul, du 1er floréal an X, portant : « Les terrains, appartenant à la république, situés dans » cul-de-sac du Manége, longeant la terrasse des Feuil- » lants, ceux occupés par les Feuillants, les Capucins » et l'Assomption, seront mis en vente. » Une ordonnance royale du 28 mai 1832 compléta les autorisations nécessaires.

On reconnaît d'abord, dans toutes ces acquisitions et aliénations d'immeubles, l'action de la loi et du pouvoir exécutif : l'administration municipale ne paraît qu'en seconde ligne et le chef de cette administration n'agit qu'en exécution des ordres de l'autorité supérieure et avec l'autorisation du Conseil municipal. On le conçoit, puisque la commune est considérée comme en état de minorité et comme placée sous la tutelle administrative du Gouvernement et qu'elle ne peut, sans son tuteur, faire aucun acte d'aliénation immobilière.

Les mêmes faits, d'accord avec les principes du droit civil, se reproduisent à toutes les époques de calme et de régularité, et nous trouverons cette règle consacrée dans la législation postérieure à 1835, dont nous avons maintenant à nous occuper.

III. — *Organisation municipale de Paris de* 1834 *à* 1848.

Une loi du 20 avril 1834 détermina de la manière suivante l'organisation du Conseil général, des Conseils d'arrondissement du département de la Seine et de la Ville de Paris :

Le Conseil général du département de la Seine fut composé de quarante-quatre membres, élus par les électeurs censitaires à 200 francs, avec l'adjonction des capacités, c'est-à-dire des officiers en retraite, docteurs, licenciés, professeurs, membres de l'Institut et des Tribunaux, officiers ministériels etc., etc. (Art. 1er et 3.)

Chacun des douze arrondissements de Paris élut trois Membres, ayant leur domicile réel à Paris et chacun des arrondissements de Sceaux et de Saint-Denis, quatre autres Membres. (Art. 2.)

Le Corps Municipal de la Ville de Paris fut composé du Préfet de la Seine, du Préfet de Police, des Maires et Adjoints et des Conseillers élus par la Ville de Paris. (Art. 11.)

Il y eut pour chaque arrondissement de Paris un Maire et deux Adjoints, choisis par le Roi, sur une liste de douze candidats, élus par les mêmes électeurs de leur arrondissement que ceux chargés de l'élection des Conseillers municipaux. Ils étaient nommés pour trois ans, et toujours révocables. (Art. 12.)

Le Conseil Municipal de Paris se composa des trente-six membres du Conseil Général élus par Paris. Il était présidé par l'un de ses membres, nommé par le Roi. (Art. 14 et 15.)

Le Préfet de la Seine et le Préfet de Police pouvaient assister aux séances du Conseil municipal, avec voix consultative. (Art. 16).

Le Conseil Municipal ne s'assemblait que sur la convocation du Préfet de la Seine; il ne pouvait délibérer que sur les questions que lui soumettait le Préfet. (Art. 17.)

Cette organisation subsista jusqu'à la révolution de 1848; mais, avant de rappeler les actes qui vinrent alors la changer, disons un mot de la loi du 18 juillet 1837, sur l'Administration Municipale, qui se compose de huit titres.

Le premier concerne les réunions, divisions et formations de communes, et nous n'avons pas à nous en occuper ici.

Le second définit les attributions des maires et des Conseils Municipaux, et nous y remarquons les dispositions suivantes :

« Le Maire est chargé, sous la surveillance de l'Ad-
» ministration supérieure..... 7° de souscrire, dans les
» formes établies par les lois et règlements, les actes
» de vente, échange, partage, acceptation de dons ou
» legs, acquisition, transaction, lorsque ces actes ont
» été autorisés, conformément à la présente loi. »
(Art. 10.)

« Lorsque le Maire procède à une adjudication pu-
» blique pour le compte de la commune, il est assisté
» de deux membres du Conseil Municipal désignés
» d'avance par le Conseil, ou à son défaut appelés dans
» l'ordre du tableau. — Le receveur communal est
» appelé à toutes les adjudications. — Toutes les diffi-
» cultés qui peuvent s'élever sur les opérations prépa-
» ratoires de l'adjudication sont résolues, séance te-
» nante, par le Maire et les deux Conseillers assistants,
» à la majorité des voix, sauf le recours de droit. »
(Art. 16.)

« Le Conseil Municipal délibère sur..... 3° les acqui-
» sitions, aliénations et échanges de propriétés com-
» munales, leur affectation aux différents services
» publics, et, en général, sur tout ce qui intéresse leur
» conservation et leur amélioration. (Art. 19.)

« Les délibérations des Conseils Municipaux, sur les
» objets énoncés à l'article précédent, sont exécutoires
» sur l'approbation du Préfet, sauf les cas où l'appro-
» bation par le Ministère compétent ou par ordon-
» nance royale, est prescrite par les lois ou par les rè-
» glements d'administration publique. » (Art. 20.)

Le titre 3 est relatif aux dépenses, recettes et budgets communaux.

Le titre 4, consacré aux acquisitions, aliénations, dons et legs, porte :

« Les délibérations des·Conseils Municipaux, ayant » pour objet des acquisitions,·des ventes ou des » échanges d'immeubles, le partage de biens indivis, · » sont exécutoires sur arrêté du Préfet, en Conseil de » préfecture, quand il s'agit d'une valeur n'excédant » pas 3,000 francs pour les communes dont le revenu » est au-dessous de 100,000 francs, et 20,000 francs » pour les autres communes. — S'il s'agit d'une valeur » supérieure, il est statué par ordonnance du Roi. » (Art. 46.)

Les titres 5, 6 et 7 concernent les actions judiciaires, la comptabilité et les intérêts communs à plusieurs. Le titre 8 porte :

« Il sera statué par une loi spéciale sur l'Administration Municipale de la Ville de Paris. » (Art. 74.)

Cette loi spéciale n'a jamais été faite,·et la valeur de cet article mérite un examen approfondi.

IV. — *Organisation municipale de Paris de* 1848 *à* 1849.

Le 24 février 1848, une proclamation annonça la formation d'un Gouvernement provisoire, qui, le même jour, ordonna la dissolution de la Chambre des Députés, interdit à la Chambre des Pairs de se réunir, nomma un Ministère provisoire, un Maire de Paris, avec deux Adjoints et un Secrétaire général, maintint provisoirement les autres Maires et Adjoints des autres arrondissements de Paris, et plaça la Préfecture de Police sous l'autorité du nouveau Maire de Paris.

Un décret du 27 février prononça la dissolution du Conseil Municipal de Paris.

Un autre, du 2, mars délégua aux ministres la décision des affaires, pour lesquelles une ordonnance royale était nécessaire.

Suivant un décret du 2 mars, le Maire de Paris releva du Gouvernement provisoire, sauf à communiquer avec le Ministre de l'intérieur pour tous les objets de police.

Un décret du 5 mars établit le suffrage universel pour l'élection des Représentants à l'Assemblée nationale.

Un autre décret du 12 mars porte :

Art. 1ᵉʳ. Le Conseil général du département de la Seine est dissous.

Art. 2. Le Maire de Paris est chargé de prendre toutes les mesures nécessaires pour assurer la marche des services auxquels les membres du Conseil étaient appelés à ce titre, à donner un concours d'administration ou de surveillance.

Un autre décret du 16 mars charge le Maire de Paris de régler définitivement le budget municipal en recettes et en dépenses.

Un arrêté du 20 mars déclare que la Préfecture de

Police conservera toutes les attributions qu'elle possédait avant la révolution de Février.

Un décret du 3 mai portait :

ART. 1er. Le projet de prolongement de la rue de Rivoli, depuis la place de l'Oratoire jusqu'à la rue Saint-Antoine, est approuvé.

ART. 2. Son exécution est déclarée d'utilité publique.

ART. 3. La Ville de Paris est autorisée à acquérir en totalité toutes les propriétés qui seront atteintes par le percement, et à revendre les portions qui resteront en dehors des alignements, en les lotissant, pour la constrution de maisons d'habitation bien aérées.

ART. 4. Les expropriations seront poursuivies dans les formes tracées par la loi du 3 mai 1841.

Ce décret fut abrogé et remplacé par la loi du 4 octobre 1849, approuvant un traité passé le 2 août précédent entre le Ministre des travaux publics et le Préfet de la Seine, portant :

ART. 1er. La Ville sera chargée d'acquérir toutes les propriétés appartenant à l'État et existant soit dans le périmètre compris entre le Louvre et les Tuileries, soit sur l'emplacement destiné au prolongement de la rue de Rivoli jusqu'à la rue de la Bibliothèque.

ART. 4. Elle fera revendre toutes les portions de terrain dont la conservation ne sera pas nécessaire pour l'ouverture de la rue de Rivoli.

ART. 5. Le montant des dépenses, diminué des reventes réalisées, sera supporté, un tiers par la Ville et deux tiers par l'État.

Un décret de l'Assemblée nationale du 9 mai 1848 avait créé une Commission exécutive composée de cinq de ses membres. Par un autre, du 24 juin, tous les pouvoirs exécutifs furent délégués au général Cavaignac, auquel un autre, du 28 juin, donna le titre de Président du Conseil des ministres, avec le pouvoir de les nommer.

Un décret du 3 juillet 1848 ordonna le renouvellement des Conseils Municipaux d'arrondissement et de département. Il porte :

« Le Ville de Paris et le département de la Seine » seront l'objet d'un décret spécial. Toutefois, une » Commission provisoire, municipale et départemen » tale, instituée dans le plus bref délai par le Pouvoir » exécutif, remplacera, jusqu'à la promulgation pro- » chaine de ce décret, le conseil dissous par le Gouver- » nement provisoire. »

La Constitution républicaine du 4 novembre 1848 porte également :

« Art. 77. Il y aura dans chaque département une » administration composée d'un Préfet, d'un Conseil » général et d'un Conseil de préfecture ; dans chaque » commune une administration composée d'un Maire, » d'Adjoints et d'un Conseil Municipal.

» Art. 79. Une loi spéciale dirigera le mode d'élec- » tion dans le département de la Seine, dans la Ville » de Paris et dans les villes de plus de cent mille » âmes.

» Art. 113. Toutes les autorités constituées par les

» lois actuelles demeurent en exercice jusqu'à la pro-
» mulgation des lois organiques qui la concernent. »

Un arrêté du 16 novembre 1848 convoqua pour le 16 décembre suivant la Commission départementale, faisant fonctions de Conseil général de la Seine.

Un décret du Président de la République, du 8 septembre 1849, nomma les membres de la Commission départementale provisoire de la Seine.

Une remarque assez curieuse résulte de l'exposé qui précéde, c'est qu'aucune loi ne fut rendue soit pour abolir formellement les fonctions du Préfet de la Seine, soit pour les rétablir d'une façon expresse. Il semblerait que cette institution tomba provisoirement en désuétude, et que celle qui la remplaça eut bientôt elle-même un pareil sort par la seule force des choses, comme le corollaire d'un théorème révolutionnaire, dont la scolie serait la remise en vigueur de la loi du 28 pluviôse an VIII (27 février 1800), qui a organisé les préfectures et déterminé les attributions des Préfets. — Revenu ainsi au point de départ, nous devons recommencer la revue des dispositions législatives promulguées depuis cette époque, pour y trouver l'étendue du pouvoir préfectoral. On se rappellera que la loi du 18 juillet 1837, qui détermine les attributions des municipalités dans les départements, porte, à l'article 74, *qu'il sera statué par une loi spéciale sur l'Administration Municipale de la Ville de Paris.* — Quelle est la valeur de cet article? Il faut convenir que sa rédaction n'est pas concluante. C'est une promesse, d'accord; mais comme elle n'a jamais été accomplie, nous sommes amené à demander ce qu'elle signifie relativement aux pouvoirs des autorités municipales de Paris. — Signifie-t-elle que, jusqu'à son accomplissement, les pouvoirs contenus dans les soixante-treize premiers articles de la loi de 1837 appartiendront aux autorités municipales de Paris, à l'exclusion de ceux qu'elles possédaient avant cette loi? — Ou bien, au contraire, l'article 74 veut-il dire que, jusqu'à la promulgation de cette loi promise, les pouvoirs de ces autorités continueront d'être régis par les anciennes dispositions législatives, à l'exclusion des attributions conférées aux fonctionnaires municipaux, par la loi du 18 juillet 1837?

Hâtons-nous de faire observer que, dans la plupart des cas, la solution de ces deux questions n'a aucune importance réelle, parce que les anciennes et les nouvelles lois sont identiquement les mêmes, et qu'il n'y avait dès lors aucun intérêt à spécifier si les actes de ces autorités étaient fondés sur l'ancienne loi ou sur la nouvelle, et c'est sans doute pour ce motif qu'on ne s'est pas appesanti sur la rédaction de l'art 74 de la loi du 18 juillet 1837. Mais cette identité d'attributions n'est pas complète, et les exceptions, quoique en petit nombre, peuvent porter sur des matières d'une importance sérieuse, et c'est alors qu'il y aurait intérêt à examiner la question, en étudiant la lettre et l'esprit de la loi de 1837.

Il y a lieu de faire observer que le législateur a toujours employé des termes plus formels quand il a voulu faire une exception complète pour la Ville de Paris.

Ainsi, le décret organique du 25 mars 1852, sur la décentralisation administrative, porte :

« Art. 7. Les dispositions des articles..... *ne sont*
» *pas applicables* au département de la Seine. »

La loi du 7 juillet 1852, citée plus loin, dit :

« Art. 12. *Il n'est pas dérogé* aux dispositions des
» lois et décrets qui régissent spécialement le départe-
» ment de la Seine. »

Ce sont là des expressions qui ne peuvent laisser aucun doute ; mais il n'en est pas de même de l'article 74 de la loi du 18 juillet 1837.

La lettre de la loi jetant trop peu de clarté pour indiquer une solution sur tous les points obscurs qu'on vient de signaler, il faut rechercher en même temps son esprit et la pensée que renferme chaque membre de phrase.

Il sera statué ne peut être considéré comme un ordre donné, car le législateur ne se donne pas d'ordre à lui-même ; ce n'est donc qu'une simple promesse faite à des intérêts qui réclamaient de nouvelles dispositions, mais une simple promesse, dépourvue de sanction ; promesse tellement illusoire que, depuis 1837, le législateur n'a jamais songé à l'accomplir.

... *Par une loi spéciale...* Quand cette loi spéciale sera rendue, elle dérogera à la loi *générale*; car, *specialia derogant generalibus*, c'est incontestable ; mais encore faut-il qu'elle soit rendue. Tant que cette loi *spéciale* ne sera pas rendue, qu'est-ce qui dérogera à la loi *générale*? Il faudrait supposer qu'il existait déjà une loi *spéciale antérieure*. Dans cette hypothèse,

on pourrait dire que l'*ancienne loi spéciale* déroge à
la loi générale nouvelle. Mais si cette loi spéciale ancienne n'avait jamais été rendue, s'il n'existait que d'anciens usages, une ancienne tradition, pourrait-on attribuer à cette manière de faire administrative la
puissance de résister aux dispositions d'une loi générale sur les attributions administratives ? Cela est au
moins douteux, car, en France, la loi est unique, tous
les Français sont égaux devant elle, et elle oblige tous
ceux qui habitent le territoire de l'Empire.

*... Sur l'Administration Municipale de la Ville de
Paris.* Le Corps Municipal de Paris étant organisé autrement que celui des autres villes et communes de
France, il est évident que les Maires des arrondissements de Paris ne peuvent avoir les mêmes attributions que les Maires des villes et communes des
autres départements, et que le Préfet de la Seine doit
remplir seul les fonctions des Maires départementaux,
autres que celles laissées aux Maires des arrondissements de Paris. Aussi n'est-ce pas cette délimitation
d'attributions entre les diverses autorités parisiennes
qui pourrait offrir des difficultés sérieuses ; car si les
représentants de la Ville ont d'autres noms, elle a
toujours des représentants ; mais ce partage, cette dé-
marcation une foie opérés, la question n'est pas encore
résolue, et il reste à décider si les dispositions de la
loi du **18** juillet **1837**, qui touchent au fond du droit,
ne sont pas applicables à la Ville de Paris, abstraction
faite de la qualification du fonctionnaire chargé d'exécuter la loi, qu'il s'appelle Maire en province ou Préfet

à Paris. Or, dans l'article 74, rien ne semble soustraire les autorités municipales de Paris, quelles qu'elles soient, aux dispositions des 73 premiers articles de la loi du 18 juillet 1837, quand ces dispositions règlent le mode d'administrer les communes relativement aux personnes et aux biens, et à plus forte raison quand il s'agit d'actes dépassant la limite d'une simple administration, et qui emportent une aliénation de droits mobiliers et immobiliers.

Seulement, il se présentera certains cas où la tutelle administrative ne paraîtra pas complète; on verra parfois le Préfet de la Seine, cumulant les rôles de mineur et de tuteur, forcé de rendre sur la même affaire plusieurs décisions en diverses qualités. A ce sujet, nous pouvons citer un cas analogue bien connu :

Un aubergiste allemand cumulait cette profession avec les fonctions de bourgmestre. Un voyageur qui avait logé chez lui, trouvant la carte à payer de l'aubergiste trop élevée, crut devoir s'adresser à la Maison de Ville; il y rencontre son hôte dans l'exercice des fonctions municipales. Celui-ci examine, comme bourgmestre, la note qu'il avait rédigée comme maître d'hôtel, et la réduit d'un tiers.

Au théâtre, souvent les acteurs remplissent plusieurs rôles, et, dans un opéra comique de la fin du siècle dernier, un personnage chante :

> Greffier, notaire et cuisinier,
> George est un vaillant compère,
> Qui sait faire
> Plus d'un métier.

Le Préfet de la Seine se trouvant à la fois mineur comme maire, et tuteur comme préfet, on aurait pu, à titre de transaction, le comparer à un mineur émancipé. Mais, pour parler sérieusement, ne voyons-nous pas dans les tribunaux des exemples de pouvoirs divers attribués aux mêmes magistrats ?

Dans les Cours d'assises, le Président interroge les accusés, tire au sort les jurés, préside et dirige les débats, en fait le résumé, lit aux jurés les questions qu'ils ont à résoudre, concourt à l'application de la peine et prononce le jugement de la Cour. On nous dira peut-être que la magistrature est inamovible, mais cette condition n'a pas d'influence sur l'organisation judiciaire.

Dans les Conseils de guerre, les Juges militaires, qui ne sont pas inamovibles, commencent par décider la question de fait, tout comme le feraient les jurés d'une Cour d'assises ; puis ils appliquent la peine, comme les Conseillers de la Cour d'assises. Ils cumulent donc ces deux fonctions importantes, et rendent successivement deux décisions sur la même affaire.

Par analogie, le Préfet de la Seine est appelé à prendre des arrêtés dans tous les cas où les Maires de province auraient la mission de statuer en première instance ; puis, chaque fois que la même affaire doit ensuite être soumise au Préfet, en province, le Préfet de la Seine doit rendre une seconde décision, comme Préfet du département. Cette décomposition de la décision du Préfet de la Seine en deux parties distinctes se fait-elle toujours? Nous n'oserions pas l'affirmer, et pourtant elle peut avoir parfois un intérêt très-sérieux. N'arrive-t-il pas qu'un acte du Maire soit soumis au contrôle d'une autre autorité que celle du Préfet? ou même le Préfet ne rend-il pas souvent sa décision après des délais, et parfois des enquêtes, en un mot, après une nouvelle instruction, favorable aux droits des parties intéressées, qui ne pourraient, sans injustice, être privées des divers degrés de recours ouverts par la loi?

La procédure judiciaire offre de singuliers exemples de ce cumul de fonctions. Dans une licitation, si l'avoué poursuivant se rend adjudicataire de l'immeuble pour son client, il réunit seul deux qualités distinctes qui entraînent des devoirs différents. C'est ainsi qu'à la requête de son client, devenu adjudicataire, il se fait à lui-même des significations ou notifications que le cahier d'enchères prescrit à l'avoué adjudicataire de faire à l'avoué poursuivant la vente.

Les attributions respectives se trouvant suffisamment limitées, par la loi du 20 avril 1834, entre les divers fonctionnaires composant le Corps Municipal, rien ne paraît s'opposer à ce que la loi du 18 juillet 1837 reçoive son application à la Ville de Paris dans toutes les dispositions relatives à la tutelle administrative, à la distinction qu'il convient de faire entre les actes de simple administration et ceux contenant aliénation et disposition de biens. L'article 74 ne dit rien qui empêche de le décider ainsi, et l'on peut croire que si le législateur eût voulu que la loi de 1837 ne fût, dans aucun cas, applicable à la Ville de Paris, il l'aurait exprimé en termes formels, au lieu de se borner à une simple promesse dépourvue de toute sanction.

Ce commentaire de l'article 74 ne peut s'appliquer, jusqu'ici, qu'à la législation antérieure à 1850, et nous verrons plus loin si de nouvelles dispositions y ont apporté, depuis 1850, des modifications.

V. — *Organisation municipale de Paris de 1850 à 1851.*

Pendant les années 1850 et 1851, on n'aperçoit pas de modifications dans l'organisation municipale de Paris, mais on peut signaler des dispositions importantes sous d'autres points de vue.

La loi du 13 avril 1850, sur les logements insalubres, porte ce qui suit, article 13 : « Lorsque l'insalu
» lubrité est le résultat de causes extérieures et
» permanentes, ou lorsque ces causes ne peuvent être
» détruites que par des travaux d'ensemble, la com
» mune pourra acquérir, suivant les formes et après
» l'accomplissement des formalités prescrites par la
» loi du 3 mai 1841, la totalité des propriétés comprises
» dans le périmètre des travaux. — Les portions de
» ces propriétés, qui, après l'assainissement opéré,
» resteront en dehors des alignements arrêtés pour les
» nouvelles constructions, pourront être revendues aux
» enchères publiques sans que, dans ce cas, les anciens
» propriétaires ou leurs ayants-droit puissent deman-

» der l'application des articles 60 et 61 de la loi du

» 3 mai 1841. »

Cet article a beaucoup d'importance relativement à l'étendue des pouvoirs municipaux, parce qu'il confirme le principe de la revente aux enchères publiques des parcelles non utilisées dans l'intérêt public; il en a aussi à l'égard des droits des tiers, en confirmant les articles 60 et 61 de la loi du 3 mai 1841, dont nous aurons plus loin l'occasion de nous occuper.

VI. — *Organisation municipale depuis* 1852.

Le 14 janvier 1852, le Prince Président de la République, en vertu des pouvoirs délégués par les votes du peuple français des 20 et 21 décembre 1851, promulgua la Constitution républicaine, dans lesquelles on remarque les passages suivants :

ART. 56. Les dispositions des codes, lois et règlements existants qui ne sont pas contraires à la présente Constitution restent en vigueur jusqu'à ce qu'il y ait été légalement dérogé.

ART. 57. Une loi déterminera l'organisation municipale. Les Maires sont nommés par le pouvoir exécutif, et pourront être pris hors du Conseil Municipal.

(Cette loi a été rendue le 5 mai 1855, et il en sera question plus loin.)

ART. 58. La présente Constitution sera en vigueur à dater du jour où les grands corps de l'État, qu'elle organise, seront constitués. — (Ils l'ont été le 29 mars 1852.)

Les décrets rendus, par le Président de la République, à partir du 2 décembre 1851, jusqu'à cette époque, auront force de loi.

A la date du 10 mars 1852, se trouve un décret du Président de la République, allouant un million six cent soixante-dix mille francs à la Ville de Paris, comme contribution de l'État, pour un tiers, dans les dépenses d'ouverture du boulevard de Strasbourg, évaluées à cinq millions.

Le 25 mars 1852, fut rendu, par le Président de la République, sur la décentralisation administrative, un décret organique, ayant force de loi, en vertu de l'article 58 de la Constitution. On y remarque les dispositions suivantes :

Art. 1er Les Préfets statueront désormais sur toutes les affaires départementales et communales, qui, jusqu'à présent, exigeaient la décision du chef de l'État, ou du Ministre de l'Intérieur, dont la nomenclature est fixée par le tableau A ci-annexé.

Art. 4. Les Préfets statueront également, sauf l'autorisation du Ministre des Travaux publics, mais sur l'avis ou la proposition des ingénieurs en chef, et conformément aux règlements ou instructions ministérielles, sur tous les objets mentionnés dans le tableau D ci-annexé.

Art. 7. Les dispositions des articles 1, 4... ne sont pas applicables au département de la Seine, en ce qui concerne l'Administration départementale proprement dite et celle de la Ville et des Établissements de bienfaisance.

On verra plus loin, à la date du 9 janvier 1861, un décret qui rapporte cet article 7, et, à celle du 13 avril suivant, un autre décret qui étend encore les pouvoirs des Préfets et Sous-Préfets.

Dans l'état A, on remarque les affaires suivantes :

1° Acquisitions, aliénations et échanges de propriétés départementales non affectées au service public ;

40° Mode de jouissance en nature des biens communaux ;

41° Aliénations, acquisitions, échanges, partages de biens de toute nature, quelle qu'en soit la valeur ;

43° Transactions sur toutes sortes de biens, quelle qu'en soit la valeur ;

48° Approbation des marchés passés de gré à gré ;

49° Approbation des plans et devis de travaux, quel qu'en soit le montant ;

50° Plans d'alignement des villes ;

55° Enfin tous les autres objets d'administration départementale, communale et d'assistance publique, sauf les exceptions ci-après, — parmi lesquelles on remarque :

u. Expropriation pour cause d'utilité publique, sans préjudice des concessions déjà faites en faveur de l'autorité préfectorale, par la loi du 21 mai 1836, relative aux chemins vicinaux.

Dans l'état D, on remarque ce qui suit :

10° Approbation, dans la limite des crédits ouverts, des dépenses dont la nomenclature suit :

a. Acquisition de terrains, d'immeubles etc., dont le prix ne dépasse pas 25,000 francs;

b. Indemnités mobilières;

c. Indemnités pour dommages.

12° Autorisation de la mainlevée des hypothèques prises sur les biens des adjudicataires, ou de leurs cautions, et du remboursement des cautionnements, après la réception définitive des travaux ; autorisation de la remise à l'administration des domaines des terrains devenus inutiles au service.

On verra plus loin que ce décret et les états y annexés ont été modifiés par un décret du 9 janvier 1861 et par un autre du 13 avril suivant.

A la date du 26 mars 1852 se trouve un décret, ayant force de loi, d'après l'article 58 de la Constitution et d'une importance extrême pour la Ville de Paris. En voici le texte :

ART. 1er. Les rues de Paris continueront d'être soumises au régime de la grande voirie.

ART. 2. § 1er. Dans tout projet d'expropriation pour l'élargissement, le redressement ou la formation des rues de Paris, l'Administration aura la faculté de comprendre la totalité des immeubles atteints, lorsqu'elle jugera que les parties restantes ne sont pas d'une étendue ou d'une forme qui permette d'y élever des constructions salubres.

§ 2. Elle pourra également comprendre dans l'expropriation des immeubles en dehors des alignements, lorsque leur acquisition sera nécessaire pour la suppression d'anciennes voies publiques jugées inutiles.

§ 3. Les parcelles de terrain acquises en dehors des alignements, et non susceptibles de recevoir des constructions salubres, seront réunies aux propriétés contiguës, soit à l'amiable, soit par l'expropriation de ces propriétés, conformément à l'article 53 de la loi du 16 septembre 1807.

§ 4. La fixation du prix de ces terrains sera faite suivant les mêmes formes et devant la même juridiction que celle des expropriations ordinaires.

§ 5. L'article 58 de la loi du 3 mai 1841 est applicable à tous les actes et contrats relatifs aux terrains acquis pour la voie publique, par simple mesure de voirie. (Un décret portant règlement d'Administration, rendu le 27 décembre 1858, sera mentionné ci-après, page 209.)

Art 3. A l'avenir, l'étude de tout plan d'alignement de rue devra nécessairement comprendre le nivellement : celui-ci sera soumis à toutes les formalités qui régissent l'alignement.

Tout constructeur de maisons, avant de se mettre à l'œuvre, devra demander l'alignement et le nivellement de la voie publique au devant de son terrain et s'y conformer.

Art 4. Il devra pareillement adresser à l'Administration un plan et des coupes cotés des constructions qu'il projette, et se soumettre aux prescriptions qui lui seront faites, dans l'intérêt de la sûreté publique et de la salubrité.

Vingt jours après le dépôt de ces plans et coupes au secrétariat de la Préfecture de la Seine, le constructeur pourra commencer ces travaux d'après son plan, s'il ne lui a été motifié aucune injonction.

Une coupe géologique des fouilles pour fondation de bâtiment sera dressée par tout architecte constructeur et remise à la Préfecture de la Seine.

Art 5. La façade des maisons sera constamment tenue en bon état de propreté. Elles seront grattées, repeintes et badigeonnées, au moins une fois tous les dix ans, sur l'injonction qui en sera faite au propriétaire par l'Autorité Municipale.

Les contrevenants seront passibles d'une amende qui ne pourra excéder 100 francs.

Art. 6. Toute construction nouvelle, dans une rue pourvue d'égouts, devra être disposée de manière à y conduire ses eaux pluviales et ménagères.

La même disposition sera prise pour toute maison ancienne en cas de grosses réparations, et, en tout cas, dans dix ans.

Art. 7. Il sera statué par un décret ultérieur, rendu dans la forme des règlements d'administration publique, en ce qui concerne la hauteur des maisons, les combles et les lucarnes. (On verra plus loin que ce décret a été rendu le 27 juillet 1859.)

Art. 8. Les propriétaires riverains des voies publiques empierrées supporteront les frais de premier établissement des travaux, d'après les règles qui existent à l'égard des propriétaires riverains des rues pavées.

Art. 9. Les dispositions du présent décret pourront être appliquées à toutes les villes qui en feront la demande, par des décrets spéciaux, rendus dans la forme des règlements d'administration publique.

Le 7 juillet 1852 fut rendue une loi sur le renouvellement des Conseils généraux, d'arrondissement et municipaux, et sur la nomination des Maires et Adjoints. Son article 12 porte : « Il n'est pas dérogé aux » dispositions des lois et décrets qui régissent spéciale- » ment le département de la Seine. »

Une loi du 8 juillet 1852 fait concession à la Ville de Paris de la majeure partie :

1° Du bois de Boulogne;

2° Du promenoir de Chaillot, à la charge notamment :

3° De soumettre préalablement à l'approbation du Gouvernement les projets des travaux à exécuter ;

4° De conserver leur destination actuelle aux terrains concédés, lesquels ne pourront être aliénés en tout ou en partie.

Une loi du 23 juin 1854 est relative à la concession des terrains restant de l'ancien promenoir de Chaillot. — Une autre loi du 2 mai 1855 a autorisé la Ville de Paris a aliéner les terrains qui seraient retranchés du bois de Boulogne, désignés au plan annexé à la loi. Elle a fait concession gratuite à la Ville de Paris des anciennes carrières de la plaine de Passy, dépendant du domaine de l'État, à diverses conditions, et elle a ratifié le traité relatif à l'hippodrome de Longchamp.

Le 7 novembre 1852, un sénatus-consulte rétablit la dignité impériale, et la confère à Louis-Napoléon Bonaparte, sous le nom de Napoléon III.

Le 1er décembre 1852, une déclaration du Corps législatif constate l'adoption de l'Empire par le vote universel.

Un décret impérial du 2 décembre 1852 promulgue le sénatus-consulte du 7 novembre, ratifié par le plébiscite des 21 et 22 du même mois.

A la date du 8 novembre 1852 se trouve un décret, promulgué le 25 mars 1853, qui déclare d'utilité publique l'établissement immédiat, à Paris, du boulevard de Strasbourg.

On trouve, à la date du 25 décembre 1852, un sénatus-consulte portant interprétation et modification de la Constitution du 14 janvier 1852. Son article 4, qui rentre dans notre sujet, est ainsi conçu :

« Tous les travaux d'utilité publique, notamment ceux désignés par l'article 10 de la loi du 21 avril 1832, et l'article 3 de la loi du 3 mai 1841, toutes les entreprises d'intérêt général sont ordonnées et autorisées par décrets de l'Empereur.

» Ces décrets sont rendus dans la forme prescrite pour les règlements d'administration publique.

» Néanmoins, si ces travaux et entreprises ont pour condition des engagements et des subsides du Trésor, le crédit devra être accordé et l'engagement ratifié par une loi avant la mise à exécution.

» Lorsqu'il s'agit de travaux exécutés pour le compte de l'État, et qui ne sont pas de nature à devenir l'objet de concessions, les crédits peuvent être ouverts, en cas d'urgence, suivant les formes prescrites pour les crédits extraordinaires ; mais ces crédits seront soumis

V.   14

au Corps législatif dans sa plus prochaine session. »

L'article 10 de la loi du 21 avril 1832 était ainsi conçu :

« Nulle création, aux frais de l'État, d'une route, d'un canal, d'un grand pont sur un fleuve ou sur une rivière, d'un ouvrage important dans un port maritime, d'un édifice ou d'un monument public ne pourra avoir lien, à l'avenir, qu'en vertu d'une loi spéciale ou d'un crédit ouvert à un chapitre spécial du budget.

» La demande du premier crédit sera nécessairement acccompagnée de l'évaluation totale de la dépense.

» A l'avenir, aucune route départementale ne sera élevée au rang de route royale qu'en vertu d'une loi. »

L'article 3 de la loi du 3 mai 1841 porte ce qui suit :

« Tous les grands travaux publics, routes royales, canaux, chemins de fer, canalisation des rivières, bassins et docks entrepris par l'État, les départements, les communes, ou par compagnies particulières, avec ou sans péage, avec ou sans subside du Trésor, avec ou sans aliénation du Domaine public, ne pourront être exécutés qu'en vertu d'une loi, qui ne sera rendue qu'après une enquête administrative. »

Le 3 mai 1854 fut rendue la loi qui exempte pendant trente ans de la contribution financière et de celle des portes et fenêtres les maisons qui seraient élevées sur les terrains vendus, en exécution de la loi du 23 décembre 1852 et du décret du 15 novembre 1853, et dont les façades seraient assujetties à un système régulier de construction sur la rue de Rivoli, sur la place du Palais-Royal et en regard de la colonnade du Louvre.

Une autre loi du 2 mars 1855 a autorisé la ville de Paris à emprunter 60 millions, affectés à l'achèvement de la rue de Rivoli, du boulevard du centre (Sébastopol, rive droite) et des opérations qui s'y rattachaient, à celles des abords de l'Hôtel de Ville et de la caserne Napoléon, et à l'ouverture d'un boulevard entre les places de l'Hôtel de Ville et du Châtelet (avenue Victoria). Elle a ratifié les engagements pris par l'État envers la Ville : 1° dans le décret du 18 octobre 1854, en ce qui concerne ces opérations ; 2° par les décrets des 23 décembre 1852 et 15 novembre 1853, relatifs aux travaux des abords des Tuileries et du Louvre.

Une loi du 5 mai 1855 sur l'organisation municipale règle la composition et le mode de nomination du Corps Municipal, l'assemblée des conseillers municipaux, celle des électeurs municipaux et la voie de recours contre les opérations électorales, ainsi que plusieurs dispositions particulières. Son article 14 porte :

« Dans la ville de Paris, dans les autres communes du département de la Seine et dans la ville de Lyon, le Conseil Municipal est nommé par l'Empereur tous les cinq ans, et présidé par un de ses membres également désigné par l'Empereur. — Les Conseils de Paris et de Lyon sont composés de trente-six membres. — Il n'est pas autrement dérogé aux lois spéciales qui régissent l'organisation municipale de ces deux villes. »

L'article 51 abroge la loi du 21 mars 1831 et les dispositions du décret du 3 juillet 1848 et de la loi du 7 juillet 1852, relatives à l'organisation des Corps municipaux.

A la date du 3 mai 1856 se trouve un sénatus-consulte sur l'expropriation, pour cause d'utilité publique, à la Martinique, à la Guadeloupe et à la Réunion. Bien qu'il ne soit pas applicable au continent, néanmoins il est très-important de le comparer à la loi du 3 mai 1841, dont il reproduit textuellement la plupart des dispositions d'intérêt général, et notamment les articles 60 et 61, dont nous avons déjà parlé plus haut, lorsqu'il n'y a pas quelques motifs spéciaux à la localité qui exigent qu'on y fasse des modifications. Abstraction faite de ces conditions locales, il peut être utile de comparer deux lois rendues sur la même matière à quinze années d'intervalle, et nous aurons plus loin l'occasion de nous occuper de ces questions.

Un décret du 6 octobre 1855, promulgué le 23 janvier 1857, a déclaré d'utilité publique la création, par la Ville de Paris, de nouvelles promenades au bois de Boulogne et d'un hippodrome d'entraînement.

Le 19 juin 1857 a été rendue une loi portant que l'État supporterait pour un tiers et la Ville de Paris pour deux tiers les frais d'ouverture du boulevard de Sébastopol (rive gauche) jusqu'à la place Saint-Michel, l'achèvement de la rue des Écoles et les autres travau déclarés d'utilité publique par le décret du 11 août 1855, sans que la subvention de l'État, payable en six annuités, puisse excéder **12,500,000** francs.

Un décret du **6 mars 1857**, promulgué le **17 avril** même année, a déclaré d'utilité publique l'ouverture de boulevards dans la ville de Paris et dans la commune de Passy.

Le **28 mai 1858** ont été rendues deux lois importantes concernant la Ville de Paris. La première est relative à l'ouverture de divers boulevards et rues, à effectuer pendant un délai de dix années; la seconde est relative au bois de Vincennes. En voici le texte :

1re loi. Sont approuvés les articles **4** et **8** de la convention ci-annexée, passée entre le Ministre des Finances, le Ministre de l'Agriculture, du Commerce et des Travaux publics, agissant au nom de l'État, d'une part, et le Préfet du département de la Seine, agissant au nom de la Ville de Paris, d'autre part ; lesdits articles relatifs aux engagements mis à la charge du Trésor par cette convention :

Art. 1er. La Ville de Paris prend l'engagement d'exécuter dans un délai de dix ans, qui courra du 1er janvier 1859, les projets ci-après désignés :

1° Boulevard du Prince-Eugène, du Château-d'Eau à la barrière du Trône, boulevard du Nord, du Château-d'Eau à la barrière Poissonnière (il s'appelle aujourd'hui boulevard de Magenta), y compris l'élargissement de la rue de Saint-Quentin, entre le boulevard et la gare du Nord ; rue de 20 mètres du Château-d'Eau à la pointe Saint-Eustache (c'est la rue de Turbigo);

2° Avenue de 32 mètres de largeur, commençant

de la place de la Bastille et se dirigeant sur le bois de Vincennes par la barrière de Reuilly;

3° Rue de Rouen, de 22 mètres de largeur, entre le boulevard des Capucines et la rue du Havre, avec embranchement se dirigeant du boulevard sur la rue de la Chaussée-d'Antin, et dégagement de la gare de l'Ouest par l'ouverture de la rue de Rome, sur une largeur de 20 mètres, entre la rue Saint-Lazare et la barrière dite de la Réforme; ensemble la rectification de la place de l'Europe et le prolongement de la rue de Madrid jusqu'à la rue de Malesherbes, avec embranchement sur la rue de la Bienfaisance;

4° Boulevard de Malesherbes, de la place de la Madeleine au boulevard extérieur de Monceaux;

5° Boulevard de Beaujon, entre le boulevard de Malesherbes et la place de l'Étoile; rectification de nivellement du boulevard extérieur de Passy; complément de l'exécution du décret du 13 août 1854 pour les abords de l'Arc de triomphe;

6° Deux boulevards de 40 mètres à ouvrir, l'un en prolongement direct du pont de l'Alma, entre le quai de Billy et l'avenue des Champs-Élysées, et l'autre partant du même point et aboutissant à la barrière Sainte-Marie;

7° Boulevard de 36 mètres, entre le pont de l'Alma (rive gauche) et l'École Militaire; ouverture de l'avenue du Champ-de-Mars, allant du même point à l'extrémité de la rue Saint-Dominique, et prolongement de l'avenue de Latour-Maubourg jusqu'au pont des Invalides;

8° Boulevard Saint-Marcel, entre le boulevard de l'Hôpital et le boulevard du Montparnasse, avec embranchement de la rue Mouffetard à la barrière d'Enfer, élargissement à 40 mètres de la rue Mouffetard, entre la barrière d'Italie et le carrefour formé par les rues de Lourcine et Censier, et ouverture d'une rue de 20 mètres entre ce carrefour et l'extrémité de la rue Soufflot, et d'une autre rue de 20 mètres entre ce carrefour et la place Maubert ;

9° Élargissement du boulevard de Sébastopol dans la traversée de la Cité, prolongement du même boulevard entre la place Saint-Michel et le carrefour de l'Observatoire, et ouverture d'une rue de 20 mètres isolant le Luxembourg, allant, du carrefour formé à la rencontre des rues de Vaugirard, Molière et Corneille, au boulevard de Sébastopol, en face de la rue Soufflot.

ART. 2. Les expropriations et évictions nécessaires à la réalisation des projets dont l'énoncé précède seront faites par la Ville, à ses risques et périls, et elle payera toutes les indemnités réglées soit à l'amiable, soit judiciairement.

ART. 3. La Ville exécutera tous les travaux d'établissement de viabilité et de raccordement des voies transversales, et payera pareillement les indemnités de toute sortes auxquelles ces travaux pourront donner ouverture.

Le prix ou la valeur des matériaux de démolition et des parcelles du terrain qui resteront disponibles, en dehors des alignements, seront portés en déduction de ces dépenses.

Art. 4. En retour des engagements ci-dessus, l'État s'oblige à concourir pcur un tiers dans la dépense nette et finale que la Ville de Paris aura faite, en exécution des articles 2 et 3 ci-dessus, sans toutefois que la subvention de l'État puisse, en aucun cas et sous quelque prétexte que ce soit, excéder un maximum fixé à la somme de 50 millions.

Dans le cas où un ou plusieurs des travaux énumérés dans l'article 1er ne seraient pas exécutés, la subvention serait réduite proportionnellement à l'importance des travaux non exécutés.

Art. 5. L'état général des dépenses, opérées dans le cours de chaque année, sera soumis , dans les trois premiers mois qui suivront la clôture de l'exercice, au contrôle d'une Commission spéciale, composée d'un conseiller d'État, d'un inspecteur général des finances et d'un inspecteur général des ponts et chaussées.

Cette commission pourra se faire représenter toutes les pièces justificatives.

Les comptes définitifs des mêmes dépenses seront produits , dans l'année qui suivra l'achèvement des travaux et seront soumis à la même Commission.

En cas de non acceptation, soit par l'État, soit par la Ville, du résultat du travail de la Commission, il sera statué par le ministre compétent, sauf recours au conseil d'État, sur les difficultés qui pourraient s'élever à l'occasion du règlement des comptes.

Art. 6. Les comptes des dépenses faites et à faire

par la Ville de Paris, avec le concours de l'État, en vertu d'actes antérieurs à la présente convention et restant encore à liquider, seront soumis à la même commission.

ART. 7. Il ne sera pas donné suite au projet de traité passé, le 28 avril 1854, entre le Ministre des finances et le Préfet de la Seine, relativement au projet de construction d'un nouvel hôtel des Postes, entre la place du Châtelet et le quai de la Mégisserie et au percement de nouvelles rues à travers l'hôtel des Postes actuel.

La Commission, instituée par l'art. 5, appréciera les demandes d'indemnité, qui pourraient être réclamées par la Ville de Paris, par suite des dommages qu'elle aurait éprouvés, en raison du commencement d'exécution donné audit projet de traité.

ART. 8. Les sommes à payer, par l'État, a la Ville de Paris, pour les opérations et travaux, qui font l'objet de la présente convention et celles qui restent à payer pour les dépenses déjà engagées, en vertu d'actes antérieurs, seront acquittées de la manière suivante :

En 1859.................	2,083,333 fr.
En 1860.................	4,000,000 fr.
En 1861.................	6,000,000 fr.

et le solde en sept annuités égales à partir de 1862.

ART. 9. La présente convention ne sera passible d'aucun droit d'enregistrement.

DEUXIÈME LOI. — Le bois de Vincennes, compris

dans la dotation de la Couronne, est affecté à une promenade publique.

L'administrateur de la dotation de la couronne est autorisé à aliéner cette portion du bois de Vincennes qu'il appartiendra, jusqu'à concurrence de 120 hectares, à la charge par lui de faire emploi du prix, soit en travaux d'amélioration, soit en immeubles à réunir audit bois, sans toutefois que le débiteur soit tenu de surveiller leur emploi.

Seront incorporés de plein droit aux domaines de la Couronne les immeubles qui seront acquis, soit à l'amiable, soit par voie d'expropriation, conformément à la loi du 3 mai 1841, pour l'agrandissement du bois de Vincennes.

A la date du 23 août 1858 sont trois décrets, promulgués le 25 septembre même année, qui déclarent d'utilité publique : premièrement l'ouverture d'une grande rue diagonale, partant de la rue du Temple, à la proximité du boulevard et aboutissant à la pointe Saint-Eustache et l'amélioration des abords de cette voie, une de celles comprises dans la loi du 28 mai 1858, et qui a reçu depuis le nom de Turbigo ; secondement l'ouverture de deux boulevards, dits boulevard de l'Alma (rive droite) et avenue du Champ-de-Mars, compris pareillement dans la loi du 28 mai 1858 ; troisièmement le prolongement de la rue Drouot, jusqu'à la rencontre de la rue de la Victoire et du faubourg Montmartre.

Le 14 novembre 1858 a été rendu un décret instituant une caisse spéciale chargée du service de trésorerie des grands travaux de la Ville de Paris : en voici le texte, avec les modifications apportées par un autre décret du 27 décembre 1858 :

Article premier. Il est institué, sous la garantie de la Ville de Paris et sous l'autorité du Préfet de la Seine, une caisse spéciale, qui sera chargée du service spécial de trésorerie des grands travaux publics de la Ville et qui prendra le titre de *Caisse des travaux de Paris.*

Art. 2. Cette caisse sera chargée d'acquitter : 1° toutes les indemnités foncières ou locatives réglées, soit à l'amiable, soit judiciairement, par suite d'expropriations, d'évictions ou de dommages résultant de l'exécution des grands travaux, qui sont ou seront entrepris par la Ville de Paris, en vertu de décrets de l'Empereur ou d'autorisations ministérielles compétentes ; 2° les frais dûment taxés et les dépenses de toute nature, régulièrement liquidées, se rapportant aux mêmes travaux.

Toutefois, aucun payement ne pourra avoir lieu qu'en vertu d'un arrêté rendu par le Préfet de la Seine, en la forme ordinaire administrative. Tout mandat devra, d'ailleurs, être appuyé des autres pièces justificatives, que les règlements sur la comptabilité communale peuvent exiger. Ces pièces seront préalablement soumises aux mêmes vérifications et visas que celles qui accompagnent les mandats délivrés directement sur la caisse municipale.

Art. 3. Le Préfet de la Seine fera verser dans la caisse de service : 1° le produit de la vente des matériaux provenant des immeubles expropriés ; 2° le prix des portions d'immeubles restant disponibles et cédées par la Ville ; les produits divers se rattachant aux opérations pour lesquelles ladite caisse est établie.

Art. 4. La caisse de service ouvrira un compte spécial pour chaque entreprise et les sommes qu'elle aura reçues ou payées seront inscrites au débit ou au crédit de l'affaire qu'elles concerneront.

Art. 5. Tous les trois mois, et plus souvent, s'il y a lieu, un état de situation de ces divers comptes sera remis au Préfet de la Seine, qui ordonnancera au profit de la caisse, sur les crédits qui lui seront ouverts à cet effet par le Conseil municipal, soit dans le budget de la Ville, soit par des délibérations spéciales, dûment approuvées, telles sommes qu'il appartiendra, à valoir sur le solde final de telle ou telle entreprise.

Art. 6. Après l'achèvement complet de tout grand travail, un décompte général en sera dressé et, après vérification, réglé par le Préfet de la Seine. Le mandat pour solde, qui sera délivré, à la caisse de service, sur la caisse municipale, devra être accompagné de l'arrêté de règlement du Préfet.

Art. 7. La caisse des travaux de Paris aura la faculté d'émettre des valeurs de crédit, pour faire face aux besoins du service de trésorerie dont elle est chargée, mais seulement dans la limite qui sera fixée, pour chaque émission, par une délibération du conseil municipal, approuvée par décret de l'Empereur.

Art. 8. Les frais de négociation de ces valeurs et

les dépenses de toute espèce, nécessitées par l'administration de la caisse, seront supportés par la Ville.

Des crédits spéciaux seront ouverts au budget de la Ville, pour en assurer le payement.

Art. 9. La caisse des travaux de Paris sera régie par un directeur, chargé, sous les ordres du Préfet de la Seine :

1° D'assurer l'exécution des règlements et instructions la concernant;

2° De surveiller la gestion du caissier ;

3° D'ordonner les mouvements de fonds, les payements et, en général, toutes les opérations de la caisse;

4° De proposer au Préfet le budget annuel ;

5° De présenter, à la clôture de l'exercice, un compte moral et financier des opérations effectuées.

Art. 10. Le caissier est responsable de la gestion et de la régularité des recettes et des payements effectués par la caisse.

Il est justiciable de la Cour des Comptes.

Il doit verser au Trésor un cautionnement, dont le montant sera fixé par le Ministre de l'Intérieur, sur la proposition du Préfet.

Il dresse chaque jour un état de situation et chaque mois une balance générale de la caisse.

Ces documents sont remis au Directeur, qui les transmet au Préfet, après les avoir vérifiés et certifiés.

Des expéditions de la balance générale sont également adressées aux Ministres de l'Intérieur et des Finances, à la fin de chaque mois.

Le caissier rend des comptes de gestion annuels

dans la forme des comptes des receveurs municipaux : ces comptes sont soumis au Conseil municipal, arrêtés par le Préfet et transmis ensuite à la Cour des Comptes, avec toutes les pièces justificatives des recettes et des dépenses.

Art. 11. Un contrôle permanent est établi auprès de la caisse et elle est, en outre, soumise à la vérification de l'inspecteur des caisses, qui dépendent de l'Administration municipale, sans préjudice des vérifications qui peuvent être faites par les inspecteurs des finances.

Art. 12. Le directeur et le caissier sont nommés, sur la proposition du Préfet de la Seine, par le Ministre de l'Intérieur.

Les autres employés sont nommés par le Préfet.

Art. 13. Il est interdit au directeur, au caissier et à tous les employés et agents de la caisse, de s'immiscer ou de s'intéresser, directement ou indirectement, dans les opérations relatives aux travaux de Paris.

Art. 14. Un comité consultatif est appelé à donner son avis.

1° Sur le montant du cautionnement à fournir par le caissier ;

2° Sur les opérations financières nécessitées par les besoins du service, notamment sur la forme des valeurs à émettre par la caisse, sur les époques d'émission et de remboursement et sur toutes les conditions de la négociation de ces valeurs ;

3° Sur le compte moral et financier, présenté chaque année par le Directeur et sur toutes les questions se rattachant à l'organisation de la caisse et à la marche de son service.

Le Comité consultatif sera présidé par le Préfet de la Seine et composé du gouverneur de la Banque, du directeur général de la Caisse d'amortissement, du directeur du mouvement des fonds au ministère des finances et de trois membres, pris dans le Conseil municipal et nommés par le Ministre de l'Intérieur, sur la proposition du Préfet de la Seine.

A la date du 27 décembre 1858 se trouvent trois décrets, dont les deux premiers ont été promulgués le 15 février 1859 : le premier de ces décrets modifie les articles 6, 10 et 12 du décret du 14 novembre 1858, portant institution de la caisse des travaux de Paris, et comme la rectification a été faite plus haut, il n'y a plus à s'en occuper ici.

Le second décret alloue à la caisse des travaux de Paris, une dotation de 10 millions, prise sur les fonds municipaux.

Enfin le troisième décret, du 27 décembre 1858, promulgué le 17 janvier 1859, porte règlement d'administration publique, pour l'exécution du décret du 26 mars 1852 (v. page 205), relatif à la voirie de Paris. En raison de son importance, le texte va en être reproduit :

Article premier. Lorsque, dans un projet d'expropriation, pour l'élargissement, le redressement, ou la formation d'une rue, l'Administration croit devoir comprendre, par application du paragraphe 1er de l'art. 2 du décret du 26 mars 1852, des parties d'immeubles situées en dehors des alignements et qu'elle juge impropres, à raison de leur étendue ou de leur forme, à recevoir des constructions salubres, l'indication de ces parties est faite sur le plan, soumis à l'enquête prescrite par le titre II de la loi du 3 mai 1841 et il fait mention du projet de l'Administration dans l'avertissement donné conformément à l'art. 6 de ladite loi.

Art. 2. Dans le délai de huit jours, à partir de cet avertissement, les propriétaires doivent déclarer, sur le procès-verbal d'enquête, s'ils s'opposent à l'expropriation et faire connaître leurs motifs.

Dans ce cas, l'expropriation ne peut être autorisée que par un décret rendu en Conseil d'État.

Les oppositions ainsi formées ne font pas obstacle à ce que le Préfet statue, conformément aux art. 11 et 12 de la loi du 3 mai 1841, sur toutes les autres propriétés comprises dans l'expropriation.

Art. 3. Si l'administration le juge préférable, il est statué, par un seul et même décret tant sur l'utilité publique de l'élargissement, du redressement ou de la formation des rues projetées, que sur l'autorisation d'exproprier les parcelles situées en dehors des alignements.

Dans ce cas, l'indication des parcelles à exproprier, est faite sur le plan soumis à l'enquête, en vertu du titre 1er de la loi du 3 mai 1841 et de l'art. 2 de l'ordonnance du 23 août 1835.

Mention est faite du projet de l'administration dans l'avertissement donné conformément à l'art. 3 de ladite ordonnance, et les oppositions des propriétaires intéressés sont consignées au registre de l'enquête.

Art. 4. Les formalités prescrites par les articles ci-dessus sont suivies pour l'application du paragraphe 2 de l'art. 2 du décret du 26 mars 1852.

Art. 5. Dans le cas prévu par le paragraphe 3 du même article, le propriétaire du fonds, auquel doivent être réunies les parcelles acquises, en dehors des alignements, conformément à l'art. 53 de la loi du 16 septembre 1807, est mis en demeure, par un acte extrajudiciaire, de déclarer, dans un délai de huitaine, s'il entend profiter de la faculté de s'avancer sur la voie publique, en acquérant les parcelles riveraines.

En cas de refus, ou de silence, il est procédé à l'ex-propriation, dans les formes légales.

Art. 6. Dans tout projet pour l'élargissement, le redressement, ou la formation de rues, le plan, soumis à l'enquête, qui précède la déclaration d'utilité pu-blique, comprend un projet de nivellement.

Le 27 juillet 1859, il a été rendu un décret pro-mulgué le 22 août suivant, concernant la voirie de Paris et qui réglemente une disposition du décret or-ganisé du 26 mars 1852. Il contient quatre titres, dont le premier, réglant la hauteur des bâtiments, a trois sections. La première section détermine la hauteur des façades des bâtiments bordant les voies publiques; la seconde section celle des bâtiments situés en dehors des voies publiques; et la troisième la hauteur des étages; le second titre règle la hauteur des combles, les dimensions des lucarnes et des cheminées; le troisième contient des dispositions transitoires et le quatrième des dispositions diverses.

A la date du 16 juin 1859 se place la loi, promulguée le 3 novembre suivant, sur l'extension des limites de Paris, jusqu'au pied du glacis de l'enceinte fortifiée : elle prononce (art. 1ᵉʳ) la suppression des communes de Passy, Auteuil, Batignolles-Monceaux, Montmartre, La Chapelle, La Villette, Belleville, Charonne, Bercy, Vaugirard et Grenelle et l'annexion à Paris de portions des territoires des communes de Neuilly, Clichy, Saint-Ouen, Aubervilliers, Pantin, Prés-Saint-Gervais, Saint-Mandé, Bagnolet, Ivry, Gentilly, Montrouge, Vanves et Issy.

L'art. 2 divise la nouvelle commune de Paris en vingt arrondissements municipaux, formant autant de cantons de justice de paix.

D'après l'art. 3, le Conseil municipal de Paris se compose de soixante membres, nommés par l'Empereur. — Chaque arrondissement municipal a un maire et deux adjoints.

Un décret du 31 octobre 1859 dénomme les vingt arrondissements de Paris et trace leurs limites.

Aux termes d'un décret du 10 octobre 1859, une partie des attributions du préfet de police a été conférée au Préfet de la Seine, principalement en ce qui concerne la petite voirie.

La loi du 26 juillet 1860, relative à la fixation du budget général des dépenses et recettes de l'exercice 1861 porte, art. 16, que les bons de la caisse des travaux publics de la Ville de Paris est autorisée à mettre en circulation, pendant les années 1860 et 1861, ne pourront excéder 100 millions.

Le 9 janvier 1861 a été rendu un décret, qui rapporte l'art. 7 de celui du 25 mars 1852, sur la décentralisation administrative et rend les dispositions de ce décret applicables au département de la Seine, en ce qui concerne l'administration départementale, proprement dite et celle de la Ville et des établissements de bienfaisance de Paris ; les budgets de la Ville de Paris continuant à être soumis à l'approbation de l'Empereur, sur la proposition du Ministre de l'Intérieur.

Ce décret ayant été dénoncé au Sénat comme inconstitutionnel, il a été reconnu que, celui de 1852 ayant force de loi, le décret de 1861 était applicable dans les limites tracées au pouvoir exécutif, mais ne s'étendait pas aux matières rentrant dans les attributions du pouvoir législatif.

Le 13 avril 1861 , un autre décret est venu modifier celui du 25 mars 1852 et les tableaux y annexés. Aux termes de l'art. 1er, du nouveau décret, il n'autorise plus les préfets à statuer sur des affaires départementales et communales, qui exigeaient la décision du chef de l'État, mais il contient une nomenclature additionnelle aux états A, B, C, annexés au premier décret.

André Haussmann.

(Sera continué dans la 11ᵉ livraison.)

CONSEILS MUNICIPAL ET DÉPARTEMENTAL

Un décret impérial en date du 15 novembre fixe la composition de ces deux Conseils de la manière suivante :

1ᵉʳ ARRONDISSEMENT.

MM. *Devinck*, commandeur de la Légion d'honneur, négociant, rue Saint-Honoré.

Lamy (Eugène), officier de la Légion d'honneur, conseiller à la Cour de Cassation, rue Duphot.

Varin, commandeur de la Légion d'honneur, négociant, rue des Bourdonnais.

2ᵉ ARRONDISSEMENT.

Billaud, commandeur de la Légion d'honneur, ancien syndic des agents de change, rue de la Michodière.

Onfroy, chevalier de la Légion d'honneur, directeur de *la Nationale*, compagnie d'assurances sur la vie, rue de Grammont.

Paillard de Villeneuve, officier de la Légion d'honneur, avocat à la Cour Impériale, place Louvois.

Thibaud (Germain), officier de la Légion d'honneur, ancien président de la Chambre de commerce, rue du Sentier.

3ᵉ ARRONDISSEMENT.

Arnaud-Jeanti, officier de la Légion d'honneur, maire du 3ᵉ arrondissement, doyen d'exercice des maires de Paris, rue des Quatre-Fils.

Denière, officier de la Légion d'honneur, ancien président du Tribunal et secrétaire de la Chambre de commerce, fabricant de bronzes, rue Charlot.

Moreau (Ernest), officier de la Légion d'honneur, ancien président de la Chambre des avoués, rue des Vosges.

Ségalas, officier de la Légion d'honneur, membre de l'Académie de médecine, rue Béranger.

4ᶜ ARRONDISSEMENT.

Fère, chevalier de la Légion d'honneur, négociant, vice-président de la Chambre de commerce, l'un des censeurs de la Banque, rue Sainte-Croix-de-la-Bretonnerie.

Gauthier de Charnacé, conseiller à la Cour Impériale, rue Neuve-Saint-Paul.

Lemoine, chevalier de la Légion d'honneur, ancien fabricant de meubles, rue Culture-Sainte-Catherine.

5ᶜ ARRONDISSEMENT.

Colette de Beaudicour (Théodule), juge au Tribunal de première instance de la Seine, rue d'Enfer.

Dubarle, chevalier de la Légion d'honneur, conseiller à la Cour Impériale, rue de la Contrescarpe-Saint-Marcel.

Flourens, grand officier de la Légion d'honneur, membre de l'Académie française, secrétaire perpétuel de l'Académie des sciences, professeur au Muséum d'histoire naturelle, au Jardin des Plantes.

Oudot, chevalier de la Légion d'honneur, négociant, rue Saint-Jacques.

6ᵉ ARRONDISSEMENT.

Barrot (Ferdinand), grand officier de la Légion d'honneur, sénateur, l'un des administrateurs du Crédit industriel et commercial, rue du Regard.

Cornudet, officier de la Légion d'honneur, conseiller d'État, rue de Condé.

Firmin Didot (Ambroise), officier de la Légion d'honneur, imprimeur, rue Jacob.

Pelouze, commandeur de la Légion d'honneur, président de la Commission des monnaies, membre de l'Académie des sciences, à la Monnaie.

Robert Fleury, officier de la Légion d'honneur, membre de l'Institut, directeur de l'École des Beaux-Arts, rue Mazarine.

Tardieu, officier de la Légion d'honneur, doyen de la Faculté de médecine, à la Faculté.

7ᵉ ARRONDISSEMENT.

Avril, commandeur de la Légion d'honneur, inspecteur général de 1ʳᵉ classe, directeur de l'École des Ponts et Chaussées, rue des Saints-Pères.

Duban, officier de la Légion d'honneur, membre de

l'Institut, inspecteur général des bâtiments civils, vice-président du Conseil des bâtiments civils, rue de Lille.

Dumas, grand-croix de la Légion d'honneur, sénateur, membre de l'Académie des sciences, professeur de la Faculté des sciences, inspecteur général de l'Instruction publique, l'un des administrateurs du Crédit foncier, rue de Grenelle-Saint-Germain.

8ᵉ ARRONDISSEMENT.

Bayret, officier de la Légion d'honneur, ancien raffineur, l'un des censeurs de la Banque, rue du Cirque.

Ducloux, chevalier de la Légion d'honneur, président de la Chambre des notaires, rue des Champs-Élysées.

Langlais, officier de la Légion d'honneur, conseiller d'État, rue de Berlin.

Kœnigswarter, officier de la Légion d'honneur, banquier, rue d'Astorg.

9ᵉ ARRONDISSEMENT.

Boulatignier, commandeur de la Légion d'honneur, conseiller d'État, rue de Clichy.

Chaix d'Est-Ange, grand officier de la Légion d'honneur, vice-président du Conseil d'État, rue Saint-Georges.

Dillais (Victor), chevalier de la Légion d'honneur, ancien agréé au Tribunal de commerce, rue Blanche.

Foucher (Victor), grand officier de la Légion d'honneur, conseiller à la Cour de Cassation, rue de Montyon.

10ᵉ ARRONDISSEMENT.

Legendre, officier de la Légion d'honneur, négociant,
l'un des administrateurs du Comptoir d'escompte, rue
de Lancry.

Merruau, officier de la Légion d'honneur, conseiller
d'État, rue de Chabrol.

Monnin-Japy, officier de la Légion d'honneur, ancien maire, manufacturier, rue du Château-d'Eau.

11ᵉ ARRONDISSEMENT.

Desfossé, chevalier de la Légion d'honneur, fabricant
de papiers peints, rue du Faubourg-Saint-Antoine.

Garnier, chevalier de la Légion d'honneur, premier
adjoint au maire de cet arrondissement, négociant en
métaux, rue Saint-Pierre-Popincourt.

Lenoir, chevalier de la Légion d'honneur, ancien
négociant, ancien maire, boulevard du Temple.

12ᵉ ARRONDISSEMENT.

Ravaut, chevalier de la Légion d'honneur, marchand
de bois de construction, syndic-président de la Communauté des marchands de bois à ouvrer, quai de la
Râpée, à Bercy.

Teissonnière, négociant en vins, quai de la Râpée,
à Bercy.

13ᵉ ARRONDISSEMENT.

Dumont, propriétaire, boulevard des Gobelins.

Picard, chevalier de la Légion d'honneur, ancien

maire d'Ivry, membre de la Chambre syndicale du commerce des bois à brûler, boulevard de la Gare, quartier de la Gare d'Ivry.

14ᵉ ARRONDISSEMENT.

Decaux, chevalier de la Légion d'honneur, ingénieur civil, sous-directeur de la teinture à la manufacture des Gobelins, boulevard Saint-Jacques.

Winnerl, officier de la Légion d'honneur, fabricant de chronomètres, avenue de l'Observatoire.

15ᵉ ARRONDISSEMENT.

Périlleux, ancien manufacturier, avenue de Saxe.

Thiboumery, officier de la Légion d'honneur, ancien maire de Vaugirard, rue Notre-Dame, à Vaugirard.

16ᵉ ARRONDISSEMENT.

Le baron Poisson, chevalier de la Légion d'honneur, ancien officier d'artillerie, propriétaire, avenue de l'Impératrice.

Possoz, officier de la Légion d'honneur, ancien maire de Passy, chaussée de la Muette, à Passy.

17ᵉ ARRONDISSEMENT.

Gonin, officier de la Légion d'honneur, constructeur de machines, ancien président d'un des conseils de Prud'hommes, avenue de Clichy, à Batignolles.

Rattier, chevalier de la Légion d'honneur, manufacturier, rue de l'Arcade, aux Ternes.

18ᵉ ARRONDISSEMENT.

Hébert, chevalier de la Légion d'honneur, ancien maire de la Chapelle, rue des Rosiers.

Leblanc, ancien magistrat, propriétaire, rue des Brouillards, à Montmartre.

Le baron Michel de Trétaigne, commandeur de la Légion d'honneur, maire du 18ᵉ arrondissement, ancien médecin principal des armées, doyen d'âge des maires de Paris, rue Marcadet.

19ᵉ ARRONDISSEMENT.

Lebaudy (Gustave), raffineur, rue de Flandre, à la Villette.

Mancel, juge de paix du 19ᵉ arrondissement.

20ᵉ ARRONDISSEMENT.

Auger, chevalier de la Légion d'honneur, ancien maire de Pantin, ancien président du Conseil d'arrondissement de Saint-Denis, à Charonne, cour des Noues.

Lozouet, chevalier de la Légion d'honneur, propriétaire à Belleville, rue de Paris.

CONSEIL MUNICIPAL DE LA VILLE DE PARIS

*Extrait du procès-verbal de la séance d'installation
du 28 novembre 1864.*

Le lundi 28 novembre **1864**, à midi, les membres
du Conseil Municipal de la Ville de Paris, nommés
par le décret de l'Empereur, en date du 15 de ce mois,
se sont réunis, sur la convocation de M. le Sénateur,
Préfet de la Seine, à l'Hôtel de Ville, dans la salle ordinaire des assemblées.

M. le Préfet, ayant été introduit, prend séance et
prononce le discours suivant :

« Messieurs, je vous ai convoqués pour vous mettre
en possession du mandat que le décret impérial du
15 de ce mois vous a conféré.

» Il appartient à l'Empereur, en effet, de nommer le
Conseil Municipal de Paris.

» Ce n'est pas un état de choses provisoire, c'est
l'exécution régulière d'une loi organique, rendue dans
des circonstances qui en accroissent la force et en assurent la durée.

» L'article 57 de la Constitution avait remis le soin
de déterminer l'organisation municipale du pays à

cette loi, qui a été promulguée le 5 mai 1855, et qui emprunte à la disposition que je rappelle une autorité toute particulière. Le caractère de loi définitive lui est attribué par les termes mêmes de son exposé des motifs. Or, elle dispose, article 4, que « dans les villes de » Paris et de Lyon, le Conseil Municipal est nommé » par l'Empereur, tous les cinq ans, et présidé par » un de ses membres, également désigné par l'Em-» pereur. »

» En vain quelques Députés, qui désiraient sans doute pour la commune de Paris une organisation municipale différente, proposèrent-ils de réserver cette ville pour une loi à part, selon les précédents du régime politique antérieur. Le Corps législatif, d'accord avec le Gouvernement, ne voulut pas laisser l'administration de la capitale de l'Empire sous un régime provisoire, dont le moindre inconvénient était, selon l'expression énergique de l'honorable rapporteur de la loi, qui siége aujourd'hui dans cette enceinte (M. Langlais), « d'irriter les espérances sans les satisfaire. »

» Ce n'est pas tout : afin que nul parti politique ne fût tenté de chercher un moyen de protestation et de polémique dans l'organisation des communes limitrophes, la Commission du Corps législatif proposa ellemême par amendement que tous les Conseils Municipaux de la Seine fussent nommés également par l'Empereur, et la loi consacra ce système. Elle n'accordait toutefois que 36 membres au Conseil Municipal de Paris ; mais la loi du 16 juin 1859, relative à l'extension des limites de la ville, a porté ce nombre à 60 membres, « qui sont

nommés par l'Empereur, » selon la déclaration sur-
abondante de l'article 3.

» Il était impossible, comme vous le voyez, messieurs, que le législateur affirmât sa pensée avec plus
de solennité et de persistance. C'est qu'en aucune
matière il ne se prononçait avec plus de sagesse et de
certitude.

» L'organisation municipale de Paris ne peut être
établie sur l'élection et le suffrage universel, comme
celle des autres communes de l'Empire. Ici l'exception
est une nécessité ; elle constitue même la règle.

» En effet, messieurs, est-ce bien, à proprement
parler, une commune que cette immense capitale ?
Quel lien municipal réunit les deux millions d'habitants qui s'y pressent ? Peut-on observer entre eux des
affinités d'origine ? — Non. La plupart appartiennent à
d'autres départements ; beaucoup à des pays étrangers,
où ils ont conservé leur parenté, leurs plus chers intérêts et souvent la meilleure part de leur fortune. Paris
est pour eux un grand marché de consommation, un
immense chantier de travail, une arène d'ambitions,
ou seulement un rendez-vous de plaisir ; ce n'est pas
leur pays. Des jeunes gens, accourus de tous les points
du monde, y viennent suivre des classes, des écoles
préparatoires, des cours de facultés, ou étudier une
profession dans les bureaux de la finance, dans les magasins du commerce, dans les ateliers de l'industrie ;
mais c'est pour le plus grand nombre un lieu de passage : leur famille, leur maison paternelle, leur commune sont ailleurs. Des ouvriers, par centaines de

mille, affluent à Paris, pour chercher des salaires élevés, et amasser un pécule qui leur permette de se retirer ensuite chez eux. Parmi ceux qui restent, s'il en
est beaucoup qui arrivent par le travail, l'ordre et
l'économie, à se faire une situation honorable dans la
ville ; si plusieurs même s'élèvent jusqu'aux premiers
rangs de l'industrie et s'ouvrent l'accès de toutes les
positions, comme le prouveraient au besoin les listes
anciennes et la liste nouvelle du Conseil Municipal,
d'autres, en trop grand nombre, ballottés incessamment d'ateliers en ateliers, de garnis en garnis, ayant
pour tous foyers les lieux publics, pour toute parenté
le bureau de bienfaisance, auquel ils s'adressent dans
le malheur, sont de véritables nomades au sein de la
société parisienne, absolument dépourvus du sentiment
municipal, et ne retrouvent au fond de leur cœur le
sentiment de la patrie que dépouillé de ce qui le pré-
cise, le guide et l'épure chez les populations séden-
taires. Je ne parle pas du grand nombre de fonction-
tionnaires arrivés par avancement au centre de
l'administration publique, ni des hommes d'intelligence que leur talent, leur génie ou leurs illusions
amènent dans l'immense ville pour y conquérir la
renommée ou la fortune, mais qui ont leur point de
départ et le but de leur vie en province. Ceux-là sont,
pour la cité parisienne, quand elle peut les retenir,
de précieuses acquisitions. Mais je ne saurais oublier
cette masse, toujours renouvelée, de personnes déclas-
sées, de gens à bout de ressources, d'inventeurs de combinaisons plus ou moins chimériques ou dégagées des

scrupules, que poussent vers ce grand centre de population le besoin de l'oubli, un espoir vague de succès et de médiocres desseins. Voilà malheureusement quelques-unes des variétés de la population étrangère à Paris, qu'y versent chaque jour les têtes béantes des chemins de fer, dont les cent bras attractifs s'étendent et se ramifient sur toutes les parties de la France!

» Au milieu de cet océan, aux flots toujours agités et renouvelés, il y a une minorité, considérable sans doute, de Parisiens véritables, qui formeraient, si l'on pouvait les discerner et les saisir, l'élément constitutif d'une commune; mais, isolés les uns des autres, changeant avec une extrême facilité de logements et de quartiers, ayant leur famille dispersée sur tous les points de Paris, ils ne s'attachent guère à la mairie d'un arrondissement déterminé, au clocher d'une paroisse particulière. Quel moyen auraient-ils, d'ailleurs, de se reconnaître et de s'entendre sur les vrais intérêts communaux?

» Et alors même que les Parisiens proprement dits seraient, par quelque privilége renouvelé des temps du moyen âge, mis en mesure de se retrouver dans la ville, de se grouper pour choisir des mandataires chargés de leurs intérêts communaux, sauraient-ils toujours se tenir en dehors du vaste courant qui entraîne fatalement ici le suffrage universel vers le côté politique des questions?

» Non certes : par la composition de sa population, Paris ne peut être considéré comme une commune. C'est toute autre chose : c'est une capitale.

» Paris appartient à la France entière. C'est le centre de la puissance publique , le séjour du Souverain , le siége de tous les grands corps de l'État et de presque toutes les institutions nationales. Tout y aboutit : grandes routes, chemins de fer, télégraphes. Tout en part : lois, décrets, décisions, ordres , agents. Les énergiques moyens de centralisation organisés à Paris, de siècle en siècle, par les divers gouvernements, en ont fait l'âme de l'Empire.

» Paris, comme l'a dit l'honorable rapporteur de la loi du 5 mai 1855, est la centralisation même. »

» A Paris se rencontrent en même temps et se développent par un mutuel contact toutes les intelligences, toutes les activités de la nation : c'est le foyer des lettres, des sciences, des arts ; c'est là que s'élaborent les idées, que s'exaltent les sentiments publics, que l'opinion, avec ses lumières , ses pénétrations subites, souvent aussi avec ses erreurs , ses égarements, naît et grandit en une heure, pour exercer au loin une irrésistible influence.

» N'est-il pas évident dès lors que, de tous les actes d'administration purement municipale en apparence qui peuvent s'accomplir dans une telle cité, il n'en est presque pas un seul qui ne touche à quelques égards le Gouvernement, la nation même, ou des intérêts de telle importance qu'ils se confondent à peu près avec l'intérêt public?

» L'ordre de cette cité-reine est une des premières conditions de la sécurité générale ; sa splendeur rejaillit sur tout le pays ; le bien-être de la population qui y passe importe à presque toutes les familles de France et n'est point indifférent à la paix publique ; la facilité de ses accès est une nécessité pour toutes les productions des départements qui affluent sur ce grand marché ; la commodité des points où se rencontrent les approvisionnements, où s'opèrent les transactions, l'installation convenable de tous ses établissements d'instruction, le style même de ses monuments publics, tout excite l'attention, contrarie ou satisfait des vœux ou des intérêts, dans la France entière.

» L'État, d'ailleurs, intervient plus ou moins indirectement dans les affaires de la ville : il concourt non-seulement à l'embellir par les palais et les monuments qu'il y élève, par les fondations et les musées qu'il y entretient, mais encore par une participation permanente aux dépenses de certains services, tels que la garde de Paris, la police locale, l'entretien du pavé, et enfin par des subventions applicables aux entreprises d'édilité qui dépasseraient les forces contributives de la population comprise dans l'enceinte municipale. Cette intervention, ce perpétuel concours, suffiraient pour révéler le lien intime qui unit, à Paris, l'intérêt municipal à l'intérêt général.

» Comment donc livrerait-on la gestion d'affaires dans lesquelles l'Etat, la nation, sont si étroitement engagés, à un corps émané d'une élection locale, avec ses vues relativement étroites, égoïstes, et ses chances de changements et de caprice ? L'organisation indépendante de la municipalité de Paris, sous quelque

V.   16

forme qu'elle soit conçue, ne serait autre chose que la création d'un État dans l'État.

» Il y a bien paru en d'autres temps. Je passe tous les exemples des siècles anciens, qui virent l'organisation bourgeoise de la cité parisienne se former et fonctionner assez régulièrement, tant que la commune fut de peu d'importance, puis se développer à mesure que grandissait la capitale; prendre part aux affaires d'État, aux guerres civiles, aux désordres publics; porter ombrage à la royauté; subir des défaites, se reconstituer à demi; ne plus conserver à la fin que l'apparence d'elle-même, et devenir, sous une forme abusive, mais pour des raisons profondes, une sorte d'émanation de la puissance royale. Encore moins ferai-je l'histoire trop connue de la fameuse Commune de Paris, dominant et terrifiant les représentants de la nation et la nation même, jusqu'à ce que sa dictature vînt à succomber sous un décret de la Convention, qui attribua à ses propres comités toutes les branches de l'administration du département de la Seine et de la ville de Paris.

» La République tombait ici, selon son usage, d'un excès dans un autre. Après avoir mis l'État à la merci des maîtres de la Ville, elle supprimait la Ville et l'absorbait dans l'État. Quoique ce dernier parti fût moins imprudent, moins contraire à la nature des choses que le premier, il ne faisait que substituer un despotisme à un autre.

» Quelque chose d'analogue se reproduisit en 1848. Pendant la durée de la monarchie de Juillet, on avait

essayé d'une municipalité fondée sur l'élection restreinte et privilégiée. Il en était résulté un Conseil plus
modéré sans doute que s'il fût émané du suffrage
universel, mais dont les membres étaient ordinairement élus sous l'action des partis politiques, formant
trop souvent obstacle aux vues intelligentes et fécondes de l'administration, divisés, dans les questions
de pure édilité, par des intérêts exclusifs de quartiers.
Les révolutionnaires de 1848, après avoir substitué le
suffrage universel à l'électorat censitaire, comprirent
qu'un Conseil Municipal électif, dans les conditions
nouvelles, serait bien plus politique, bien plus dangereux, bien plus divisé que celui du régime tombé.
Ils chargèrent de l'administration de la Ville et du
Département un des membres du Gouvernement même,
investi des fonctions de Maire de Paris. C'était de
la centralisation au plus haut degré. C'était encore
l'exagération de ce principe, vrai au fond, que dans la
capitale d'un grand empire, l'intérêt local doit se
subordonner à l'intérêt général.

» Chez la plupart des nations de premier ordre, la
capitale est soumise à un régime exceptionnel, qui
varie selon les mœurs et la constitution de chaque pays.
En Amérique même, il en est ainsi du district de Colombie, siége de la présidence et du Congrès, qui ne
jouit pas d'une véritable autonomie, parce qu'il est
considéré comme la propriété commune des États-
Unis, et auquel un scrupule emprunté à la logique la
plus absolue, au radicalisme le plus excessif, refuse
même le droit de nommer des députés ! Il n'est donc

pas surprenant qu'en France, ce pays de centralisation et d'ordre, la Capitale, qui est une des plus grandes
villes du monde, qui contient la dix-huitième partie de
la population totale de l'Empire, ait été presque constamment placée, quant à son organisation communale,
sous un régime exceptionnel, et que particulièrement
l'élection des conseillers municipaux n'y ait été prati-
quée qu'à d'assez rares intervalles, et toujours avec de
graves inconvénients ou de grands périls.

» Sous le régime de la loi organique de 1855, l'origine des pouvoirs du Conseil Municipal ne lui permet
pas de devenir l'instrument d'un antagonisme systématique entre les intérêts plus ou moins bien compris de
la Ville et les intérêts de l'État. Mais la profonde sagesse
qui a inspiré cette loi et qui en suit l'exécution a maintenu, d'une manière efficace, la personnalité de la
ville. Aux termes de la loi du 16 juin 1859, deux conseillers au moins doivent être choisis dans chacun des
arrondissements, et la main auguste qui les désigne va
chercher les uns au sein même de l'industrie et du
commerce parisiens, parmi les plus notables, les plus
attachés à leurs quartiers, les plus utiles à la population
qui les environne; d'autres, à la tête des professions li-
bérales qui contribuent à la gloire de la ville et du
pays entier ; d'autres encore, à tous les degrés de la
hiérarchie politique, judiciaire, administrative. Ce
corps, ainsi formé, jouissant d'attributions étendues,
que les modifications qui se préparent au système de
centralisation auront peut-être pour effet d'augmenter
encore, s'anime immédiatement de l'esprit municipal,

embrasse avec ardeur les intérêts locaux, les défend avec une jalouse vigilance, tout en les coordonnant avec les intérêts généraux, qu'il sait comprendre.

» Ainsi, messieurs, vous représentez la ville de Paris dans ses conditions de Capitale ; vous représentez également tous les éléments essentiels de sa population proprement dite, et même, ce qu'il importe de ne pas oublier, toutes les parties de son territoire.

» Il n'est pas sans avantage, en effet, que les besoins, les gênes, les vœux des divers quartiers de la ville, soient non-seulement connus, mais ressentis par les conseillers municipaux. On explique bien mieux ce qu'on voit, ce qu'on éprouve, ce qu'on observe tous les jours autour de soi, dans la rue qu'on habite, dans les voies qu'on parcourt souvent, dans la région urbaine où l'on a ses relations quotidiennes. C'est là, d'ailleurs, qu'on exerce son patronage, qu'on participe à la société de secours mutuels, aux combinaisons ingénieuses de la charité privée, à l'action du bureau de bienfaisance et de la paroisse. C'est là que naît et se fortifie ce qui peut subsister à Paris du patriotisme local.

» Tous, messieurs, vous apportez ici les utiles impressions, les connaissances précises qu'il importe d'y voir concentrées. Vous êtes aussi les meilleurs témoins des bienfaits de la transformation de Paris, l'une des œuvres principales de ce règne immortel.

» Hier encore, c'était la tendance générale des hommes arrivés à la fortune par leur intelligence et leur travail de quitter les quartiers où s'agite l'industrie, les quartiers où ils avaient grandi, pour venir fixer leur demeure près du centre de la ville, dans les rues dotées de tous les avantages d'une édilité perfectionnée, dans les quartiers commodes à parcourir, agréables à fréquenter. On délaissait ainsi son usine, ses ateliers, au grand péril de l'union de toutes les classes de la population, dont une partie pouvait être blessée, découragée par cette sorte d'absentéisme. Aujourd'hui presque tous les points de la ville sont reliés par des voies magnifiques, qui percent et livrent au grand jour les quartiers les plus déshérités. L'édilité attentive de notre temps pénètre partout, pour tout assainir, éclairer, approvisionner, embellir. Les splendides quartiers qu'on allait chercher autrefois se sont approchés de chacun : désormais on sera donc bien moins sollicité à changer de demeure ; la concorde publique y gagnera ; en même temps que la prospérité et l'aisance, elle s'étendra sur toute la ville.

» Cette grande et bienfaisante réforme n'est point complète. Plusieurs quartiers de l'ancien Paris réclament encore à bon droit des améliorations nécessaires, et l'immense entreprise de l'assimilation de la zone suburbaine au territoire compris dans l'enceinte primitive, dont la ville a été chargée sans aide ni subvention, n'est qu'à demi exécutée. Ce qui reste à faire est au moins aussi considérable que ce qui vient d'être accompli en cinq années d'études, d'efforts et de dépenses.

» Je n'essayerai pas, messieurs, d'esquisser ici le tableau des objets de vos délibérations futures et des travaux qui vous attendent ; il ressortira naturellement à vos yeux de l'exposé du budget de 1865, que j'ai aujourd'hui même à vous soumettre; car dès votre première réunion, les grandes affaires vont vous saisir. J'aurai ainsi l'occasion de résumer rapidement les opérations qui ont rempli la période quinquennale écoulée depuis l'agrandissement de Paris. Cette sorte de compte rendu rétrospectif, en regard des prévisions de recettes et de dépenses de l'année prochaine, présentera, pour les membres de cette assemblée, des intérêts divers. Ceux qui siégeaient précédemment dans le Conseil Municipal y trouveront l'histoire abrégée de leurs décisions et des actes auxquels ils ont concouru; ils en préjugeront la suite et les résultats; ils verront, d'un seul coup d'œil, le lien des comptes antérieurs et du budget proposé. Les autres, qui viennent pour la première fois se vouer à la même grande et noble mission, se formeront tout d'abord des idées, non point vagues et générales, mais précises et déjà suffisamment détaillées, des objets principaux sur lesquels ils vont avoir à délibérer, et qui s'empareront puissamment, comme ils en feront certainement l'expérience, de toute leur sollicitude.

» La plupart d'entre vous, messieurs, sont pour moi des collaborateurs déjà anciens : je m'en félicite du fond du cœur. J'ai fait, en mainte circonstance, l'heureuse épreuve de leurs hautes lumières, de leur loyale indépendance, de leur courageux concours, et, permettez-moi de le dire avec orgueil, de leur précieuse sympathie. Ils se sont identifiés avec la ville de Paris, et ils aiment, avec une passion désintéressée, sa prospérité, sa gran-

deur, le bien-être de l'immense population qui la compose, le bon état de ses finances, l'honneur, j'ai presque
dit la fierté de son administration.

» Huit membres du Conseil ont été enlevés par la
mort, durant ces cinq dernières années. Comme toujours, c'est parmi les meilleurs que sa main a frappé.
Quelques autres ont quitté leurs siéges, soit parce que
les occupations spéciales, les fonctions publiques qui
avaient principalement motivé la désignation de leurs
personnes, avaient cessé, soit parce que le changement
de leurs domiciles les enlevait aux arrondissements
qu'ils avaient représentés, et que l'exécution de la loi
de 1859 ne pouvait se concilier avec la continuation de
leur mandat. L'affection de leurs collègues et la reconnaissance de mon administration leur demeurent. Les
noms des uns et des autres resteront attachés à cette laborieuse période, l'une des plus fécondes et des plus
irréprochables de l'histoire de la capitale.

» Leurs remplaçants sont les bienvenus dans cette
enceinte, car ils ont attiré le choix de l'Empereur, non-
seulement par leur savoir et leur expérience, mais surtout par l'honneur de leur vie, toute consacrée à d'u-
tiles travaux, par leur situation considérée dans la cité,
et plusieurs, par une grande renommée justement acquise, dont le Conseil aura droit de s'enorgueillir.

» Pour aucun, du reste, les affaires de Paris ne sont
absolument nouvelles. La franchise, l'ampleur des
exposés, des explications, des comptes rendus que
l'Administration Municipale livre incessamment au
public, l'ardeur même et la fréquence des controverses

dont elle est l'objet, attirent l'attention de tous les esprits sérieux, et lui conquièrent chaque jour des
appréciateurs plus justes, des défenseurs plus nombreux.

» Quoi qu'il en soit, anciens et nouveaux membres,
vous tous, messieurs, qui avez accepté le mandat de
me seconder dans l'accomplissement de ma lourde
tâche, durant la nouvelle période de cinq années qui
va commencer, comptez sur ma ferme volonté de
rendre cette grande administration complétement
digne, dans l'avenir comme dans le passé, de la confiance et de la solidarité du Conseil Municipal. La
grandeur de notre œuvre et notre commun dévouement au Souverain qui l'a conçue et qui nous en a
confié l'exécution nous unissent étroitement d'avance ;
chaque épreuve nouvelle que nous ferons mutuelle-
ment de nos intentions et de nos pensées resserrera,
j'en ai l'intime espérance, nos liens d'estime et de
concorde, et augmentera nos forces pour servir utilement le pays et répondre à l'attente de l'Empereur ! »

Après ce discours, M. le Préfet donne lecture du
décret impérial du 15 novembre 1864, qui nomme les
membres du Conseil Municipal de la Ville de Paris.

M. le Préfet prononce ensuite la formule du serment
prescrit par le sénatus-consulte du 25 décembre 1852 :
*Je jure obéissance à la Constitution et fidélité à l'Em-
pereur.* A l'appel de son nom, chacun des membres
présents, la main levée, répond par les mots : *Je le
jure.*

Lecture est également faite par M. le Préfet d'un décret impérial du 15 novembre 1864, qui désigne M. Dumas comme Président, et MM. Ferdinand Barrot et Chaix-d'Est-Ange comme Vice-Présidents du Conseil Municipal pour 1864 et 1865.

Sur l'invitation de M. le Préfet, M. Dumas prend immédiatement la présidence de l'assemblée et adresse au Conseil l'allocution suivante :

« Messieurs,

» Il y a cinq ans, le Conseil nommé par l'Empereur pour veiller aux intérêts de la ville agrandie se réunissait dans cette enceinte pour la première fois. Au moment où cette solennité se renouvelle, le souvenir des pertes que nous avons éprouvées se ravive et nous croyons voir encore à leur place accoutumée : ce gentilhomme accompli, M. le comte de Breteuil, le plus homme de bien qui se soit jamais rencontré ; Scribe, ce génie inépuisable et toujours jeune, qui, pendant un demi-siècle, a charmé le monde civilisé; Delacroix, ce maître énergique, dont une exposition récente rend plus sensibles encore les qualités puissantes ; Herman, l'une des lumières les plus sûres de l'administration publique ; Pécourt, le modèle des vertus, de la modération, de la sagesse et de la science du magistrat ; Artaud, que son loyal caractère, ses longs services et sa grande érudition avaient porté au rectorat de l'Académie de Paris ; Caristie, qui n'a fait que traverser nos rangs, mais que son expérience, son bon sens et son goût avaient immédiatement placé parmi les membres les plus écoutés du Conseil; Julliany, Eck, dignes représentants des intérêts du commerce et de ceux des classes laborieuses, dont les sentiments et les besoins leur étaient à la fois sympathiques et familiers.

» Nos regrets leur survivent, comme ils accompagnent dans leur retraite ceux de nos anciens collègues dont le zèle nous promettait une coopération utile et durable, et dont l'absence nous contriste aujourd'hui.

» L'application des règles qui président à la formation du Conseil et qui assurent leur représentation à chaque circonscription territoriale, comme à chacun des intérêts moraux ou matériels de la cité, était inévitable; mais nous qu'elle a décimés, il nous est permis d'en sentir plus vivement la rigueur.

» Remercions S. M. l'Empereur d'avoir voulu qu'au moment où ces nécessités douloureuses nous enlevaient notre vénérable doyen, un témoignage éclatant vînt récompenser son dévouement trentenaire; le décret qui confère la dignité de commandeur à M. Périer inspire au Conseil une reconnaissance profonde.

» Mais s'il s'agissait d'assurer aux affaires de la Ville le concours et l'éminente direction morale de ces membres de l'Académie des Beaux-Arts, de ce doyen de la Faculté de Médecine, de ces magistrats, de ce président de la Chambre des notaires, de ces maires de Paris, de ces manufacturiers, commerçants ou propriétaires éclairés, qui trouvent ici leur place, consacrée comme un droit par les plus respectables précédents.

» Leur connaissance pratique, positive et élevée des

intérêts de tout ordre qui se débattent devant le Conseil, nous garantit qu'en ajoutant à ses lumières ils en respecteront les traditions.

» Ceux d'entre nous qui depuis longues années participent aux délibérations de la cité peuvent tenir, en effet, à ces traditions; ils savent ce qu'ont coûté d'études, de soins, de prévoyance et de surveillance ces grandes choses auxquelles ils ont eu l'honneur insigne d'être associés, que la louange universelle glorifie aujourd'hui, mais que tant de critiques passionnées accueillaient naguère à leur début.

» Indépendamment des 50 ou 60 journées que le Conseil consacre chaque année à ses séances générales hebdomadaires, les Comités et les Commissions dans lesquels il se partage n'emploient pas moins de 250 à 300 séances à préparer la solution des questions qui leur sont confiées.

» Ce n'est pas trop pour conduire à terme les 16 ou 1,800 affaires portées annuellement au rôle du Conseil; pour discuter le budget des recettes et le budget des dépenses de la Ville, ainsi que le compte des dépenses de la Préfecture de Police; pour contrôler le budget et les comptes de l'Assistance publique, ainsi que ceux du Mont-de-Piété.

» En entrant dans cette enceinte, chacun de nous doit donc savoir qu'il ne s'agit pas d'occuper une sinécure : non, il faut consentir à aliéner au profit de la cité une part sérieuse, et, pour quelques-uns, la meilleure part de la vie : qu'il ne s'agit pas non plus de recueillir la faveur populaire; non, le bien qu'on accomplit ici est bientôt oublié, quand il ne passe point inaperçu, tandis que le mal qu'on n'a pu redresser encore frappe au contraire tous les yeux et demeure sans cesse l'objet du reproche injuste de tous.

» Mais cet amour du bien public qui anime tous les membres de ce Conseil leur rend l'éloge moins nécessaire et la critique moins lourde ; il leur apprend à se replier sur eux-mêmes et à trouver leur récompense de chaque jour dans ces relations d'une confraternité loyale et confiante qui les unissent et leur récompense suprême dans le témoignage d'une auguste approbation.

» La loi n'autorise pas la publicité de vos séances ; mais les membres nouveaux de ce Conseil ne tarderont pas à reconnaître que toutes les délibérations y sont l'objet d'une discussion attentive, éclairée, indépendante et longuement mûrie ; que loin de redouter le contrôle, on le recherche ; que loin de fuir l'examen, on le provoque ; qu'on entend que sur toutes les affaires de la Ville la lumière se fasse : elles n'ont qu'à y gagner.

» Toutefois, ils ne seront point surpris de voir l'administrateur éminent qui poursuit avec une clairvoyance si rare et un esprit si élevé l'exécution des plans de S. M. l'Empereur, pour l'agrandissement, l'assainissement et l'embellissement de Paris, repousser l'opposition systématique qui frappe de stérilité, tout en provoquant l'examen réfléchi qui féconde. Ils ne s'étonneront pas que leurs prédécesseurs, leurs anciens, tous chefs de famille, accoutumés aux affaires et formés par une longue expérience de la vie, sachent se contenter du progrès prochain, certain, pratique, et ne se laissent troubler ni par l'esprit de parti dénigrant toute œuvre de l'Empire, ni par l'orgueil de l'utopie dédaignant tout ce qu'elle n'a pas conçu.

» Quand il s'agit de Paris, il faut se défier des comparaisons et se défendre des défaillances. Sa population mobile a ses caprices, ses entraînements et ses retours. Nulle capitale au monde n'offre de tels assemblages, de tels contrastes, de telles difficultés de pondération. Tout y est réuni : les ambitions satisfaites qui veulent jouir et les ambitions en travail qui veulent s'élever ; ce qui s'appuie sur la tradition et demande la stabilité; ce qui aspire aux nouveautés et se précipite vers le mouvement. Tout s'y concentre : le siége du Gouvernement du pays, les privilégiés du rang et de la fortune, l'élite des intelligences, les écoles, la presse, les théâtres, un commerce immense, une industrie active, des ouvriers nombreux et de tous les étages. Pour assister avec calme aux revirements de l'esprit public qui émeuvent cette population impressionnable et diverse, il faut se reposer avec confiance dans la prescience politique tant de fois éprouvée du pilote infaillible qui tient le gouvernail, et étendre à l'opinion de Paris désormais ce que nos pères on dit autrefois de l'emblématique vaisseau de ses armes : *Fluctuat nec mergitur.*

» La religion, l'instruction publique, la charité vous ont trouvés non moins empressés de donner satisfaction à eurs intérêts que la grande voirie elle-même.

Vous aviez raison : si les monuments se fondent sur la pierre, les États se fondent sur les forces morales. En présence d'une agglomération qui s'ignore encore, de ces invasions de nomades, au milieu desquels le Parisien de race pure disparaît souvent, au milieu de tous ces contrastes qui nous étonnent, de ces surexcitations de l'oisiveté, de ces témérités de systèmes, de ces tentations de la misère, un autre devoir vous reste à accomplir.

» C'est à vous, c'est à la Municipalité tout entière qu'il appartient de maintenir à son vrai niveau cette excellente et sérieuse bourgeoisie parisienne, si digne de servir d'exemple aux heureux de la fortune, de modérateur aux imaginations troublées, de stimulant aux classes laborieuses d'où elle sort. Soutenues par le travail et par les traditions de l'honneur, les familles qui la composent savent préférer ce qui est respectable et sain, choisir ce qui est honnête, braver les mauvais contacts, résister aux séductions et imposer le frein du bon sens aux agitations maladives des esprits faux.

» C'est un grand et précieux héritage que nous ont légué nos pères; vous ne le laisserez pas dépérir en vos mains, si dignes de le conserver; et, après avoir satisfait aux soins que réclament de vous les affaires positives de la Ville, vous n'oublierez pas que ses Échevins sont aussi les gardiens naturels des mœurs publiques, et que, si elles sortaient dénaturées de la grande transformation qui s'accomplit, l'histoire leur en demanderait compte.

» Messieurs, au moment où la bonté de l'Empereur, m'accordant pour la septième fois un honneur dont je suis profondément ému, daigne me rappeler au fauteuil de la présidence, je vous demande, je vous prie de me continuer cette faveur constante et ces précieuses sympathies auxquelles vous m'avez accoutumé et dont je ne saurais me passer pour répondre dignement à la confiance de Sa Majesté. »

Conformément à la proposition d'un de ses membres, le Conseil décide que le discours de M. le Préfet et l'allocution de M. le Président seront imprimés et distribués.

M. le Président invite le Conseil à procéder, en exécution de l'article 17 de la loi du 5 mai 1855, à l'élection de son secrétaire et de deux vice-secrétaires.

Le dépouillement du scrutin constate la présence de 57 votants. Sont nommés successivement, à la majorité :

MM. Langlais, *secrétaire*.

E. Moreau, Denière, *vice-secrétaires*.

M. Langlais, sur l'invitation de M. le Président, prend place immédiatement au bureau.

Le Conseil, étant ainsi régulièrement installé, délibère, séance tenante, conformément à la proposition de M. le Président, qu'il y a lieu de maintenir l'adjonction au bureau de l'un de MM. les Conseillers, qui, sous le titre de syndic, sera investi de fonctions analogues à celles qu'exercent les questeurs au Corps législatif.

M. Germain Thibaut est réélu en cette qualité.

Enfin, il est procédé à l'organisation de quatre comités entre lesquels seront réparties les diverses affaires soumises au Conseil.

La séance est levée à quatre heures.

CONSEIL MUNICIPAL DE PARIS

COMITÉS NOMMÉS POUR L'EXAMEN DES AFFAIRES. — LEURS ATTRIBUTIONS RESPECTIVES.

1er *Comité*. — M. Ferdinand Barrot, président ; M. Varin, vice-président ; M. Germain Thibaut, secrétaire. Membres : MM. Avril, Denière, Lamy, Fère, Hébert, Lenoir, Lozouet, Oudot, Paillard de Villeneuve, Picard, Possoz et Ravault.

Attributions. — Plan de Paris, alignement, projets de voies nouvelles, classements de rues, réserves domaniales. — Acquisitions amiables et expropriations nécessaires à l'exécution des alignements, aliénations de terrains disponibles. — Nivellement de la voie publique, pavé, trottoirs, affaires diverses de voirie.

2e *Comité*. — Président, M. Chaix-d'Est-Ange ; M. Cornudet, vice-président ; M. Ernest Moreau, secrétaire ; MM. Auger, Dillais, Duban, Dubarle, V. Foucher, Gouin, Lebaudy, Pelouze, baron Poisson, Rattier, Robert Fleury et Winnerl, membres.

Attributions. — Travaux d'architecture, carrières sous Paris, beaux-arts, souscriptions et encouragements, bibliothèque de la Ville, promenades, squares, plantations, nettoiement, arrosage, éclairage, eaux et égouts, fosses d'aisance, urinoirs, logements insalubres, concessions d'emplacements sur la voie publique et dans les promenades, étalages, voitures publiques, lieux de stationnements, tarifs et traités relatifs à ces voitures.

3e *Comité.* — Président, M. Boulatignier; vice-président, M. Monnin-Japy; secrétaire, M. Decaux; membres : MM. Arnaud-Jeanti, baron Michel de Tretaigne, Collette de Beaudicourt, Desfossés, Dumont, A. Firmin Didot, Flourens, Ch. Merruau, Perilleux, Ségalas et Tardieu.

Attributions. — Mairies d'arrondissements, pompes funèbres, cimetières, service militaire, garde nationale, assistance publique, mont-de-piété, établissements divers de charité. — Fabriques et consistoires, reconnaissance légale des communautés, congrégations, etc. ; instruction publique, bourses et livres d'apprentissage.

4e *et dernier Comité.* — M. Devinck, président; M. Billault, vice-président; M. Onfroy, secrétaire; membres : MM. Teissonnière, vice-secrétaire; Bayvet, Ducloux, Garnier, Gauthier de Charnacé, Kœnigswarter, Le Blanc, Legendre, Lemoine, Mancel et Thiboumery.

Attributions. — Contributions, octroi, assiette et perception des droits municipaux de toutes natures, comptes et budgets de la Ville, dépenses de la Préfecture de Police, corps de garde et postes divers, halles et marchés, abattoirs, caisse de la boulangerie, subsistances, affaires domaniales et contentieuses, élections, archives.

Mercredi, 21 décembre, à l'occasion de la clôture de la session du Conseil général, le Sénateur Préfet de la Seine a réuni les membres de ce Conseil, ainsi que les Maires et Adjoints de Paris nouvellement nommés, dans un grand dîner qui a eu lieu à l'Hôtel de Ville dans la salle des Fêtes.

Au dessert, le Préfet a prononcé le discours suivant :

« Messieurs,

» Je me félicite du concours de circonstances qui me permet de voir, à cette réunion cordiale, non-seulement les membres du Conseil Municipal de Paris et de la Commission Départementale de la Seine, mais encore les Maires et Adjoints de Paris, nommés pour la période de cinq années qui commence, et les Chefs des principaux Services publics, généraux, départementaux ou municipaux, avec lesquels mon Administration et celle de mon honorable collègue et ami, M. le Préfet de Police, ont des relations immédiates et constantes.

» Depuis l'extension des limites de Paris, l'importance de cette ville absorbe de plus en plus celle du département, dont les intérêts sont liés avec les siens par une connexité intime, et dont le territoire n'excède plus son enceinte que d'une zone étroite.

» L'opinion publique les confond. C'est de la Ville de Paris, c'est de son organisation administrative, c'est de la direction imprimée à ses affaires qu'elle s'occupe. C'est donc sur ce terrain qu'il nous faut la suivre.

» Mais avant tout, Messieurs, j'ai à cœur de constater, comme un fait heureux, l'union complète de vues et de sentiments qui existe entre tous les membres, sans aucune exception, du Corps Municipal et Départemental renouvelé, qui les groupe en un faisceau serré, vigoureux, prêt à toutes les épreuves, et qui doit rendre fécond leur commun dévouement à l'Empereur et à son auguste dynastie.

» On a donné un grand retentissement aux paroles que j'ai prononcées à l'installation du nouveau Conseil Municipal. — Il y a là deux enseignements :

» L'étonnement naïf des uns, qui avaient tout à fait oublié pour quelles grandes raisons d'ordre public l'organisation municipale de cette capitale de l'Empire est exceptionnelle, montre qu'on ne peut se contenter d'opposer un dédaigneux silence aux attaques même les moins fondées, lorsqu'elles sont incessamment et systématiquement reprodruites, et qu'il est bon d'interrompre de temps en temps l'espèce de prescription qui s'opère dans l'opinion publique, sous l'influence d'un tel travail, contre les principes les mieux établis, contre les droits les plus clairement incontestables.

» La vaine colère des autres révèle une déception profonde. Un écrivain d'un rare talent pense que le point de mire des partis hostiles est le Préfet de la Seine. Erreur, Messieurs, erreur causée par une bienveillance dont je suis d'autant plus reconnaissant que je ne m'y connais aucun titre, mais que je trouve excessive. — C'est me faire trop d'honneur que de voir en ma personne un point de mire, à plus forte raison l'expression d'un programme quelconque. — Le point de mire des partis hostiles, Messieurs, c'est toujours l'Hôtel de Ville de Paris.

» Certes, personne ne songe plus, de nos jours, à s'en emparer au moyen d'un coup de main hardi, pour y dicter une révolution à la France stupéfaite! Sous un prince populaire, sous un gouvernement fort et résolu, cela serait insensé. Mais l'élection a ses surprises comme l'émeute, et l'on se croyait peut-être à la veille d'occuper sous des voiles municipaux ce poste avancé, objet de la convoitise, des oppositions de toutes les époques.

» Les plus habiles de nos adversaires n'ont pas de telles illusions. La citadelle qu'ils assiégent, c'est le budget de la ville.

» Je l'ai dit ailleurs : la transformation de Paris est spécialement désagréable à tous les partis. J'ajoute ici qu'elle l'est surtout à ceux dont les anciens chefs n'ont pu l'entreprendre (ils l'auraient certainement su) lorsqu'ils avaient le pouvoir en mains.

» Après avoir taxé de folie une œuvre si considérable, commencée avec les faibles ressources dont nous disposions tout d'abord; après avoir annoncé, d'année en année, la catastrophe à laquelle, suivant eux, nous devions fatalement aboutir, on comprend qu'ils soient singulièrement gênés par les bonis croissants des recettes de la Ville, qui viennent déjouer leurs calculs, donner raison aux nouveautés financières dont ils n'avaient pas soupçonné la portée, et finalement assurer l'achèvement de ce qu'ils disaient impossible.

» Nous aurions beau exposer que ces bonis, dus à la prospérité produite par le développement graduel de nos grandes entreprises, ne coûtent aucune aggravation de charges aux contribuables; qu'au contraire, le maintien, depuis douze ans, de nos taxes fixes d'octroi équivaut à une diminution notable de droits qui eussent été réglés *ad valorem;* que des étrangers de plus en plus nombreux contribuent à nos recettes, et nous aident indirectement par ce moyen à entretenir l'activité du travail parisien; enfin, que nous ne saurions renoncer, par voie de dégrèvement, à une portion de nos taxes, sans nous exposer à la nécessité de surélever les autres pour nous acquitter des obligations qui nous restent à remplir, même à l'égard de services chers à nos contradicteurs, tels que les services religieux et scolaires, et envers la banlieue annexée : rien n'y pourrait faire, si l'on veut, au fond, nous placer précisément dans cet embarras, afin de nous l'opposer plus tard.

» A Dieu ne plaise, Messieurs, que je range parmi les hommes de parti pris tous ceux qui désireraient qu'on fît profiter les contribuables de la richesse de la Ville. Il en est beaucoup, au contraire, que la démonstration, désormais acquise, de notre situation vraie, a surpris comme une révélation, et il ne faut pas s'étonner qu'entrevoyant tout à coup les conséquences de ce résultat, ils soient impatients de les voir réalisées.

» C'est le propre des néophytes d'avoir des convictions aussi vives que soudaines, surtout lorsque aucune responsabilité ne modère leurs généreux élans.

» Mais à nous, Messieurs, qui sommes de vieux croyants, ce n'est pas aujourd'hui seulement que le dégrèvement des taxes locales est apparu comme l'un des effets de notre œuvre. Toutefois, nous pensons qu'il en doit être le terme et non pas un incident.

» C'est quand les grands travaux de Paris auront eu toute l'action qu'ils doivent avoir sur les recettes de la Ville qu'on pourra songer sérieusement à réduire celles-ci. En effet, c'est une mesure qu'on ne saurait morceler sans en compromettre les fruits. De faibles atténuations de taxes profiteraient aux intermédiaires, et ne descendraient pas jusqu'aux consommateurs.

» L'allégement des charges des contribuables, qui doit être pour le noble cœur de l'Empereur la plus douce des satisfactions, me représente ces bouquets de fête que les constructeurs sont dans l'usage de mettre sur le comble du bâtiment, mais qui ne se placent qu'au terme de tous les travaux du gros œuvre.

» Voilà bien des motifs pour expliquer le silence que nous avons gardé jusqu'à présent sur ce sujet. Mais il en est encore un autre.

» Je vous le demande, Messieurs, lorsque nous avons osé aborder, avec une ressource libre annuelle qui n'atteignait pas 50 millions, comme aujourd'hui, qui n'était guère que de 17 millions et demi, un ensemble de travaux auquel la Ville seule a déjà consacré plus de 650 millions; lorsqu'on eut essayé en vain de faire comprendre l'accroissement de revenus produits par ces travaux mêmes pourrait suffire à tout, que n'eût-on pas dit si nous avions confié à ceux qui nous croyaient en voie de ruine complète des finances municipales, que nous comptions bien arriver par ce chemin non-seulement à la splendeur de la cité, mais encore à sa richesse, et enfin à une réduction notable des charges de ses habitants? Pour ma part, je crois bien savoir où l'on nous aurait envoyés!

» Il n'est jamais prudent d'apprendre hors de propos que la terre tourne aux gens qui l'ignorent, et marcher sera toujours la plus sage démonstration du mouvement.

» Aujourd'hui encore, j'hésiterais, Messieurs, à dévoiler ainsi d'avance la dernière partie du programme dont nous poursuivons l'exécution pas à pas, s'il n'était nécessaire d'établir que l'initiative n'en appartient point à nos contradicteurs; que la pensée en a été formulée déjà dans le discours prononcé par l'Empereur à l'inauguration du boulevard de Malesherbes, et que l'honneur d'en avoir assuré le moyen pratique revient au Corps Municipal, ainsi que le choix, sous l'approbation de Sa Majesté, du moment opportun.

» Quoi qu'il en soit, Messieurs, il nous faut affermir nos âmes et nos cœurs pour résister aux séductions du double courant qui tend à nous entraîner, d'une part vers l'exagération des dépenses, d'autre part vers le sacrifice des recettes. Nous ne pouvons compromettre par des faiblesses qui seraient coupables, puisqu'elles n'auraient pas l'excuse de l'ignorance, les grands résultats vers lesquels nous avons déjà fait des pas considérables, et qui seront tout à la fois la justification la plus évidente du système financier auquel nous avons eu foi, et la glorification la plus éclatante des augustes desseins dont nous avons été les instruments convaincus et dévoués.

» Permettez-moi d'ajouter que l'accomplissement entier de ces desseins sera certainement l'un des faits les plus mémorables de ce grand règne, qu'il marquera dans l'histoire de la civilisation et contribuera pour une certaine part à l'affermissement du trône impérial, dont nous voulons tous la perpétuité.

» C'est dans cette conviction, Messieurs, que je vous propose une triple santé, qui résume nos sentiments :

» A Sa Majesté l'Empereur !

» A Sa Majesté l'Impératrice !

» A Son Altesse le Prince Impérial ! »

Ces paroles, plusieurs fois interrompues par de vives marques d'adhésion, ont été suivies d'acclamations répétées.

FAITS DIVERS

Les abords de la Place du Pont-Saint-Michel

On sait que la transformation de l'*ancienne Place du Pont-Saint-Michel* a été commencée lors de l'exécution du boulevard Sébastopol (rive gauche) par la construction de plusieurs maisons à façades symétriques.

Il est question aujourd'hui de compléter cette place et de régulariser aussi les abords de cette partie du boulevard de Sébastopol.

A cet effet un jugement, à la date du 4 novembre, a déclaré expropriés les immeubles ci-après désignés :

Quai Saint-Michel, 23, 25 et 27.

Place Saint-Michel (1), 1 et 3.

Rue de la Huchette 28, 29, 30, 31, 32, 33, 34, 35, 36 et 37.

(1) Nous nous conformons ici au texte du jugement d'expropriation qui désigne cette voie sous le nom de place Saint-Michel. C'est une erreur au point de vue de l'histoire de Paris. C'est *place du Pont-Saint-Michel* qu'il faudrait dire. La place Saint-Michel, située à l'extrémité de la rue de la Harpe, se trouvait à plus de 600 mètres de celle qui est désignée dans le jugement, d'après les indications de l'Autorité Municipale.

Rue de la Harpe 1, 3, 5 et 7.
Rue des Maçons 12.

Ces voies, qui appartiennent à l'ancien Paris, rappellent des souvenirs utiles à conserver.

Voici l'origine du *quai Saint-Michel :*

— *Bureau de la Ville, 4 août* 1561. — « Aujour-
» dhuy a esté imposée la première pierre du fonde-
» ment du quay Saint-Michel, en la présence de M. le
» Prévost des Marchands de Marle, MM. Godefroy et
» Sanguin, eschevins, et les entrepreneurs du basti-
» ment du dict quay, et ont mes dicts sieurs magné
» la première d. pierre, avec la truelle et la chaulz, et
» ont donné aux d. entrepreneurs 3 escus pour le vin
» et un petit escu pour les pauvres. »

La *Place Saint-Michel* devait son nom à la Chapelle Saint-Michel, située dans la rue de la Barillerie. Les ventes par autorité de justice se faisaient autrefois sur cette place.

La rue de la Huchette, bâtie en 1210, s'appelait anciennement *rue des Rôtisseurs.* Sauval nous rapporte que le Père Bonaventure Calatagirone, général des Cordeliers l'un des négociateurs de la paix de Vervins, avait été si frappé de la rôtisserie de la rue de la Huchette, qu'à son retour en Italie, c'était la seule merveille de Paris qu'il se plût à rappeler.

« Les Turcs (écrivait Mercier, l'auteur du *Tableau de*
» *Paris*) qui vinrent à la suite du dernier ambassa-
» deur ottoman ne trouvèrent rien de plus agréable à
» Paris que la rue de la Huchette, en raison des bou-

» tiques de rôtisseurs et de la fumée succulente qui
» s'en exhale. On dit que les Limousins y viennent
» manger leur pain à l'odeur du rôt. A toute heure
» du jour, on y trouve des volailles cuites, les broches
» ne désemparent pas, le foyer le plus ardent : un
» tourne-broche éternel, qui ressemble à la roue
» d'Ixion, entretient la torréfaction. La fournaise des
» cheminées ne s'éteint que pendant le carême. Si le
» feu prenait dans cette rue dangereuse par la con-
» struction de ses antiques maisons, l'incendie serait
» inextinguible. »

La partie de la *rue de la Harpe* qu'on va démolir
s'appelait autrefois *rue de la Vieille-Bouclerie*.

Au n° 94 de la rue de la Harpe était situé le *Collége
d'Harcourt*, depuis Lycée Saint-Louis ; aujourd'hui la
principale entrée de cet établissement se trouve sur le
boulevard de Sébastopol.

Au n° 101 était le *Collége de Séez* ; ses bâtiments ont
été démolis en 1853, lors de l'ouverture de la rue des
Écoles.

Entre les n°s 110 et 137, on voyait encore au milieu
du dix-septième siècle *la Porte Saint-Michel*. Elle
avait été construite vers l'an 1200, et faisait partie de
l'enceinte de Philippe-Auguste. Elle prit d'abord le
nom de Porte Gibart, c'est ainsi qu'on appelait le territoire où l'on forma depuis la place Saint-Michel. A
la fin du quatorzième siècle, la Porte Gibart prit le nom
de Porte Saint-Michel parce qu'elle fût réparée en 1397,
année de la naissance de *Michelle*, fille de Charles VI.

Cette porte fut abattue en 1684, pour faire place à une fontaine qu'on a démolie lors du prolongement du boulevard de Sébastopol sur la rive gauche.

La Place du Château-d'Eau
Les abords de la Caserne du Prince-Eugène (1)

Dans notre précédente livraison, page 51, nous avons rendu compte des travaux à exécuter pour l'achèvement du *Boulevard de Magenta*, qui doit dégager à l'ouest de la Caserne du Prince-Eugène.

Précédemment, dans notre 2e livraison du 1er volume de notre Collection Municipale, pages 259 et suivantes, il avait été question des maisons devant être expropriées pour l'ouverture complète de cette voie.

Aujourd'hui, nous allons rappeler un arrêté de M. le Préfet concernant la Place du Château d'Eau et les abords de la Caserne du Prince-Eugène au sud de ce grand poste militaire.

Voici un extrait de cet arrêté :

1° Agrandissement et régularisation de la Place du Château-d'Eau, avec emplacement réservé pour la construction d'une salle destinée aux réunions des Orphéons des Écoles communales de Paris, et isolement de cet emplacement par une voie de 12 mètres de largeur, allant de la rue de Bondy à la rue du Château-d'Eau.

(1) Le plan officiel, qui fait partie de notre collection graphique, a été publié dans notre dernière livraison.

2° Élargissement à 50 mètres de la partie de la rue du Temple qui aboutit à la Place et qui doit devenir le débouché commun de cette rue et de la rue Turbigo.

En ce qui concerne le premier paragraphe, l'établissement d'une salle affectée aux réunions des Orphéons amènerait l'expropriation et la démolition des maisons ci-après :

Rue de Bondy nᵒˢ 20, 22, 24, 26, 28, 30, 32, 34 et partie du 36.

Rue du Château-d'Eau 1, 3. 5 et 7.

La rue de 12 mètres allant de la rue de Bondy à la rue du Château-d'Eau absorberait partie des nᵒˢ 36 et 38 de la 1ʳᵉ de ces deux voies et partie du nᵒ 7 de la seconde.

Pour ce qui a rapport au deuxième paragraphe de l'arrêté ci-dessus c'est-à-dire à l'élargissement à 50 mètres d'une partie de la *rue du Temple*, voici les immeubles qui seraient démolis entièrement ou en partie : 203, 205, 207, 209, 211, 213, 215, 217, 219 et 221 : — sur le côté des nᵒˢ pairs : 182, 184, 186, 188, 190, 192, 194, 196, 198 et 200.

Rue de Meslay, 1, et partie du nᵒ 3, — 2 et partie du 4.

Rue Notre-Dame-de-Nazareth, 2, 4, 1, et partie du 3.

Rue Béranger (autrefois Vendôme), nᵒ 27.

Boulevard du Temple partie du 43. les nᵒˢ 45 47, 49, 51 et 53.

Boulevard Saint-Martin 1, 3, 5, 7, 9, 11, 13, 15, et partie du 17.

L'exéculion de ce plan doit amener en outre le déplacement de la *Fontaine* dite du *Château-d'Eau.* Cette
fontaine doit être reportée plus à l'est de la Place, en
face des maisons actuelles 3 et 5 du boulevard Saint-
Martin. Ces immeubles sont compris au nombre des
propriétés devant être démolies.

Rappelons l'origine de cette fontaine.

Elle a été construite en 1811 et inaugurée le 15 août.
Elle se compose de trois socles circulaires; au milieu une
coupe en bronze entourée de quatre lions couchés. Ce
petit monument, qui va se trouver dans l'axe du boulevard du Prince-Eugène, sur une place importante, serait, selon nous, tout à fait insuffisant. Il faudrait une
composition plus large, plus grandiose, qui répondît
plus noblement à son entourage — Cette réflexion est
sans doute dans les idées de l'Administration Municipale.

Comme nous l'avons dit, les rues de Bondy, du
Château-d'Eau, du Temple, de Meslay, Notre-Dame-
de-Nazareth, Béranger, les boulevards du Temple et
Saint-Martin se trouvent intéressés à la transformation
de la Place du Château-d'Eau, ainsi qu'à la régularisation des abords de la Caserne du Prince-Eugène. Conséquemment, il importe de rappeler l'origine de ces
voies publiques, les documents administratifs qui s'y
rattachent, ainsi que les faits historiques qui les concernent.

1° RUE DE BONDY

Cette voie publique, qui commençait à la rue du

Faubourg-Saint-Martin pour aboutir à une voirie, était désignée primitivement sous le nom de *Chemin de la Voirie*. On la nomma plus tard *rue des Fossés-Saint-Martin* et depuis *rue Basse-Saint-Martin*, parce qu'elle est en effet plus basse que le boulevard qui lui est parallèle. C'est ainsi qu'on la désigne pour la première fois dans un arrêt du Conseil du 7 août 1769, qui fixa la largeur de cette voie publique à 30 pieds et prescrivit son prolongement jusqu'à la rue du Faubourg-du-Temple.

Un arrêt du 17 mars 1770 confirma cette dernière disposition.

En vertu d'un arrêt du Conseil du mois de décembre 1771, elle reçut la dénomination de rue de Bondy. Une ordonnance royale du 21 mars 1847 a fixé sa moindre largeur à 12 mètres.

Au n° 52, à l'angle de la rue de Lancry était situé le théâtre des *Folies-Amusantes*, puis des *Jeunes Artistes*. En 1778, un sieur de Lécluse, célèbre directeur de spectacles forains, fit bâtir un petit théâtre à côté du Wauxhall de Torré. Ce spectacle ouvrit le 12 avril 1779, sous le nom de *Variétés-Amusantes*, et y obtint un grand succès, grâce au talent de l'acteur Volanges dans *les Battus payent l'amende*, et autres pièces grivoises. En 1786, cette troupe quitta le boulevard et vint s'établir au Palais-Royal dans le théâtre occupé depuis par la Comédie Française. On établit alors une manufacture de papiers dans la salle de la rue de Bondy.

Mais en 1790, elle fut restaurée et se rouvrit sous le titre de *Théâtre Français Comique et Lyrique* on y jouait l'opéra et la comédie. Enfin quelques années après, ce théâtre prit le nom des *Jeunes-Artistes* et devint une pépinière de bons comédiens.

Il fut compris au nombre des petits théâtres supprimés en vertu du décret du 29 juillet 1807.

Au n° 56 était l'hôtel d'Aligre, du premier président du Parlement de Paris sous Louis XV.

A l'angle de la rue de Bondy et du boulevard Saint-Martin, on remarque l'hôtel de Portalis, ministre et avant tout ingénieux et spirituel avocat. On se rappelle que, plaidant en séparation pour la comtesse Mirabeau, la redoutable partie adverse tint à se défendre en personne. Mirabeau se vanta d'avoir eu pour sa femme tous les ménagements, bien que ses mains fussent pleines, disait-il, de lettres qui prouvaient des oublis et des défaillances. — Je vous défie de montrer ces lettres, s'écria Portalis. — Alors je vais les lire, s'écria le bouillant orateur. Le fait est que cette correspondance incriminait la demanderesse; mais quand tout fut divulgué, l'avocat reprit la parole : — Après un tel éclat, dit Portalis, je demande, messieurs, si la cohabitation serait possible?

2° Rue du Chateau-d'Eau.

La première partie de cette voie, entre la rue de la Douane et la rue du Faubourg-Saint-Martin, longeait, du côté de la Ville, le grand égout découvert. On lui donna d'abord le nom de *rue Neuve-Saint-Nicolas* qu'elle tirait d'une enseigne.

En vertu d'une ordonnance royale du 6 mars 1828, sa largeur a été fixée à 13 mètres. Une autre ordonnance du 21 novembre 1837, porte :

ARTICLE PREMIER. Est déclarée d'utilité publique l'exécution immédiate de l'alignement du côté droit, numéros pairs, de la rue Neuve-Saint-Nicolas, tel qu'il a été arrêté par l'ordonnance royale du 6 mars 1828. Cette importante amélioration a été complétement réalisée en 1841.

La deuxième partie de la rue du Château-d'Eau, entre la rue du Faubourg-Saint-Martin et celle du Faubourg-Saint-Denis, longeait, comme la précédente, le grand égout. Elle s'appelait *rue Neuve-Saint-Jean.*

En vertu d'une décision ministérielle du 11 juin 1851, les rues Neuve-Saint-Nicolas et Neuve-Saint-Jean ont été réunies sous la seule dénomination de rue du Château-d'Eau, attendu que cette communication prend naissance non loin de la fontaine dite du Château-d'Eau.

RUE DU TEMPLE.

Cette partie de la rue du Temple, dont la largeur doit être portée à 50 mètres, doit son nom aux religieux Templiers dont la forteresse ou demeure seigneuriale se dressait à l'endroit où nous voyons aujourd'hui le bazar du Temple.

Au n° 203 était situé le Couvent des Pères de Nazareth.

La Porte du Temple était à l'extrémité de cette rue, près du rempart devenu boulevard. Elle resta fermée pendant les troubles de la Ligue. Rouverte en 1606, elle fut rebâtie peu de temps après. La porte du Temple a été démolie en 1684, par arrêt du bureau de la Ville du 17 août. Elle était protégée par un bastion et un large fossé.

Dans la rue du Temple était autrefois le bureau des *Brouettes*, espèces de petites voitures à deux roues dans lesquelles une seule personne pouvait se placer. Les endroits où stationnaient ces brouettes, nommées vulgairement *vinaigrettes*, étaient : le pont Saint-Michel, le pont Marie (1), la rue de Venise, la place du Palais-Royal, la Croix du Trahoir (2), la barrière des Sergents (3), la rue de l'Échelle, les rues de Richelieu,

(1) On sait que presque tous les ponts de Paris étaient autrefois bordés de maisons.

(2) La Croix du Trahoir se dressait sur une petite place à l'angle de la rue de l'Arbre-Sec et de la rue Saint-Honoré. Là, étaient mis à mort les condamnés de la juridiction de Saint-Germain-l'Auxerrois. Trahoir dérive du verbe latin *trahere*, tirer, écarteler. Ce verbe dit assez le genre de supplice que subissaient les condamnés.

(3) Située entre la rue du Coq (aujourd'hui rue de Marengo) et la rue Croix-des-Petits-Champs. Ce fut au coin de la rue du Coq, que Paul Stuart de Caussade, comte de Saint-Mégrin, sortant du Louvre, vers onze heures du soir, fut attaqué le lundi 21 juillet 1578, par une bande d'assassins ; il tomba percé de trente-trois coups dont il mourut le lendemain. Henri III le fit enterrer à côté de Quélus et de Maugiron, dans l'église Saint-Paul, qui reçut à cette occasion le nom de *Sérail des Mignons*. — « De ce meurtre, dit l'Étoile, n'en fut » faite aucune poursuite. Sa Majesté étant bien avertie

Montmartre, des Bons-Enfants, le long du portail de l'église Saint-Eustache, la place Sainte-Opportune, les rues des Gravilliers, Michel-le-Comte, la place Baudoyer et la *rue du Temple*.

Fouquet, Surintendant des Finances, a demeuré, en **1652**, dans la rue du Temple, dans la maison qui porte aujourd'hui les n°s 101 et 103. Ce financier était alors Procureur au Parlement.

La Comtesse du Barry a demeuré rue du Temple dans la maison n° 195.

A l'angle de la rue du Temple se trouve l'ancien hôtel de l'Hôpital dont les jardins s'étendaient sur le rempart jusqu'à la rue Charlot.

Rue de Meslay.

Dans un arrêt du Conseil du 22 décembre 1696, concernant l'ouverture de la rue Vendôme, nous lisons : « *A l'endroit où se terminera cette nouvelle rue, il en sera formé une autre vis-à-vis, de pareille largeur de six toises, traversant de la rue du Temple à celle Saint-Martin, sur le terrain de la place*

» que le duc de Guise l'avait fait faire, parce que le bruit » couroit que ce mignon étoit l'amant de sa femme, et » que celui qui avoit fait le coup avoit la barbe et la con- » tenance du duc de Mayenne. Saint-Mégrin détestoit la » maison de Guise ; un jour, dans la chambre du Roi, de- » vant plusieurs seigneurs, il tira son épée, et bravant de » paroles, il en trancha son gant par le mitan, disant » qu'*ainsi tailleroit les petits princes Lorrains.* » — Une pareille imprudence était seule capable de le perdre.

d'entre le cours et le derrière des maisons de la rue Neufve-Saint-Martin, à l'effet de quoy seront, les terres de la butte Saint-Martin, transpôrtées sur les lieux qui seront à ce destinez. »

En 1723, cette rue, qui n'était point encore ouverte entièrement, portait cependant le nom de Meslay, qu'elle devait au sieur *Rouillé de Meslay*, l'un des principaux propriétaires riverains.

Le 6 mars de la même année, un arrêt du Conseil prescrivit l'acquisition de deux maisons pour déboucher cette rue, du côté de la rue Saint-Martin. Pour couvrir les frais de cette acquisition, un rôle arrêté au Conseil Royal des Finances détermina une contribution à laquelle dut concourir chaque propriétaire de la rue de Meslay.

Une ordonnance royale du 14 janvier 1829 a fixé la moindre largeur de cette voie publique à 11 m. 50.

Rue Notre-Dame-de-Nazareth.

Cette voie publique portait deux dénominations. La première partie, comprise entre la rue du Temple et la rue Volta, était désignée, jusqu'en 1630, sous le nom de *rue Neuve-Saint-Martin* dont elle forme le prolongement. A cette époque, les Pères de Nazareth ayant établi leur couvent dans la rue du Temple, à l'angle de la rue Neuve-Saint-Martin, cette dernière prit le nom de *rue Notre-Dame-de-Nazareth.*

La deuxième partie comprise entre les rues Volta et Saint-Martin, a été ouverte sur un territoire désigné sous le nom de *la Pissotte Saint-Martin.*

En vertu d'une décision ministérielle du 15 février 1851, elle ne forme qu'une seule et même voie avec la rue Notre-Dame-de-Nazareth.

La largeur de la première partie avait été fixée à 11 mètres 50, en vertu d'une ordonnance royale du 14 janvier 1829 ; celle de la seconde partie à 11 mètres seulement.

RUE BÉRANGER.

Cette voie qui portait encore dernièrement le nom de Vendôme, a été ouverte sur les terrains du prieur du Temple, en vertu d'un arrêt du Conseil du 23 novembre 1694.

Philippe *de Vendôme*, chevalier de l'ordre de Saint-Jean de Jérusalem, grand prieur de France, naquit en 1655 et mourut à Paris le 24 janvier 1727.

Un décret du 24 août 1854 a donné à la rue Vendôme le nom de *Béranger*. — Notre poëte national est mort dans la maison n° 5 de la rue Vendôme.

BOULEVARD DU TEMPLE.

La formation du boulevard du Temple a été ordonnée par un arrêt du Conseil du 7 juin 1656.

Situé près de l'enclos du Temple, ce boulevard en a retenu la dénomination.

C'était une des curiosités de Paris. Nos pères l'avaient vu commencer, grandir, prospérer, ce fameux boulevard du Temple. C'était une kermesse parisienne, une foire perpétuelle, un landit de toute l'année. Aussi Désaugiers le chansonnait ainsi :

La seul' prom'nade qu'ait du prix,
La seule dont je suis épris,
La seule où j' m'en donne, où ce que j' ris,
C'est l' boul'vard du Temple à Paris.

Les sept théâtres situés sur le côté droit du boulevard du Temple ont été démolis dernièrement, lors de l'exécution du boulevard du Prince-Eugéne. Ainsi a disparu l'une des beautés les plus curieuses, les plus aimées, les plus populaires de Paris.

Boulevard Saint-Martin.

Ce boulevard a été formé en vertu d'un arrêt du Conseil du 7 juin 1670. Il doit son nom à la porte Saint-Martin. Un arrêté du Président du Conseil des Ministres, chargé du Pouvoir Exécutif, signé *E. Cavaignac*, du 4 décembre 1848, a fixé à **33** mètres la largeur du boulevard Saint-Martin.

En 1850 et 1851 on a exécuté, au profit de cette voie publique, des travaux qui ont occasionné une dépense de 107,064 fr. 70 c.

Tels sont les renseignements administratifs et historiques se rattachant aux voies intéressées à la formation de la place du Château-d'Eau ainsi qu'aux abords de la Caserne du Prince-Eugène.

Louis Lazare.

CHEMIN DE FER DE CEINTURE

(RIVE GAUCHE.)

—

Le grand viaduc destiné à porter les voies du chemin de fer de Ceinture dans la traversée du 16e Arrondissement et qui se développe depuis la station du chemin de fer d'Auteuil jusqu'à la Route impériale, n° 10, (de Paris à Versailles, par Sèvres,) sur une longueur de 1,065 mètres, vient d'être terminé.

Cet ouvrage se compose d'un viaduc avec tablier métallique, à poutres droites de 30 mètres de largeur pour le passage de la Grande Rue d'Auteuil, de 46 arches à la suite de 4 mètres 80 d'ouverture chacune, d'une arche légèrement biaise en maçonnerie en arc de cercle au 1/10 de la flèche, de 23 mètres d'ouverture pour le passage d'un boulevard destiné à faire suite au boulevard d'Auteuil en traversant la courtine des fortifications ;

De 42 arches de 4 mètres 80 d'ouverture à la suite ;

D'une 2e arche de 23 mètres d'ouverture, en arc de cercle, semblable à la précédente, pour franchir le boulevard *Michel-Ange;*

De 35 arches de 4 mètres 80 d'ouverture à la suite ;

D'un viaduc avec tablier métallique à poutres droites de 14 mètres de largeur, pour le passage de la rue Boileau ;

De 13 arches semblables à celles ci-dessus décrites.

D'un viaduc avec tablier métallique semblable au précédent, pour le passage de la rue de la Municipalité ;

De 16 arches semblables aux précédentes ;

Et, enfin, d'un viaduc avec tablier métallique à poutres droites de 36 mètres de largeur, pour le passage de la Route Impériale, n° 10.

Ce groupe considérable de travaux, adjugés au mois de décembre 1863 et commencés en mars 1864, a été terminé dans une seule campagne de neuf mois.

En plan, le viaduc est en courbe de 360 mètres de rayon, sur une longueur de 550 mètres, à partir de la station d'Auteuil, et le surplus est en ligne droite, formant le prolongement de l'axe du Pont sur la Seine dont il sera question dans un autre article.

La hauteur moyenne du viaduc est de 8 à 10 mètres.

On sait que ce viaduc doit être bordé de chaque côté d'un boulevard latéral, de 16 mètres de largeur composé d'un trottoir planté, d'une chaussée de 9 mètres et d'un trottoir de 1 mètre contre le viaduc.

On a utilisé, dans l'intérêt des piétons, le dessous du viaduc en ouvrant dans chaque pile et dans les culées des viaducs sur les voies publiques, deux passages de 2 mètres 25 chacun, qui permettront une circulation non interrompue et à couvert dans toute la longueur du viaduc ;

Cette promenade couverte et unique dans Paris aura la même longueur que la rue de Rivoli entre la place de la Concorde et l'Hôtel du Louvre.

La bonne distribution des pentes du profil en long des boulevards latéraux exige le remblai de ces boulevards aux abords de la station d'Auteuil, ce qui explique la vue dans l'état actuel, des fondations d'un certain nombre de piles du viaduc, et plus loin, un déblai de 1 mètre environ à la traversée des rues Boileau et de la Municipalité qui seront raccordées en conséquence avec les chaussées des boulevards.

En ce qui concerne le viaduc, il ne reste plus qu'à poser les plinthes, les parapets et les tabliers métalliques ; on a protégé les voûtes par des chapes en mortier recouvertes d'une couche de bitume ; des tuyaux de descente dissimulés dans le centre des piles assureront l'écoulement des eaux pluviales tombées sur la plate-forme.

Cette plate-forme a 8 mètres 20 entre les parapets ; elle se composera de deux voies de 1 mètre 50 chacune, d'une entrevoie de 2 mètres et de deux accotements de 1 mètre 60 chacun.

L'exécution des boulevards n'est pas commencée et il est bien désirable que ces voies, qui vont établir des communications si nécessaires entre le Point du Jour et la Porte d'Auteuil, soient livrées le plus tôt possible à la circulation. Le public, malgré les inconvénients d'un parcours à travers les chantiers couverts de matériaux de toute espèce, s'est déjà frayé un passage qu'aucune défense n'a pû empêcher, tant est urgente la nécessité d'une communication dans la direction suivie par le chemin de fer.

Louis Lazare.

PROLONGEMENT DE LA RUE DE RÉAUMUR

DESCRIPTION DU TRACÉ

C'est par erreur que plusieurs journaux ont indiqué le prolongement de la rue de Réaumur comme partant de la rue Saint-Denis, seulement pour aboutir au boulevard des Capucines, à l'angle de la rue de la Paix.

La section exécutée entre les rues Saint-Martin et Saint-Denis n'est qu'une section intermédiaire, ou mieux une amorce qu'on a dû ménager lors de l'exécution du boulevard de Sébastopol.

La rue de Réaumur doit être prolongée à l'est comme à l'ouest de Paris, et disons tout de suite que le premier des deux prolongements est celui qui nous paraît le mieux empreint du double caractère d'utilité publique et d'urgence.

Voici le tracé officiel et complet de cette voie :

Dans sa partie orientale, le tracé commencera à la rue du Temple, en prolongement de la rue de Bretagne, ensuite il pénétrera dans la rue Phelipeaux, qu'il transformera en une section de la grande voie. Cette rue Phelipeaux, qui n'a même pas une largeur uniforme de 7 mètres, est cependant le trait d'union entre les quartiers du Temple et de Saint-Martin, dans une longueur de 182 mètres. Les maisons du côté droit devront avancer pour se mettre en bordure de la nouvelle rue; toutes les propriétés du côté gauche, au contraire, seront entamées.

Le tracé coupera dans ce parcours les maisons n°s 27, 32 et 34 de la rue des Vertus, et pénétrera dans les terrains sur lesquels se trouvait l'ancienne cour de la Marmite, immense bâtiment que la Ville vient de démolir, après en avoir fait l'acquisition de l'Administration de l'Assistance publique.

Nous avons dit que la rue Phelipeaux était le courant de la circulation entre le quartier du Temple et le quartier Saint-Martin. Eh bien! cette circulation, déjà si embarrassée dans cette rue extrêmement étroite, vient encore se briser contre le retour d'équerre si dangereux de la ruelle Volta, dans la rue de Réaumur.

La voie nouvelle détruit cet obstacle, et le prolongement va se souder au tronçon exécuté lors de la formation du boulevard de Sébastopol.

Telle est, selon nous, la section la plus utile de la grande artère, et c'est pour ce motif que nous allons nous y arrêter un instant, en démontrant les bienfaits qui en résulteront dans l'intérêt de la salubrité et de la sécurité.

Cette cour de la Marmite renfermait depuis des siècles une colonie de pauvres gens qui naissaient, végétaient et mouraient dans cette atmosphère malsaine. Il y avait là un déplorable entassement de population dans ce quadrilatère enserré par les ruelles Phelipeaux, Volta, au Maire et des Vertus.

Quant au retour d'équerre de la ruelle Volta, c'est le défilé le plus dangereux qui existe dans Paris. La ruelle est si étroite en cet endroit, que les roues de l'omnibus des Filles-du-Calvaire viennent, à la moindre déviation, heurter le trottoir, qui n'accorde que 60 centimètres aux piétons pour se garer.

Voici ce que nous disait, il y a quelque temps, un octogénaire qui demeure dans cette partie de la rue Volta depuis 1824 :

« J'ai compté jusqu'à quarante-cinq accidents causés » par le peu de largeur de cette ruelle ; neuf à ma » connaissance ont été suivis de mort. Aussi dans le » quartier appelle-t-on ce défilé la *ruelle de l'Enfer.* »

En faisant disparaître cette cour de la Marmite, en supprimant ce retour d'équerre de la rue Volta, c'est donc faire de l'administration aussi utile au point de vue de la sécurité que de la salubrité publique.

Après avoir quitté la rue Volta, la voie pénètre ensuite dans la place de l'ancien marché Saint-Martin. En cet endroit, le prolongement de la rue Réaumur opérera sa fusion avec la rue Turbigo, et formera une place bien nécessaire au milieu d'une population agglomérée.

Rappelons succinctement l'origine de la place de l'ancien marché Saint-Martin.

« 25 mars 1765. — Louis, etc.... Les officiers char- » gés sous nos ordres de la police de Paris désiraient » depuis longtemps l'établissement d'un marché dans » le quartier Saint-Martin-des-Champs, où, faute d'un » terrain qui y fût destiné, les vendeurs et les ache-

» teurs, ne pouvant se placer dans les rues plus fré-
» quentées, se trouvoient exposés à de grandes incom-
» modités, à de véritables risques par le passage
» continuel des voitures... A ces causes,... avons
» approuvé le contrat d'échange attaché sous le contre-
» scel des présentes, par lequel le sieur abbé de Bre-
» teuil, en vue de l'établissement d'un marché, a cédé
» aux religieux, moyennant 8,000 livres de rente
» perpétuelle, la totalité de l'emplacement de son
» hôtel, au prieuré de Saint-Martin-des-Champs... »

Un demi-siècle n'était pas écoulé depuis la construction du marché Saint-Martin, que Napoléon
ordonnait la création d'un nouvel établissement dans
des proportions beaucoup plus étendues. Malheureusement, les guerres que le premier Empire eut à soutenir paralysèrent l'exécution de cet utile projet, qui
ne fut réalisé qu'en 1816. Alors l'ancien marché,
ouvert en 1765, fut abandonné, puis démoli; et, sur
les terrains laissés disponibles, l'on forma la voie
connue aujourd'hui, sous le nom de place de l'Ancien
Marché Saint-Martin.

Le carrefour qui sera créé à la rencontre des rues
de Réaumur et Turbigo n'absorbera pas seulement la
place de l'Ancien Marché Saint-Martin, mais en partie
les petites rues Saint-Paxent et Saint-Marcoul, ouvertes, en 1780, sur l'emplacement de l'ancienne abbaye de Saint-Martin-des-Champs.

Vers l'extrémité de cette place, à l'ouest, débouchera le prolongement de la rue Beaubourg, qui se
continuera, au sud, jusqu'à la rue de la Poterie-des-

Arcis, de manière à créer une grande voie perpendiculaire à la Seine, partant de la place de l'Hôtel-de-Ville et devant se prolonger un jour jusqu'au boulevard Saint-Martin.

Cette voie, de la plus grande importance et à laquelle nous consacrerons un article spécial, dégagera la rue du Temple, dont les courbes ne sauraient être rectifiées qu'au prix d'une dépense considérable.

Revenons au prolongement de la rue de Réaumur, dont le tracé atteindra l'amorce exécutée lors de l'ouverture du boulevard de Sébastopol, en dégageant, au midi, le Conservatoire des Arts-et-Métiers.

Ce tronçon de la voie nouvelle s'effectuera par la transformation de la rue de Réaumur actuelle, qui commence à la rue Volta et aboutit à la rue Saint-Martin. Il supprimera entièrement les rues Japy et Henri Ier. L'Administration Municipale profitera, sans aucun doute, de cette circonstance pour isoler le côté nord de l'église Saint-Nicolas-des-Champs, que la rue de Turbigo doit dégager au sud.

Tel est le prolongement de la rue de Réaumur à l'est. Maintenant, nous avons à nous occuper du prolongement qui doit se poursuivre à l'ouest de Paris.

Cette division de notre compte rendu était commandée par la situation de la partie exécutée, section intermédiaire de la grande voie.

En effet, l'Administration Municipale n'a pas seulement désiré créer une communication entre le quartier Saint-Denis et le boulevard des Capucines, en vue de l'Opéra, elle a voulu que la grande voie devant conduire à notre premier théâtre national, profitât aussi aux quartiers du Temple et du Marais, qui étouffent au milieu d'un réseau de ruelles.

Le prolongement, en se poursuivant, doit faire disparaître les maisons n°ˢ 299, 301, 303 et une partie du 305 de la rue Saint-Denis, pour transformer la rue en coupant dans le massif des maisons du côté des numéros pairs.

Dans cette partie, la rue Saint-Denis avait sa largeur fixée à 13 mètres par l'ordonnance royale du 27 janvier 1837 ; celle de la rue Thévenot se trouvait arrêtée à 10 mètres par l'ordonnance Royale du 21 juin 1826.

Le tracé entame, vers l'extrémité de la rue Thévenot, le côté sud de la cour des Miracles, laquelle n'est pas reconnue voie publique par l'Administration Municipale.

Après cette coupure faite à la cour des Miracles, le tracé détruira l'impasse de l'Étoile, qui n'a pas d'alignement officiel ; il débouchera ensuite dans la rue du Petit-Carreau, qui présentera certaines difficultés de nivellement, lesquelles entraîneront l'expropriation de plusieurs immeubles. Voici seulement les maisons qui doivent être démolies d'après le plan officiel : n°ˢ 20, 22, partie du 23, 24, 25, partie du 26, 27, 29, 31, et partie du 33. La largeur de la rue du Petit-Carreau avait été fixée à 11 mètres 50 c. en vertu d'une ordonnance Royale du 23 juin 1845.

La rue Neuve-Saint-Eustache cédera à la nouvelle voie les immeubles ci-après : partie des n°ˢ 38 et 50, la totalité des maisons n⁰ˢ 40, 42, 44, 46, 48; sur le côté opposé : 23, 25, 27, 29, 31 et partie du 33. L'alignement de la rue Neuve-Saint-Eustache était fixé à 12 mètres de largeur par l'ordonnance Royale du 4 mai 1826.

Le tracé atteint aussi la rue Cléry et lui enlève une partie des n⁰ˢ 13, 14 et 15, avec la totalité des n⁰ˢ 16, 18, 20, 22, 24 et 13 *bis*. La largeur de la rue Cléry avait été déterminée à 10 mètres 70 centimètres par l'ordonnance Royale du 21 juin 1826.

En quittant la rue Cléry, le tracé écorne la rue du Sentier à l'endroit où elle commence, et lui enlève les n⁰ˢ 1 et 2, ainsi qu'une partie du n⁰ 3 ; de là il pénètre dans la rue Montmartre et absorbe en partie les n⁰ˢ 124 et 97 et la totalité des n⁰ˢ 126, 128, 130, 99, 101, 103, 105 et 107.

Mentionnons ici que le prolongement de la rue du Louvre débouchera dans la rue Montmartre, mais à la hauteur des n⁰ˢ 81 et 83.

Une ordonnance Royale avait fixé, dès le 4 mai 1826, la largeur de la rue du Sentier à 10 mètres, celle de la rue Montmartre était portée 15 mètres par l'ordonnance Royale du 25 mars 1845, qui déclara d'utilité publique l'élargissement de cette voie sur le côté des numéros pairs, entre la pointe Saint-Eustache et la rue Neuve-Saint-Eustache.

L'élargissement ne fut exécuté que jusqu'à la rue Mandar, de 1847 à 1852.

La réalisation de la rue du Louvre amènera vraisemblablement l'élargissement complémentaire de la rue

Montmartre, entre la rue Mandar et la rue Neuve-Saint-Eustache.

En quittant la rue Montmartre, le tracé de la rue de Réaumur, coupe la rue Joquelet, et lui enlève les maisons n⁰ˢ 7, 9, 11, 12, 13, et partie du n⁰ 5. La largeur de la rue Joquelet est fixée à 10 mètres par l'ordonnance Royale du 4 mai 1826.

De la rue Joquelet le tracé pénètre dans la rue Notre-Dame-des-Victoires, et lui prend une partie du n° 34 et tout le n° 36. Une ordonnance Royale du 23 juillet 1828 avait fixé la largeur de la rue Notre-Dame-des-Victoires à 10 mètres. — Dès le 16 juin 1824, une ordonnance Royale relative aux abords de la Bourse approuvait les dispositions suivantes :

« Prolonger en ligne droite la rue Notre-Dame-des-Victoires sur une largeur de 12 mètres jusqu'à sa rencontre avec la rue Montmartre. »

Ce prolongement, commencé en 1837, a été terminé en 1841. Mais pour le compléter et le régulariser, il faudrait démolir la maison n° 27 de la rue Notre-Dame-des-Victoires.

Le tracé de la rue de Réaumur atteint ensuite la rue Vivienne, où il supprime le n° 27. La largeur de cette rue est portée à 12 mètres, en vertu du décret du 14 mai 1853.

En quittant la rue Vivienne, le tracé se poursuit dans la rue des Filles-Saint Thomas, et lui enlève les n⁰ˢ 4, 6, et partie du n° 8 ; l'ordonnance Royale qui fixe la largeur de cette rue à 10 mètres est du 4 mai 1826.

Ensuite le tracé coupe à son extrémité la rue des

Colonnes, qui doit livrer à la nouvelle voie les nᵒˢ 1, 2
et partie du nᵒ 3. Aucun alignement officiel ne doit
modifier les dispositions symétriques de la rue des
Colonnes, dont la formation date du commencement
de ce siècle.

En quittant la rue des Colonnes, la voie pénètre
dans la rue de Richelieu, enlève les nᵒˢ 72 et 79, et
partie des nᵒˢ 70 et 74. L'alignement de la rue de Richelieu est arrêté à 12 mètres de largeur par l'ordonnance
Royale du 8 mars 1839.

Après avoir dépassé la rue de Richelieu, la voie
entre dans la rue Ménars et absorbe les nᵒˢ 3, 5, 7, 14
et 16, ainsi qu'une partie des nᵒˢ 1 et 12. Une ordonnance Royale du 16 avril 1831 a fixé à 10 mètres la
largeur de la rue Ménars.

De la rue Ménars, le tracé se continue dans la rue
Grammont, qui verra disparaître les nᵒˢ 7 et 8 et partie
du nᵒ 5. La largeur de la rue Grammont est déterminée
à 10 mètres par l'ordonnance Royale du 16 avril 1831.

La nouvelle voie pénètre alors dans la rue Choiseul, qui lui abandonne les nᵒˢ 10, 11 et partie des
nᵒˢ 8, 12 et 13. Une ordonnance Royale du 27 mars 1831
a porté la largeur de la rue Choiseul à 10 mètres.

De la rue Choiseul, le tracé entre dans la rue de
la Michodière et enlève les nᵒˢ 13 et 15, ainsi qu'une
partie des nᵒˢ 10 et 12. C'est à 12 mètres de largeur que
l'alignement de cette rue a été fixé par l'ordonnance
Royale du 9 août 1844.

De la rue de la Michodière, le tracé se prolonge
dans la rue de Hanovre et fait disparaître le nᵒ 21. La

largeur de la rue de Hanovre est fixée à 8 mètres par l'ordonnance Royale du 27 octobre 1847.

Après la rue de Hanovre, le tracé rencontre la rue de Port-Mahon, qui livre à la voie partie du n° 11 et les n°" 14 et 16. L'ordonnance Royale du 16 avril 1831 a maintenu la largeur actuelle de la rue de Port-Mahon.

Le tracé pénètre ensuite dans la rue Louis-le-Grand, et enlève une partie des n°" 24, 29, 33 et le n° 31. C'est à 9 mètres 74 centimètres de largeur que la rue Louis-le-Grand a été fixée par l'ordonnance Royale du 4 octobre 1826.

Le prolongement de la rue de Réaumur débouchera sur le boulevard des Capucines avec la rue qui partira de la place du Théâtre-Français, pour aboutir en face du nouvel Opéra. Il est probable que la fusion de ces deux grandes voies nécessitera la formation d'une place indispensable en cet endroit.

Tel est le tracé du prolongement de la rue de Réaumur.

Rappelons maintenant les souvenirs historiques qui se rattachent aux voies publiques ou particulières à travers lesquelles passera cette grande artère.

Ces voies sont au nombre de 27. En voici la nomenclature :

Rues Phelipeaux, Volta, place de l'Ancien Marché-Saint-Martin, rues de Réaumur (ancienne), Saint-Denis, Thévenot, cour des Miracles, impasse de l'Étoile, rues du Petit-Carreau, Neuve-Saint-Eustache, Cléry, du Sentier, Montmartre, Joquelet, des Filles-Saint-Thomas, des Colonnes, de Richelieu, Ménars, Grammont,

Choiseul, de la Michodière, de Hanovre, de Port-Mahon, Louis-le-Grand et boulevard des Capucines.

Parmi ces voies, trois seulement offrent un intérêt historique, savoir : la place de l'Ancien Marché-Saint-Martin, la rue Saint-Denis et la cour des Miracles.

La première faisait anciennement partie du prieuré de Saint-Martin-des-Champs : là avaient lieu les duels, judiciaires. Cette place servait de champ clos, et les moines de Saint-Martin en tiraient un revenu considérable. La fureur des duels fut poussée à un tel point que le roi Louis le Jeune défendit le combat dans les contestations qui s'élevaient pour une somme inférieure à cinq sols parisis; mais cette défense n'eut aucun résultat. Plus tard, saint Louis essaya de détruire cet usage barbare ; son ordonnance ne fut observée que dans les domaines royaux. Les seigneurs l'éludèrent dans leurs terres, attendu que cette ordonnance leur eût enlevé de gros bénéfices. Lorsqu'il y avait gages de bataille, l'amende à payer par le vaincu roturier était de soixante sols, celle du vaincu gentilhomme de soixante livres. Cette coutume a donné naissance au proverbe : *Les battus payent l'amende.*

Passons à la rue Saint-Denis, l'une des plus anciennes de Paris, surtout dans sa partie qui avoisine la Seine. C'était par la rue Saint-Denis que les Rois et les Reines faisaient leur entrée solennelle. Toutes les rues sur leur passage, jusqu'à Notre-Dame, étaient tapissées d'étoffes de soie et de draps camelotés. Des jets d'eau de senteur embaumaient l'atmosphère; le vin, l'hypocras et le lait coulaient de toutes les fontaines. Les députés des six corps de marchands portaient le dais royal ; les corps des métiers suivaient, représentant, en habits de caractère, les sept péchés capitaux.

La cour des Miracles existait vers le commencement du treizième siècle ; elle se trouvait alors en dehors de l'enceinte de Paris, construite sous le règne de Philippe-Auguste. C'était un repaire de mendiants, de vagabonds et de voleurs, qui contrefaisaient les malades et les estropiés pour attirer la commisération des passants. Rentrés dans leur bouge, ils opéraient le *miracle* d'une guérison instantanée.

C'est au lieutenant général de police, Gabriel-Nicolas de la Reynie, que Paris dut enfin d'être débarrassé de ces bohêmes. Plusieurs firent résistance : quatre d'entre eux, pris les armes à la main, furent fusillés. Le lendemain, la place était nette.

Dans la cour des Miracles demeurait, en 1793, Hébert, rédacteur du journal *le Père Duchesne*. Après le 10 août, il fut nommé membre de la Commune de Paris, puis substitut et procureur-syndic. Sa conduite odieuse lors du procès de la Reine a justement flétri sa mémoire.

Louis LAZARE.

LES

CONSULTATIONS DE M° THIBAUT

(Deuxième article.)

DES EXPROPRIATIONS TOTALES

Un jour, M. Thibaut était dans son cabinet, quand il vit entrer M. Bourgeois, l'air tout soucieux.

— Qu'avez-vous donc mon excellent voisin, qui vous préoccupe si fort; vous avez le front bien chargé de nuages ?

— Dame, M. Thibaut, je commence à croire que ce n'est pas tout roses que d'être exproprié. J'en perdrai la tête, c'est sûr. Savez-vous bien, que ma maison compose tout mon avoir, et que si le jury me la payait au-dessous de sa valeur ce serait me faire perdre de l'argent pourtant bien légitimement gagné par une vie entière de probité et de travail. Ça me fait frémir rien que d'y penser.

— Bah ! tranquillisez-vous, je sais bien que parfois il y a eu des affaires un peu légèrement jugées, des erreurs, mais, les jurés apportent, généralememnt, la plus grande attention aux affaires qui leur sont soumises (c'est du reste leur devoir) et ils l'accomplissent avec un dévouement que j'ai toujours admiré pour ma part.

— Je ne dis pas ; mais, pour plus de sûreté, il vaut mieux n'arriver devant eux, que bien renseigné sur ses droits, par des gens qui s'y connaissent tout spécialement, de longue date, et voilà pourquoi je viens encore vous déranger aujourd'hui.

— Je suis tout à votre disposition. Quest-ce ?

— Vous savez que derrière ma maison il y a un grand terrain en nature de jardin, qui est loué avec le rez-de-chaussée et les deux premiers étages à une pension de jeunes gens. On me dit, que le tracé de l'expropriation enlève le terrain seulement, et, que l'on me laissera ma maison toute seule, sans jardin. Quant à moi ; il me semblait cependant, lorsque j'ai été voir le plan, à la Mairie, que la maison était atteinte, mais je n'y ai du reste fait qu'une médiocre attention, je pensais que dès qu'une propriété était touchée, la Ville devait la prendre.

— Non pas ; vous êtes dans l'erreur. Avec ce système, dès qu'un expropriant aurait besoin ne fût-ce que d'un mètre de terrain, vous voudriez donc leur laisser pour compte des propriétés de plusieurs milliers de mètres d'étendue, ce serait rendre toute expropriation impossible.

— Mais, cependant, je me rappelle que, l'année dernière, mon frère a été exproprié en totalité d'une maison, alors que la Ville n'avait besoin que d'une partie. On peut donc prendre ou ne pas prendre, suivant que cela convient ou non? Il n'y a donc pas de règles à cet égard! c'est important, cependant, car, au bout du compte, la propriété est chose sacrée, et, devrait être respectée.

— Là, là, comme vous êtes vif, cher monsieur, soyez tranquille, on n'a pas laissé ce point capital sans réglementation. Déjà, la loi de 1807 avait prévu le cas, la loi de 1833 s'en est aussi occupée, enfin, la loi du 3 mai 1841, qui seule doit nous intéresser maintenant, a posé les principes à suivre dans son article 50, ainsi conçu :

ART. 50. *Les bâtiments dont il est nécessaire d'acquérir une portion, pour cause d'utilité publique, seront achetés en entier, si les propriétaires le requièrent par une déclaration formelle adressée au magistrat directeur du jury, dans les délais énoncés aux articles 24 et 27 ;*

Il en sera de même de toute parcelle de terrain qui, par suite du morcellement, se trouvera réduite au quart de la contenance totale, si toutefois, le propriétaire ne possède aucun terrain contigu et, si la parcelle ainsi réduite est inférieure à dix ares.

— Très-bien, je comprends, j'ai alors droit de me faire prendre ma propriété en entier, quoi qu'il en soit. Car, d'une part, si on touche la maison, on doit exproprier le tout, et, si on ne touche qu'au jardin, comme il m'en restera moins de dix ares, il faut le prendre en entier : or, comme ma maison ne peut se passer du jardin puisqu'il est indispensable à la location, c'est comme si on y touchait, et alors on me prendra toujours toute la propriété.

— Tiens, tiens, vous ergotez comme un avocat maintenant. C'est un talent que je ne vous connaissais pas. Seulement, il y a un petit malheur à tout cela, c'est que votre argumentation porte à faux. Remarquez, d'abord, qu'il y a deux paragraphes à l'article 50, le premier qui s'ocupe des propriétés bâties dans les villes et le second, qui a trait aux terrains nus, en plein champ. Dans le premier cas, la loi décide que les bâtiments atteints devront être pris en entier, si les propriétaires le désirent et le demandent dans les délais prescrits, mais il n'est nullement question des jardins. Dans le second cas, il s'agit de terres cultivées. Ici, la règle change, par ce qu'il est de l'intérêt de l'agriculture de ne pas trop morceler les exploitations, ce qui augmente les frais de culture. Voilà les vrais motifs.

— Mais permettez, M. Thibaut, mon jardin fait partie de ma propriété et l'écorner c'est toucher à ma maison qui n'aurait plus aucune valeur sans lui.

— Ah ! je vous attendais là : Vous n'êtes pas le premier qui ayez fait ce raisonnement et lors de la discussion à la chambre des députés, en 1841, on a fixé les idées à ce sujet. Tenez, donnez-moi ce gros volume qui est derrière vous ; c'est la collection du *Moniteur*, prenez le premier semestre de 1841, je vais vous y lire le passage qui nous intéresse en ce moment.

M'y voilà. On en était à la discussion de l'article 50. La commission, chargée d'examiner le projet de loi, proposait d'adopter la même rédaction que celle contenue dans la loi de 1833 et commençant ainsi :

« Les maisons et bâtiments, etc. » M. Galis demande la parole et voici la suite de la séance que je lis textuellement.

M. GALIS. — *L'application de l'article* 50 *a donné lieu à des difficultés. Il est important d'empêcher qu'elles se reproduisent. Des propriétaires ont prétendu que l'expresion* MAISONS, *dont se sert cet article, comprenait les bâtiments d'habitation, cours et toutes leurs autres dépendances ; d'autres ont pensé que par* BATIMENTS, *il fallait entendre tous les bâtiments d'exploitation, de manière que l'expropriation d'un seul, dût s'étendre nécessairement à la totalité des constructions. La jurisprudence n'a pas définitivement fixé le sens de cet article, mais les tribunaux paraissent s'arrêter à l'idée de n'appliquer la première de ces expressions qu'aux bâtiments d'habitation et la seconde qu'aux seuls bâtiments d'exploitation atteints par l'expropriation. Il me paraît évident que l'emploi simultané de ces deux mots dans l'article* 50, *peut donner lieu à des interprétations erronées ; car, il est naturel de ne pas supposer l'expression* MAISONS *synonyme de* BATIMENTS *et de lui attribuer le sens d'une collection d'objets composant l'ensemble de la propriété. Il conviendrait de rédiger ainsi l'article en discussion :*

« Chacun des bâtiments dont il est nécessaire d'ac-
» quérir une portion pour cause d'utilité publique sera
» acheté en entier si... etc. »

M. LE RAPPORTEUR. — *On pourrait mettre tout simplement :* « *les Bâtiments... etc.* »

M. GALIS. — *Mettez si vous voulez* « *les Bâtiments* » *je consens volontiers à cette modification, mais il faut faire cesser l'équivoque des termes de l'article primitif reproduit par le projet.*

M. DE MARMIER. — *Il y a tel bâtiment dont l'existence est tellement liée à celle d'un bâtiment qui n'est pas atteint, qu'en vérité il me semble qu'on ne peut les séparer dans l'expropriation.*

M. GALIS. — *La valeur de la portion expropriée sera fixée, à raison du tort que l'expropriation, d'une partie des dépendances aura pu causer à l'immeuble. Mais on ne peut exiger, dans les grandes villes surtout, où les bâtiments ont une grande importance, qu'on exproprie un immeuble entier pour une portion de cour ou pour un corps de bâtiment.*

M. LE RAPPORTEUR. — *L'amendement de M. Galis a été communiqué à la Commission. Elle croit, en effet, que le mot* MAISONS *est complétement inutile dans l'article, qu'il pourrait donner lieu à quelques difficultés tandis que sur le principe de l'article il ne saurait y en avoir.*

La Commission consent, par conséquent à la suppression du mot MAISONS *comme inutile.*

(Le paragrapge 1er ainsi modifié et commençant par : *Les bâtiments,* est adopté.)

— Vous voyez, continua M. Thibaut, en fermant son

volume, que l'esprit de la loi comme le texte se refuse
à ce que vous fassiez prendre votre maison en totalité
à la Ville, si le jardin est seul entamé.

— Mais, si l'on me laisse ma maison sans le jardin,
mon locataire, le maître de pension va me quitter et
ma maison ne pourra plus se louer. Transformer mes
locaux en logements particuliers cela me coûterait
fort cher, il n'y a pas à y penser ; ensuite, par là, on
demande des petits jardins et comme les locataires en
trouveraient chez les voisins ils ne viendront pas chez
moi ; j'aurai des non-valeurs considérables. C'est pourtant bien terrible.

— Vous avez le droit de vous faire payer, pour ce
fait, une indemnité de dépréciation. Si l'avocat que
vous choisirez, pour plaider votre cause, connaît bien
ces sortes d'affaires, il ne manquera pas de faire valoir ces circonstances qui doivent influer sur le chiffre
de l'indemnité.

Le mot indemnité vient de deux mots latins (*in
damnum,*) qui veulent dire *sans perte*. Ce que la loi
veut c'est que l'exproprié soit replacé dans la même situation qu'avant l'expropriation, *sans perte* comme
sans bénéfice ; mais comme cela est impossible à réa-
liser, en action, et qu'il faut estimer en argent les
chances à courir, Il est de la dernière importance pour
les expropriés de bien faire valoir tout ce qui peut leur
être favorable, et pour le juré de bien examiner et de
les payer largement pour faire la part de l'imprévu,
qui joue un si grand rôle dans l'humanité. Il est évident qu'il vaut mieux donner trop à dix expropriés que

d'en ruiner un seul en ne lui donnant pas ce qui est
légitimement son bien.

— Je comprends très-bien cela.

— Je n'en doute pas, on a toujours l'intelligence
très-disposée à comprendre ses intérêts.

— Mais, quand par hasard, au lieu de déprécier
l'immeuble, la voie nouvelle lui donne au contraire de
la valeur?

— Soyez tranquille, si la loi prend soin des intérêts
de l'exproprié, elle ne néglige pas non plus l'expropriant qui lui, il ne faut jamais l'oublier, agit dans
l'intérêt public, qui doit être préféré à l'intérêt privé.
Quand les travaux nouveaux donnent une augmentation
de valeur, la plus-value entre en ligne de compte et
diminue d'autant l'indemnité, au point même, parfois,
s'il y a lieu, de l'absorber tout entière. Il y a bien des
choses à dire, à cet égard, qui ne sauraient ici trouver
leur place. Mais, pour en revenir à notre sujet, il faut
rappeler que de part et d'autre on peut invoquer la
moins-value, ou la plus-value, et la faire entrer dans le
calcul de l'indemnité.

— Très-bien, me voilà au courant, il ne me reste
plus que de petites questions de détail à vous faire.
Celles-ci sont à vrai dire plutôt pour mon voisin que
pour moi. La propriété ne lui appartient pas, elle a été
laissée à ses enfants par leur mère qui est morte il y
a deux ans. Peut-il, pour ses enfants, demander qu'on
lui prenne toute sa propriété dont la maison est écor-
née en angle sur la gauche?

— Sans aucun doute, s'il est le tuteur de ses enfants,

comme c'est probable. En principe, il n'**y** a que le propriétaire qui puisse demander l'expropriation totale,
mais, il faut appliquer cette expression à toute personne
exerçant les droits de propriétaire, comme le tuteur pour ses pupilles, le mari pour la communauté,
les administrateurs de société munis de pouvoirs suffi-
sants pour disposer de la propriété des immeubles de
leur administration, etc. En effet, formuler une demande d'emprise totale, c'est aliéner ; d'où il suit, que
si un copropriétaire d'une propriété indivise faisait
seul la réquisition d'emprise totale, cette réquisition
serait nulle, puisqu'il ne pourrait vendre seul et sans
le consentement de ses copropriétaires.

— Et quand il y a un usufruit grevant la propriété,
l'usufruitier pourrait-il s'opposer à ce que le propriétaire fît la réquisition ?

— Je ne le crois pas. L'usufruit n'est qu'un démem-
brement de la propriété, le droit d'en percevoir les
fruits, mais il ne donne pas le droit d'en disposer à sa
fantaisie, de le vendre, or, nous venons de dire que le
droit de faire la réquisition appartient à celui seulement
qui peut aliéner.

— Mais l'expropriation transformant la propriété en
une créance sur l'expropriant, si l'on paye l'indemnité
au nu-propriétaire et qu'il la mange ?

— Quant à cela il est hors de doute que l'usufruitier a d'abord le droit de surveiller l'affaire devant le
jury, et, d'intervenir même s'il croit que le nu-propriétaire ne défend pas suffisamment les intérêts communs.
Puis une fois l'indemnité fixée il pourra exiger qu'on

en fasse un emploi sûr ; en cas de désaccord, ce sont les tribunaux qui en décideront.

— Une dernière question ? Mon voisin a sur la partie de ma propriété, qui me restera, si je ne suis pas pris en totalité, une servitude de passage. Cette servitude continuera-t-elle ?

— Sans aucun doute. Elle subsisterait même encore au cas où la Ville deviendrait acquéreur de tout votre immeuble. Elle n'est plus, dans ce cas, qu'un acquéreur dans les termes ordinaires, et ne profite plus de cette disposition de la loi d'expropriation du 3 mai 1841, qui veut que la seule transcription du jugement délivre la propriété de toutes les servitudes qui la grèvent pour les transformer en un droit de créance contre l'expropriant.

— Allons, c'est décidé, je vais aller m'assurer si réellement le tracé du boulevard entame ma maison, et je fais tout de suite ma réquisition d'emprise totale.

— Oh ! vous avez le temps.

— Au fait, c'est vrai. En causant j'ai oublié le point principal pour lequel j'étais venu vous consulter. Quand et comment faut-il faire cette réquisition ?

— C'est tout simple. Dans les quinze jours qui suivront les offres que l'on va vous faire par huissier d'une indemnité pour votre maison, vous irez chez votre huissier et vous lui direz de signifier votre réquisition. Ne manquez pas de faire signifier cet acte dans les quinze jours, le seizième il ne serait plus temps, et vous ne pourriez plus demander votre expropriation totale.

— L'expropriant ne peut pas refuser quand on demande à temps ?

— Il y a une distinction que vous allez comprendre tout de suite. L'expropriant peut ne pas être de votre avis, et penser qu'au contraire vous n'êtes pas dans le cas d'une emprise totale, mais comme ni lui ni les jurés ne peuvent être juges de ces deux prétentions opposées, on fait fixer une indemnité provisoirement pour le cas ou vous auriez raison, quitte ensuite à l'expropriant à faire déclarer par les tribunaux que c'est vous qui avez tort. Mais on ne peut dans aucun cas, sans vicier les décisions, vous empêcher de faire fixer provisoirement votre indemnité d'expropriation totale (1).

— Mais une fois la demande faite, je ne puis plus la retirer.

— Si, parfaitement, tant qu'elle n'est pas acceptée par l'expropriant, et même après l'indemnité provisoire fixée, si la Ville a constaté votre droit à indemnité.

— Il me reste enfin à savoir à qui se doit faire la demande d'emprise totale et si cela coûte cher.

— La signification de réquisition d'emprise totale doit être faite, aux termes de l'article 50, que je vous ai lu tout à l'heure, au magistrat directeur du jury, mais, en fait, elle est presque toujours signifiée seulement à l'administration. Des contestations s'étant élevées sur ce point, il a été décidé que la réquisition signifiée à l'Administration seulement était suffisante et valable.

(1) Arrêt de Cassation, aff. Lecœur et autres.

Néanmoins, comme cela importe peu, pour plus de sûreté je vous engage à faire votre signification en double copie au magistrat directeur du jury et à l'Administration. Quant aux frais, ils sont peu élevés, puisque, comme tous les actes relatifs à l'expropriation, celui-ci est dispensé du timbre et de l'enregistrement. Cela vous coûtera moins cher qu'un congé à donner à un locataire.

— Ah! Dieu! déjà six heures! moi qui croyais ne vous tenir que quelques minutes, et voilà une heure et plus que je vous dérange! Mille pardons, je m'en vais en vous demandant la permission de revenir à l'occasion.

— Tant que vous voudrez, mon cher voisin.

— Merci et au revoir.

— Au revoir, monsieur Bourgeois.

PAYEMENT DE L'INDEMNITÉ — INTÉRÊTS

— Eh bien! mon cher client, quelle nouvelle? Vous venez du Palais? Êtes-vous content de l'indemnité qu'on vous a fixée?

— Peuh! à peu près. Avec le prix qu'on me donne, je pense retrouver une maison dans le genre de celle qu'on vient de me prendre, mais j'ai encore à courir la chance de tomber sur de mauvais locataires.

— Somme toute, je vois que vous avez été indemnisé suffisamment.

— Oui. Mais maintenant je voudrais savoir, et c'est
le but de ma visite, quand je serai payé ?

— Mais probablement d'ici à six semaines ou deux
mois.

— Comment, probablement, ce n'est donc pas certain ?

— Oh ! ne craignez rien, la Ville de Paris est sol-
vable ; je vous souhaite toujours des débiteurs aussi
solides.

— Je sais bien, mais ce n'est pas ce que je vous demande. Vous venez de me dire *probablement dans
deux mois*, pourquoi ce délai si long ? Nos indemnités
sont fixées, les chiffres sont connus, il n'y a plus qu'à
nous payer, ce n'est ni long ni difficile, et il me semble
que quelques jours suffisent.

— Peste, comme vous allez ! On voit bien, mon voisin, que vous n'avez jamais fréquenté les Banques ou
les Caisses publiques et que vous ne connaissez pas
grand'chose à leur fonctionnement.

— Le fait est que je ne m'y connais guère, mais
enfin en deux mois, pensez donc, on peut faire bien
des choses.

— Eh bien ! je vous en fais juge. Écoutez-moi. La
décision du jury est d'aujourd'hui, n'est-ce pas ? Or,
d'ici quinze jours, on ne peut d'abord rien faire.

— Pourquoi donc ?

— Parce que, pendant quinze jours, la Ville de son
côté, ou bien vous, du vôtre pouvez former un pour-
voi en Cassation contre la décision du jury, votre
avocat a dû vous le dire ?

— C'est juste.

— Ensuite il faut lever une expédition de la décision et la signifier aux intéressés dont elle forme le titre ; il faut, ensuite, que l'avoué de la Ville fasse le compte des frais et détermine la part qui doit être supportée par chacun des expropriés en même temps que celle qui doit rester à la charge de l'Administration; enfin, il faut que le payement soit ordonnancé par un arrêté du Préfet avant d'être exécuté, vous comprenez que tout cela demande un certain délai !

— Alors, on pourrait faire traîner le payement indéfiniment.

— Non, car alors l'Administration se grèverait inutilement d'un service d'intérêts. Elle a donc tout avantage à payer le plus tôt possible.

— Alors, les intérêts de mon indemnité me seront comptés à partir d'aujourd'hui ?

— Non, l'Administration a pour payer un délai de six mois, à compter du jour de la décision, pendant lequel elle n'a point à servir d'intérêts ; ce n'est qu'après ce délai que les intérêts commencent à courir contre elle. Cela résulte du 2ᵐᵉ paragraphe de l'art. 55 de la loi du 3 mai 1841, qui est ainsi conçu :

« *Quand l'indemnité aura été réglée, si elle n'est ni* » *acquittée ni consignée dans les six mois de la déci-* » *sion du jury, les intérêts courront de plein droit à* » *l'expiration de ce délai.* »

Je dois ajouter que l'Administration de la Ville de Paris use rarement de ce droit et qu'elle paye beaucoup plus tôt; elle paye même les intérêts à partir du jour où le propriétaire cesse de toucher des loyers, parce que cela est considéré comme une prise de possession par elle. Cependant, il est des exemples, et entre autres je pourrais vous citer les propriétaires de terrains expropriés pour le canal de dérivation des eaux de la Dhuis, dont quelques-uns ne sont point encore payés aujourd'hui (1), quoiqu'ils aient été expropriés depuis bientôt deux ans, et ceux qu'on a payés récemment n'ont reçu d'intérêts que déduction faite des six mois écoulés depuis la décision. Enfin, en ce qui touche les locataires, un récent arrêt de la Cour de Cassation (2) semble décider, malgré la règle généralement établie, qu'un congé notifié par l'expropriant équivaut à une prise de possession, le locataire qui est resté en jouissance des lieux loués n'a pas droit aux intérêts à partir de cette prise de possession présumée, mais seulement à l'expiration du délai de six mois de la décision.

— Pardon, mais vous venez de me dire que cet arrêt *semble décidé*, ce n'est donc pas complétement définitif?

— Non, car l'arrêt dont je vous parle n'est qu'un arrêt d'admission rendu par la Chambre des requêtes, qui renvoie le jugement définitif du point litigieux à la Chambre civile dont la décision sera alors définitive.

— Mais s'il prend fantaisie à la Ville de ne me payer

(1) Février 1865.

(2) Voir *le Droit* des premiers jours de février 1865, Ardoin et Ricards contre Baur et consorts.

que dans six mois, je n'aurai donc aucun intérêt à réclamer ?

— En principe, oui ; en fait, non ; puisque je viens de vous expliquer que la Ville de Paris paye les intérêts à compter du jour de la prise de possession et que i'on fait résulter cette prise de possession du fait de la notification du congé signifié à vos locataires. Néanmoins, il est utile, dans toute expropriation, de bien faire préciser à l'audience le point de départ des intérêts, de sorte que, si on a l'intention de ne payer que dans un certain délai éloigné, l'exproprié puisse augmenter sa demande en raison de tout ce qu'il pourra perdre d'intérêts.

— Ma foi, je ne sais pas si mon avocat y a pensé.

— C'est probable.

— C'est la loi, il faut se soumettre ; mais vous conviendrez que c'est exorbitant.

— Du tout, et cela se fait tous les jours. Ainsi, quand vous vendez par contrat une maison, l'acheteur ne doit pas les intérêts pendant les quatre mois nécessaires pour la purge des hypothèques légales, à moins de conventions contraires. C'est la même chose, vous le voyez, en matière d'expropriation ; la Ville ne doit les intérêts que six mois après la décision, à moins de conventions contraires ; c'est à l'exproprié à faire son prix en conséquence, ou bien à faire, avec l'expropriant, une convention dérogative au droit commun.

BOGELOT,

Avocat à la Cour Impér'ale.

(Sera continué.)

GRANDS TRAVAUX DE VOIRIE

—

EXPROPRIATIONS — AVENUES DE L'EMPEREUR ET D'IÉNA — JUGEMENT

Deux décrets impériaux, en date des 6 mars 1858 et 17 septembre 1864, ont déclaré d'utilité publique l'ouverture de *l'avenue de l'Empereur* et l'achèvement de l'*avenue d'Iéna* ainsi que d'autres opérations de voirie au profit du quartier de Chaillot.

Déjà des expropriations avaient eu lieu pour l'exécution de ces deux grandes voies et de leurs abords.

Pour les compléter, un jugement rendu en l'audience publique de la première chambre du Tribunal de la Seine, à la date du 4 février 1865, a déclaré expropriés les immeubles ou portions d'immeubles situés dans les voies ci-après (1) :

(1) Parmi les immeubles ci-après indiqués, il en est qui possèdent des entrées sur plusieurs voies. Nous rappelons, autant qu'il nous est possible, les numéros désignant ces propriétés. Le nombre des immeubles expropriés est nécessairement inférieur à celui des numéros.

Il n'est pas inutile de répéter à l'Administration Municipale que le numérotage des voies publiques de Paris est de plus en plus défectueux, principalement dans le quartier de Chaillot.

Quai de Billy, nᵒˢ 8, 26, 28 et 30.

Rue Basse-Saint-Pierre, 14, 16, 19, 23, 24, 25, 27, 28, 29, 30, 31, 33, 35, 36, 37, 39 et 42.

Rue des Batailles, 1, 2, 8, 10, 12, 16, 18, 26, 28, 30 et 31.

Rue Gasté, 2, 3, 4 et 6.

Rue de Chaillot, 1, 2, 3, 4, 5, 6, 7, 8, 9, 10, partie du nᵒ 11, 12, 13, 14, 15, 16, 18, 20, 22, 24, 27, 30, 35, 36, 37, 38, 40, 42, 45, 46, 47, 48, 49, 51, 52, 53, 55, 59, 61, 63, 65, 67, 69, 73 et 75.

Rue Dupont, 1, 2, 3 et 5.

Rue Pauquet de Villejust, nᵒ 12.

Rue Kepler (1), nᵒ 21.

Rue des Jardins, 2, 8, 10, 12, 17, 19, 21, 23, 25 et 53.

Rue Galilée (2), 24, 28 et 30.

Impasse de la Croix-Boissière, 1 et 2.

Rue de Lonchamps, 1, 2, 3, 4, 6, 7, 8, 9, 10, 11, 12, 13, 14, 15, 16, 17, 18, 19, 20, 21, 23, 28, 29, 30, 31, 59, 61, 63 et 65.

Rue de la Croix-Boissière, 1, 3, 3 bis, 4, 5, 7, 9, 10 et 11.

Rue de Lubeck, 3, 5, 7, 9, 11, 17, 17 bis, 19, 20, 21, 22, 24 et 26.

Rue des Champs, 1, 2, 3, 4, 5, 5 bis, 6, 7, 8, 9, 10, 10 bis et 12.

Rue de Madgebourg, 14.

(1) Anciennement rue ou ruelle Sainte-Geneviève.
(2) Autrefois du Chemin de Versailles.

Avenue Marbeuf, 17, 19, 21, 23, 25 27 et 29.
Avenue des Champs-Élysées, 61.

Parmi les voies publiques intéressées à l'exécution complète des avenues de l'Empereur et d'Iéna, deux seulement, le quai de Billy et la rue de Chaillot rappellent des souvenirs historiques.

Quai de Billy.

La construction de ce quai remonte à l'année 1572. On lui donna d'abord le nom de quai des *Bons-Hommes*, parce qu'il conduisait au couvent des religieux minimes qu'on appelait ordinairement les *Bons-Hommes*.

« Au Palais de Varsovie le 13 janvier 1807. Napo-
» léon, etc., nous avons décrété et décrétons ce qui
suit :

Art. 1er. « Le pont construit sur la Seine, en face le
» Champ de Mars, s'appellera *Pont d'Iéna*.

» Art. 2. Le quai sur lequel il doit s'appuyer du côté
» de Chaillot, et qui doit être élargi et refait dans une
» nouvelle direction, s'appellera, dans la partie com-
» prise entre la Barrière et la Pompe à feu, *quai de
» Billy*, du nom du général tué dans cette bataille. »

Avant l'établissement du mur d'octroi, la maison n° 2 du quai des Bons-Hommes, servait de bureau pour le payement des taxes municipales.

Au n° 6 fut établie, en 1778, par les frères **Périer**, la première pompe à feu pour alimenter d'eau de Seine les quartiers nord-ouest de Paris. L'abonnement coûtait dans l'origine 50 livres par an, pour un muid d'eau par jour.

Dans la maison n° 10 se cacha en 1804 George Cadoudal avec le comte Armand de Polignac. C'est aussi dans cette demeure que Pichegru et le général Moreau se réunirent à George Cadoudal pour concerter le renversement du Gouvernement consulaire.

Au n° 34 est située la *Manutention des vivres militaires,* qui a remplacé l'ancienne Manufacture royale de la savonnerie.

Rue de Chaillot.

On ne voyait anciennement, à l'ouest de Paris, dans la partie se développant jusqu'au Bois de Boulogne, qu'un seul village qui, au septième siècle, s'appelait en latin *Nimio,* dont on fit en français *Nijon.* Dans un testament de Bertram, évêque du Mans, qui mourut en 623, ce saint homme lègue à l'évêque de Paris ce village de Nijon, dont le Prélat était devenu possesseur tant par acquisition que par donation de Clotaire II.

Plus tard, les habitants de Nijon se répandirent à droite et à gauche de la colline.

Les uns se dirigèrent vers l'ouest, y bâtirent un village qui prit le nom d'*Auteuil ;* les autres s'établirent plus près de Paris, sur la partie orientale de la côte, dans un endroit où l'on venait d'abattre une forêt nommée le *Rouvret.* Ce deuxième village prit la dénomination de *Chail,* que les titres du quatorzième siècle traduisent en latin par *destructio arborum* ; — de Chail on a fait Chaillot.

Le village de Chaillot a été déclaré faubourg de Paris en 1659.

La seigneurie de Chaillot avait fait retour à la couronne sous le règne de Louis XI.

Le roi en disposa bientôt en faveur de Philippe de Comines. Puis elle passa aux dames du monastère royal de la Visitation.

Le maréchal de Bassompierre, possesseur du Château de Chaillot, l'habita sous le règne de Louis XIII, et y brûla, comme il nous l'apprend, le 24 février 1631, au moins six mille billets doux.

Plusieurs domaines nobles ou fiefs s'étaient greffés sur la seigneurie de Chaillot. La Grande Rue de ce faux-bourg ne comptait que 220 feux en 1709.

Un des cinq directeurs nommés par la Constitution de l'an III, le général Barras est mort le 29 janvier 1829, dans la maison qui porte dans la rue de Chaillot le n° 76.

OUVERTURE DE LA RUE GAY-LUSSAC

Partie comprise entre la rue Saint-Jacques et le boulevard de Sébastopol (rive gauche).

Un décret impérial du 30 juillet 1859 a déclaré d'utilité publique l'ouverture d'une rue allant du Luxembourg à la jonction des rues Mouffetard et du Fer-à-Moulin.

En vertu d'un décret impérial du 2 mars 1864, cette voie a reçu la dénomination de *rue Gay-Lussac.*

Un jugement rendu en l'audience publique de la première chambre du Tribunal civil de première instance de la Seine, à la date du 4 février 1865, a déclaré expropriés les immeubles ci-après et situés dans les voies dont la désignation suit :

Rue Royer-Collard, n° 9, 11, 13, 15, 20 et 22.

Rue Sainte-Catherine, 1, 4, 6 et 8.

Impasse Saint-Dominique, 1, 3, 5 et 9.

Rue Saint-Jacques, 218, 220, 222, 224, 230, 232, 234, 236 et 238.

Voici quelques documents administratifs et historiques se rattachant aux voies intéressées à l'ouverture de cette section de la rue Gay-Lussac.

RUE ROYER-COLLARD.

Cette rue, qui porta d'abord le nom de Saint-Dominique, fut ouverte, au milieu du seizième siècle, sur l'emplacement d'un clos de vignes appartenant aux religieux dominicains, dits Jacobins. Ces religieux avaient obtenu, du roi François Ier, le 18 mars 1546, des lettres patentes qui leur permettaient d'aliéner ce terrain, à la charge d'y bâtir. La rue, commencée en 1550, ne fut terminée qu'en 1586.

Conformément à une ordonnance royale du 18 juin 1846, la rue Saint-Dominique d'Enfer a reçu le nom de Royer-Collard.

RUE SAINTE-CATHERINE.

L'ouverture de la rue Sainte-Catherine date de la

même époque que la rue précédente, et sur le même clos de vignes appartenant aux dominicains.

Elle prit d'une enseigne le nom de Sainte-Catherine. En 1853 la rue Sainte-Catherine a été prolongée entre les rues Saint-Thomas et Saint-Hyacinthe.

Impasse Saint-Dominique.

Cette impasse date de 1590.

Elle est reconnue voie publique par l'Administration. Une décision ministérielle en a fixé la largeur à 7 mètres.

Rue Saint-Jacques.

Cette voie publique tire son nom de la Chapelle Saint-Jacques, appartenant aux religieux dominicains frères Prêcheurs, dits depuis Jacobins. Cette chapelle et le couvent des Jacobins étaient situés à l'endroit où depuis fut ouverte la rue des Grès.

Depuis 1806, la rue Saint-Jacques se prolonge jusqu'à la rue de Port-Royal.

Avant cette époque sa dénomination s'arrêtait aux rues Saint-Hyacinthe et des Fossés-Saint-Jacques, où l'on voyait anciennement une porte de l'enceinte construite sous Philippe-Auguste.

Ce fut par la porte Saint-Jacques que les troupes de Charles VII entrèrent dans Paris, le vendredi 13 avril 1436 ; cette porte fut abattue en 1684.

A l'encoignure de la rue des Noyers était située la *Chapelle Saint-Yves*, qui avait été fondée et bâtie en 1348, un an après la canonisation de saint Yves.

Saint Yves, dont le nom de famille était Hélor, naquit

près de Tréguier; son père était seigneur de Kermartin.

saint Yves vint à Paris à l'âge de qua'orze ans, pour apprendre la philosophie, la théologie et le droit canon; à vingt-quatre ans, il alla étudier le droit civil à Orléans, et fut ensuite official de l'évêque de Rennes, puis de celui de Tréguier et enfin curé de Lohance. Il mourut le 19 mai 1303. Les infortunes ne réclamèrent jamais en vain les conseils et la bienfaisance de saint Yves qui mérita le beau nom d'*avocat des pauvres*. Les procureurs et les avocats l'adoptèrent pour patron, mais ne l'imitèrent que trop rarement. Ils établirent une confrérie dans cette chapelle, qui était d'une construction élégante. Sur le portail, on voyait la statue de Jean VI, duc de Bourgogne, et de Jeanne de France, sa femme.

L'emplacement de la chapelle Saint-Yves est confondu aujourd'hui dans le boulevard Saint-Germain.

Au n° 193 de la rue Saint-Jacques était situé le *couvent des religieuses de la Visitation Sainte-Marie*.

Au n° 269 bis se trouvait *le couvent des Bénédictins anglais*, qui fut fondé en 1640.

L'église, achevée en 1677, contenait le corps de l'infortuné Jacques II roi de la Grande-Bretagne, mort à Saint-Germain-en-Laye le 6 septembre 1701. Son tombeau ne portait que cette inscription :

Ci-gist Jacques II

Roi de la Grande-Bretagne.

Louis Lazare.

TABLE DES MATIÈRES

CINQUIÈME VOLUME

Paris. — Typ. Morris et Comp., rue Amelot, 64.